Vorherwissen Gottes – Freiheit des Menschen – Kontingenz der Welt
Beitrag zu einer systematischen Diskussion

Europäische Hochschulschriften
Publications Universitaires Européennes
European University Studies

Reihe XXIII
Theologie

Série XXIII Series XXIII
Théologie
Theology

Bd./Vol. 550

PETER LANG
Frankfurt am Main · Berlin · Bern · New York · Paris · Wien

Clemens Sedmak

Vorherwissen Gottes
Freiheit des Menschen
Kontingenz der Welt

Beitrag zu einer systematischen Diskussion

PETER LANG
Europäischer Verlag der Wissenschaften

Die Deutsche Bibliothek - CIP-Einheitsaufnahme

Sedmak, Clemens:

Vorherwissen Gottes - Freiheit des Menschen - Kontingenz der Welt : Beitrag zu einer systematischen Diskussion / Clemens Sedmak. - Frankfurt am Main ; Berlin ; Bern ; New York ; Paris ; Wien : Lang, 1995

(Europäische Hochschulschriften : Reihe 23, Theologie ; Bd. 550)

Zugl.: Linz, Univ., Diss., 1995

ISBN 3-631-49049-6

NE: Europäische Hochschulschriften / 23

ISSN 0721-3409
ISBN 3-631-49049-6

Printed in Germany 1 2 3 5 6 7

Vorwort

Die wenig originelle und reichlich akademisch anmutende Fragestellung dieser Arbeit lautet: "Vorherwissen Gottes, Freiheit des Menschen, Kontingenz der Welt". Dahinter stehen die Erfahrung von Freiheit und Unfreiheit, bewegte Glaubensgeschichten und eine zunehmende Angst vor der Unkontrollierbarkeit der Geister, die wir riefen. Diesen existentiellen Ort der Frage möchte ich nicht vergessen - auch wenn diese Arbeit zunächst auf der wenig altruistischen Motivation fußt, einen akademischen Titel zu erwerben.

Zunächst wird der Horizont der Fragestellung aufgerollt (Teil A), was insofern wichtig ist, als die richtigen Fragen das Antworten festlegen, etwa nach dem Motto: "It is better to be sometimes wrong on the right road than to be always right on the wrong road". Nach diesen Skizzen zum Status der Fragestellung referiere ich signifikante historische Problemkonstellationen (Teil B), deren systematisches Interesse vor allem um das Denken des Ioannes Duns Scotus kreist. Versatzstücke aus dieser Diskussion mögen im systematischen Teil C verwendet werden, um Fragmente für die orientierungsstiftende Modellbildung liefern zu können.

Danken möchte ich den Professoren Walter Raberger und Florian Uhl für ihr kritisches Entgegenkommen. Ein Dank auch besonders an Alexander Eichinger für seine lehr- und hilfreiche Unterstützung. Un grand Merci à notre communauté des Pères Blancs à Axams - Anton und Josef haben die Entstehung dieses Büchleins freundschaftlich mitgetragen.

Inhalt

A Posing the problem

Wir alle versuchen, uns in unserer Lebenswelt "einzurichten", unseren Entscheidungen die Möglichkeit der handelnden Verwirklichung, unseren Handlungen Geltung zu verschaffen. "Handle so, daß du stets weiterhandeln kannst", könnte man dieses Orientierungsstreben nennen; "entscheide dich so, daß stets weitere Entscheidungen möglich sind". Den Versuch, dieses Ziel zu verwirklichen, könnte man "Orientierung" nennen. Die vornehmste Aufgabe der Theologie besteht nun darin, "Orientierungswissen" zur Verfügung zu stellen. Dieses Wissen wird gerade dann notwendig, wenn die Strukturen unserer Lebenswelt fragil erscheinen (a), wenn für "letzte", "erste" Fragen keine Orientierungsangebote aus der Lebenswelt gewonnen werden können (b).

Tatsächlich spielt das Motiv der Orientierung eine gewaltige Rolle bei Religionsstiftung und religiöser Praxis. "Sie sind wie Schafe, die keinen Hirten haben", sagt Jesus über die Menge (Mt 9:36). Die Fragen nach dem "Woher" und "Wohin" zwingen dazu, die erfahrene Welt in einen umfassenderen Kontext einzubetten, dem Chaos der Lebenserfahrung, dem Wirren der als kontingent identifizierten Lebenswelt "Ordnung", "Sinn" abzugewinnen. Dem philosophischen Schritt vom mythos zum logos entspricht ein theologischer Schritt von physis zu kosmos. Charakteristisch für (theologisierbare) Religionen ist die Herausbildung eines "Heiligen Kosmos". Die Integration von Grenzsituationen wie Krankheit, Tod, Leid und Schuld ist Kriterium für die Qualität eines heiligen Kosmos, der die erfahrbare Welt in eine nicht-erfahrbare Welt einordnen läßt und so Orientierung stiftet.

Die Aufgabe und Verantwortung von Theologie besteht nicht darin, Herrschaftswissen technischer oder politischer Art bereitzustellen oder Bildungswissen zu erzeugen. Der Prozeß theologischer Modellbildung ist bestrebt, *Orientierungswissen* zu formulieren. Orientierungswissen kann durchaus zum *Erlösungswissen* werden, das meine Lebenswelt als solche in einen soteriologischen Kontext einbettet. Zunächst ist es jedoch die Funktion von Orientierungswissen, *befreiend* zu wirken, aus der Handlungsunfähigkeit der Orientierungslosigkeit herauszuführen. Zweitens besteht die Funktion des Orientierungswissens darin, sich *kritisch* gegen herkömmliche (überkommene) oder alternative Orientierungsentwürfe zu stellen. Drittens besteht eine Funktion des Orientierungswissens darin, *provozierend* auf Orientierungsfragen hinzuweisen, die zu stellen sind.

Das Desiderat von Orientierung kann die Theologie nicht füllen; Aufgabe der Theologie ist es nicht, "zu erlösen", sondern Modelle von Erlösung, eine Rede von Erlösung zu entwickeln, eine kritische Reflexion auf die religiöse Praxis:

Theologie kann "Orientierungserfahrung" in "Orientierungswissen" transformieren. Theologische Problemstellungen sind an die religiöse Praxis rückgebunden, in eine theologische Praxis eingebunden und auf eine absolute zukünftige Praxis hingerichtet. Die religiöse Erfahrung steht am Beginn der Theologie: Existentielles Fragen (0). Die Verankerung dieser Fragen im theologischen/philosophischen Diskurs macht den Problemhorizont der Fragestellung aus (1). Theologisches Orientierungswissen orientiert die religiöse Lebenswelt: Argumentiere so, daß du "Leben in der Welt" ermöglichst.

0. Fragen

An einem lauen Abend in Westafrika kam die Sprache auf das göttliche Vorherwissen. Wenige Tage zuvor war ein Kind in Sarajewo beim Schlittenfahren von einer Granate zerrissen worden. Hat Gott dies vorhergesehen? Kann man sagen, daß es "Gott, dem Herrn gefallen habe, dieses Kind zu sich zu nehmen?" Hätte Gott die Macht gehabt, diesen Mord zu verhindern? Wenn ja - warum hat er es nicht getan? Wie auch immer diese Fragen hin- und hergedreht wurden, es blieb ein schaler Nachgeschmack zurück. Gott ist doch allwissend und allmächtig. Er weiß also, was morgen Schreckliches geschehen wird, und er hat die Macht, es zu verhindern. Warum läßt er dann so viel zu? Und: Sind wir, wenn Gott ohnehin schon weiß, was ich morgen machen werde, noch frei, es zu tun oder es zu lassen?

In der technischen Sprache der quaestio-Form lautet die aufgeworfene Frage, "utrum Deus habeat determinatam et infallibilem scientiam de eventu futurorum contingentium". Systematisch zeichnen sich aus dieser Problemstellung, die auch mit dem Schlagwort "Göttliches Vorherwissen und menschliche Freiheit" umrissen werden kann, zwei theologische Problemfelder ab:

Zum einen das Problem der *Theodizee* (1). Die Rede von göttlichem Vorherwissen ist Teil der Gotteslehre, auch Teil der Rede von der göttlichen Allmacht. Existentiell formuliert: Wie kann der allmächtige Gott soviel physisches und moralisches Übel zulassen? Wenn er doch allmächtig ist, warum verhindert er es nicht? Und wenn als Gegenargument die menschliche Freiheit ins Spiel gebracht wird: Wenn Gott allmächtig wäre, könnte er das Übel doch auch, ohne die menschliche Freiheit aufzuheben, verhindern. Wenn Gott allmächtig ist, kann er mir dann Heil zusagen? Auf diesem Hintergrund läßt sich ein *soteriologischer* - über die Rede von "Gericht" und "Endzeit" - ein *eschatologischer* Problemhorizont freilegen.

Zum anderen das Problem von Kontingenz und Freiheit (2). Die Rede von der menschlichen Freiheit in einer kontingenten Welt ist eingebettet in die *schöpfungstheologische* Rede über Welt. Im Sprachspiel der Betroffenheit: Wenn Gott in meinem vollständigen Buch des Lebens blättern kann, bin ich dann noch frei, die Seiten zu füllen? Wenn ich frei bin, wie kann Gott mich beeinflussen oder mit mir in Beziehung treten? Von hier aus wird ein sprachlicher Umgang mit dem Begriff der Gnade provoziert und eine *gnadentheologische* Fragestellung eingebracht.

Der Explikation dieses Problemhorizonts und der Thematisierung möglicher Modellbildungsstrategien soll diese Arbeit gewidmet sein. Ziel: Ein sensibler und intellektuell redlicher Umgang mit der zu verhandelnden Frage. Wie - wenn es gälte, die Mutter des getöteten Kindes zu trösten?

Fazit: Die existentielle Betroffenheit von religiösen Fragen, über die theologisiert wird, verlangt eine existentielle Rückbindung und Selbstvergewisserung der theologischen Antwortversuche. Die Frage nach Allwissen, Freiheit und Kontingenz ist eine existentielle, eine religiöse Frage.

1. Der Problemhorizont

Die Fragestellung, die es zu verhandeln gilt, betrifft unser Gott-Denken, betrifft unsere Einstellung zur Welt als ganzer, betrifft die Einschätzung unseres Handlungsspielraums ("Freiheit"), betrifft das menschliche Sich-Zurechtfinden in der Welt (Hoffen und Wissen, Orientierung im Tun). Damit sind nicht nur erkenntnistheoretisch höchst problematische Begriffe (Gott, Welt, Freiheit) angesprochen, deren Verortung zur Differenzierung des Vernunftbegriffs in "reine" und "praktische" Vernunft führte, sondern auch die Grundprobleme der Philosophie (Was dürfen wir hoffen, was können wir wissen, was sollen wir tun?).

Die Frage nach göttlichem Vorherwissen und menschlicher Freiheit provoziert freilich nicht nur die theologische Erkenntnislehre, sondern auch den Glauben und das religiöse Selbstverständnis des Einzelnen: Der Prozeß theologischer Modellbildung wird am existentiellen Status der Fragestellung nicht vorbeigehen können. Im folgenden soll der Problemhorizont der Fragestellung abgesteckt werden: Es handelt sich keinesweges um ein bloßes Spiel mit Begriffen.

1.1 Was auf dem Spiel steht

"Faites vos jeux" mögen manche Seelsorger ihren Schäfchen raten und es Gott überlassen, sein mächtiges "Rien ne va plus" zu sprechen oder mit einem apokalyptischen "Les jeux sont faits" Einhalt zu gebieten.[1] Pascals Wette ist ein Beispiel für eine solche Einladung, "es darauf ankommen zu lassen". Die verhandelte Frage hat insofern gewisse Ähnlichkeit mit einem Glücksspiel, als die

[1] Veranschaulichend: "God is the supreme Grand Master who has everything under his control. Some of the players are consciously helping his plan, other are trying to hinder it; whatever the finite players do, God's plan will be executed; though various lines of God's play will answer to various moves of the finite players. God cannot be surprised or thwarted or cheated or disappointed. God, like some grand master of chess, can carry out his plan even if he has announced it beforehand. 'On that square', says the Grand Master, 'I will promote my pawn to Queen and deliver checkmate to my adversary': and it is even so. No line of play that finite players may think of can force God to improvise: his knowledge of the game already embraces all the possible variant lines of play, theirs does not" (P. Geach 1977:58).

involvierten Faktoren ("Allmacht", "Kontingenz" und "Zukunft", "Freiheit") nahezu imponderabel sind. Konnte Popper für die Philosophie noch von Vermutungswissen sprechen, bleibt das theologische Orientierungswissen, das dieser Diskurs bereitstellen kann "Hoffnungswissen".[2] Damit ist die theologische Reflexion zugleich eingebettet in die Dienstfunktion christlichen Denkens: Hoffnung auf Erlösung zu vermitteln.

Am Beginn der Fragestellung des Zusammendenkens von göttlichem Vorherwissen und menschlicher Freiheit steht die Erfahrung von Freiheit und Knechtschaft, von Prophetie und Verheißung, von gott-vermittelter Hoffnung. Theologie erhebt sich in der Dämmerung.[3] Der theologischen Praxis vorgeordnet sind die religiöse Praxis und die Glaubenserfahrung. Erstens sind also die existentiellen Fragen einzuholen sowie der religiöse Umgang mit ihnen. Zweitens entspricht es der Eigenart theologischer Praxis, nicht nur an die religiöse Praxis der einzelnen Gläubigen, sondern auch an die kirchliche Praxis, die beamtete, jurifizierte und institutionalisierte religiöse Praxis rückgebunden zu sein - daher sind normative Aussagen zu berücksichtigen. Drittens ist die theologische Praxis traditionsbildend und geschichtlich; traditionelle theologische Positionen sind also einzubringen, wobei sich hier (Rolle der "Kirchenlehrer") theologische Praxis durchaus als normativ erweisen kann. Viertens entspricht es der Eigenart theologischer Probleme in einen gemeinsamen Problemhorizont eingebunden zu sein: Es ist nicht möglich, Schöpfungstheologie zu betreiben, ohne mit einem Auge auf die Eschatologie zu schauen bzw. die Soteriologie zu berücksichtigen. Theologische Probleme sind miteinander verknüpft, Lösungsvorschläge können deshalb nur im Totum des dogmatischen Systems erarbeitet werden.[4] Die Theologie erhebt sich also nicht nur in der Dämmerung, sie verlangt auch eine Vogelperspektive und wird gleichzeitig - "geerdete" Theologie ist Teil der religiösen Praxis - als "Teilnehmersprachspiel" gespielt. Ein wahrlich diffiziles Unternehmen.

---

[2] Der Terminus "Hoffnungswissen" soll zum Ausdruck bringen, daß es sich (a) um Wissen mit eschatologischem Vorbehalt handelt, von dem aus die christliche Botschaft einen Zukunftshorizont und "Hoffnung" gewinnen kann, (b) um Wissen handelt, das nicht "neutral" von Daten gespeist wird, sondern nur existentiell Betroffene kennt und von Grundüberzeugungen ("fundamentalen Hoffnungen") angeleitet wird, (c) um Wissen handelt, das gemäß dem Selbstverständnis der christlichen Erlösungsreligion *befreiend* und *erlösend* und *heilbringend* sein soll, (d) nicht um Bekundungen "vagen Sehnens" handelt, sondern um *Wissen*, um argumentierbare Modelle auf theologischem Fundament, um eine "docta spes", eine "gegründete Hoffnung".

[3] Gutiérrez 1973:17.

[4] Wäre man terminologieverliebt, könnte man den Begriff des "dogmatischen Holismus" prägen, der von der Bearbeitung theologischer Fragen nur im Rahmen eines dogmatischen Systems spricht. Theologische Sätze können auch nicht für Bestätigungs- oder Bewahrheitungsverfahren isoliert werden. Dies entspricht der zu nennenden Radikalisierung des Kontextprinzips durch die Theologie.

1.1.1 "Primum vivere..."

Nicht das Staunen des Schauenden, sondern die Betroffenheit des Hörenden, der sich angeredet weiß, machen den *theologischen* Übergang vom Mythos zum Logos aus.[5] Die Mythen erzählen von Erfahrungen, die die theologische Reflexion provozieren. Die Frage nach der Kontingenz der Welt beschäftigt die Schöpfungsmythen in zahlreichen Varianten.[6] Eine grundsätzliche Frage der Schöpfungstheologie ist schließlich die Frage nach der Explikation des Status quo von Welt, nach der Explikation des Phänomens von malum morale und malum physicum. Erbsündenlehre und Rede vom "Jüngsten Gericht" sind Bausteine auf dem Weg zur Beantwortung dieses Problems. Die *Theodizee*frage ist ein unerschöpfliches Thema der Weltliteratur[7], die gegebenen theologischen Antworten haben offensichtlich keine Letztbegründungen geliefert.[8]

Vom Ringen mit der und von der Hoffnung auf die Allmacht Gottes erzählen die Votivtafeln bei Wallfahrtsstätten, die Eintragungen in die Bittbücher an heiligen Orten, die Bittliturgien und das persönliche Ringen mit Gott im persönlichen Gebet.[9] Die Annahme eines direkten Eingreifens Gottes in das weltliche Ge-

---

[5] "'Gott kannst du nicht mit einem Andern reden hören, sondern nur, wenn du der Angeredete bist' - Das ist eine grammatische Bemerkung" (Wittgenstein, Z 717).

[6] Vgl. Schupp 1976:55-96.

[7] Man denke an Joseph Roths "Hiob", an Dostojewskijs "Brüder Karamassov", an die Dramen von Albert Camus...

[8] Auch das eine Einsicht der Theologiegeschichte: So wie es keine Selbstbegründung der Welt geben kann, kann es keine Letztbegründung Gottes geben; das Unternehmen der "Gottesbeweise" hat dies eindrücklich vor Augen geführt (siehe Muck 1991).

[9] Siehe Helm (1992): "There is the question of whether petitionary prayers bears any responsibility for the distribution of good and evil in the world. And there is the logically prior, ontological question of how petitionary prayer is reconciliable, if it is, with the eternity or the immutability of God" (103); dazu auch Brümmer 1984, ch.4; Brümmer präsentiert die Begegnung von Person Mensch und Person Gott; der Mensch kann im Gebet Gott fragen/bitten, etwas für ihn zu tun...; mit dem Problem des Determinismus macht es sich Brümmer leicht. "God, being omnipotent, could of course have created a deterministic universe ... However, we all know from personal experience that this is not the sort of universe which he has in fact created" (43).

Dazupassend ein Gebetsbeispiel aus dem englischsprachigen Bereich:
"Thou wast, O God, and thou wast blest,
Before the world began;
Of thine eternity possessed
Before time's hour glass ran.
Thou needest none thy praise to sing,
As if thy joy could fade;
Could'st thou have needed anything,

schehen, die Herstellung eines Kausalverhältnisses, das Gott und Mensch in Welt umfaßt, binden sich an das Vertrauen, Gottes Güte und Gottes Macht als koinzidierendes Vermögen beanspruchen zu können: "If God is to merit our worship and trust, he must be powerful enough to make all things serve his good purposes".[10] Die absolute Allmacht Gottes wird also mit der Kontingenz der Welt zusammengedacht. Prophetische Rede - entscheidendes Element von Religiosität und der Rede von "Gottvertrauen" - ist ohne diesen Eingriff nicht denkbar.[11]

Deterministische Konsequenzen scheinen nicht immer vermeidbar zu sein. Andererseits bieten einschlägige Erkenntnisse der jüngsten Physik neuen Diskussionsstoff[12], was die Diskussion um die Freiheit des Menschen wieder belebt hat. Diese Frage ist nicht nur eine Frage für die Wissenschaftspraxis von Evolutionstheoretikern und Gentechnologen[13], die an die Grenze der Manipulierbarkeit des Menschlichen gehen, sondern auch eine Frage für Dichter und Denker, die die menschliche Erfahrung unter dieser Rücksicht von Freiheit und Vorherbestimmung fokussieren.[14] In der jüngeren Theologiegeschichte wurde die Rede von "Freiheit" zur *politischen*, die Rede von göttlichem Vorherwissen zur Rede von der göttlichen Solidarität transformiert und die Rede von Freiheit als Brennpunkt des theologisch-praktischen Diskurses geortet: Theologie der Befreiung.[15]

1.1.2 "... deinde theologari"

Für Ioannes Duns Scotus, bei dem die wichtigsten Traditionsstränge zusammenlaufen und kreativ weiterverarbeitet werden, ist die Frage nach der Vermittlung von Freiheit in die Kontingenz der Welt durch die Allmacht Gottes ein theologisches Problem. Er ringt mit der Vermittlung von "Gnade" und "Freiheit", von "Perfektion Gottes" und "Imperfektion, aber Souveränität des Menschen": "Es hat dem Skotusverständnis von jeher Schwierigkeiten bereitet, Duns Skotus' Auffassung von der Freiheit des geschöpflichen Willensaktes gegenüber Gott ... zu vereinen mit der deterministischen Tendenz seines Gottesgedankens"[16].

Thou couldst have nothing made" (John Mason, 'Thou wast, O God, and thou was blest'. In: Hymnal for colleges and schools. Ed. by E. Harold Geer (New Haven, Conn.: Yale Univ. Press, 1956, no. 110).

[10] P.L. Quinn 1983:55.

[11] Vgl. Hasker 1989:54.

[12] Vgl. Stegmüller 1987:80-89.

[13] Vgl. Monod 1971.

[14] Als Beispiele mögen Sartres Stücke "Die Fliegen" oder "Der Teufel und der liebe Gott" gelten.

[15] Vgl. Gutierrez (1971), C./L. Boff (1984, 1987); Rede von "Praxis" in der Befreiungstheologie: C. Boff (1983:307-323).

[16] W. Pannenberg 1954:11; ähnlich H. Schwamm (1934): "Eine nicht geringe Schwierigkeit, wenn nicht ein Widerspruch, scheint darin zu liegen, daß Scotus auf der einen Seite durch

Diese Spannung scheint dem Status des Problems immanent zu sein: Die Frage nach dem Zusammenspiel von menschlicher Freiheit und göttlicher Gnade, die konsistente Harmonisierung von Kontingenz (und damit: Inkalkulabilität) der Welt und Allwissenheit/Allmacht Gottes (damit auch: Providenz), haben die theologische Diskussion seit Augustinus nachhaltig geprägt.[17] Aus dogmatischer Sicht sind die Schöpfungs- und Gnadentheologie sowie die Gotteslehre[18] auf dem Prüfstand, philosophisch gesehen ist der Problemhorizont geradezu immens[19]. Dogmatisch scheint die Antwort vorgegeben zu sein: Die Allmacht und das Allwissen Gottes, damit auch sein vollkommenes (unwandelbares, unfehlbares, präzises) Wissen von den kontingenten (auch zukünftigen) Ereignissen ist ebenso aufrechtzuerhalten wie die Freiheit des Menschen und die Kontingenz der Welt.[20] Der Rationalismus

---

unfehlbar *prädeterminierende* göttliche Dekrete das Vorherwissen der freien geschöpflichen Handlungen erklären soll, während er auf der anderen Seite die uneingeschränkte *Selbstbestimmung* des geschaffenen Willens so sehr betont"(89).

[17] Die Auseinandersetzungen um die Gnadentheologie und die Theodizee (Stichworte: Pelagianismus, Semipelagianismus, Manichäismus, Jansenismus) sind hier wohl zu nennen - vgl. NR. 761-888. Als Konsequenz dieser Auseinandersetzung entwickelte sich das Konstrukt der Erbsündenlehre, die die Idee von Allmacht mit der Rede von der Allgüte Gottes zu vereinen suchte: "Augustin ... sah die ruinöse Konsequenz, die das Leiden der Kinder für die Annahme einer moralischen Weltordnung und eines sowohl guten wie allmächtigen Schöpfers hat. Er demonstrierte später eingehend, daß allein die Erbsündentheorie es erlaubt, die Güte eines allmächtigen Gottes mit der Tatsache zu vereinen, daß Kinder leiden. Wären die Kinder ohne Sünde, dann bewiesen ihre Schmerzen und Ängste, daß es keinen Gott gibt, der zugleich gerecht und allmächtig ist. Dieser Einsicht Augustins ist schwerlich zu widersprechen" (Flasch 1990:76).

[18] Die Kernpunkte des Gottesbildes, die die Kirchenväter in ihren Auseinandersetzungen diesbezüglich auswiesen, waren folgende: Die Freiheit Gottes, der mit dem freien Menschen handelt und den freien Handlungen des Menschen, seien sie auch böse, begegnet; das Personsein Gottes, der dem Menschen begegnet; die Souveränität Gottes, der mit den (und manchmal trotz der) Menschen handelt, in der Geschichte auf ein Ziel hin (vgl. O.H. Pesch 1982:74-119).

[19] D. Perler (1988:1ff) zählt die Gebiete der Logik (Aufrechterhaltung des Bivalenzprinzips), der Sprachphilosophie (Verifikation von Sätzen über Zukünftiges), der Naturphilosophie (Begriff der "Zeit") und der Ethik (Determinismus/Fatalismus) auf. Weiters sind die göttlichen Attribute der Allwissenheit, Allmacht, Unveränderlichkeit und der richterlichen Gewalt auf ihre Kompatibilität mit der Diskussionslage hin zu prüfen...

[20] Im Rahmen des theologischen Denkens zur Zeit des Duns Scotus sahen sich die Theologen, die sich mit dieser Frage auseinandersetzten, gezwungen, drei Punkte aufzuweisen: "First, they wanted to explain how God's infallible knowledge of the future is compatible with the contingency of the future. Second, they wanted to explain the nature and origin of contingency in the world. Since God is a necessary being and His will unimpedible, it was difficult to see how anything which comes from Him and is related to Him can be contingent. Third, they wanted to explain the means by which God knows creatures in general and future contingent things in particular. Since God's knowledge was not caused

hat die zu verhandelnden Begriffe dem Kontext der Vernunft eingeordnet[21], Schopenhauer im Rahmen eines übermächtigen Willenskonstruktes einen Antwortversuch vorgelegt[22], eine existenzphilosophische Zugangsweise auf die Nichtverfügbarkeit von Lösungen verwiesen.[23]

Dominik Perler hat das Diskussionsgeschehen mit einer Jahrhunderte währenden Schachpartie verglichen[24], die von Aristoteles eröffnet wurde, jeder Zug ließ neue strategische Überlegungen notwendig werden, die christlichen Mitspieler hatten dann die neuen Figuren der göttlichen Omnipotenz und Allwissenheit eingebracht, was das Spiel zusehends komplexer machte. In nuce: Es geht um "the logical possibility of comprehensive divine foreknowledge in a world containing free choices."[25] Ein kompliziertes Spiel.

---

by creatures (nothing in God is caused), some attempt had to be made to explain how God could have knowledge of anything other than Himself" (H. Schuurman 1979:2f).

21 Vgl. Geyer 1992:75f.

22 Vgl. Bellinazzi 1990.

23 "Eine logisch widerspruchslose und durch die ... Tatsachen bestätigte Lösung der Frage nach dem Unheil und dem Bösen hat sich als nicht möglich erwiesen. Jede Konstruktion des Seins in einer Chiffre des Ganzen scheitert, wenn sie beansprucht, dieses Ganze zu begreifen. Es bleibt nur das Begreifen der Unbegreiflichkeit" (Jaspers 1984:118); dennoch bedeutet dies nach Jaspers nicht der Verlust jeglicher Erkenntnisgrundlage: "Die Chiffren Gottes und der Götter sind nicht beliebige Vorstellungen, sondern im Umgreifenden Wahrheit für wahre Existenz. Noch der mächtige Zorn, im Nichtwissen, vor der Teufelei der Ereignisse, der Dummheit der Menschen, der Sinnlosigkeit der Zufälle, gewinnt seine Klarheit im Umgang mit dem Grund der Dinge durch die Chiffren, in denen die drückende Stummheit vieldeutige Sprache gewinnt" (ibd., 221).

24 D. Perler 1988:9ff.

25 Hasker 1989:53.

1.2 Ein kompliziertes Spiel

"Gott würfelt nicht", hatte Einstein bekanntlich behauptet, und die Wissenschaften waren lange von der These eines geordneten Weltganzen ("Kosmos") ausgegangen, das nicht von einer göttlichen potentia absoluta unterhöhlt sei.[26] Der Satz Einsteins ist freilich nicht nur ein statement über das Weltgeschehen, sondern zugleich eine Aussage über den Status unserer Handlungen und den Status des Menschen.

Das Spiel ist insofern kompliziert, als es ein Teilnehmerspiel ist, aus dem man nicht als neutraler Unbeteiligter aussteigen kann. Dies entspricht der Eigenart theologischer Probleme, wird in diesem Fall jedoch, in dem es um die Personalität Gottes und den Kern des christlichen Personbegriffs[27] geht, noch verschärft.

1.2.1 Fragestellungen und Dilemmata

"Does God (consequently) will what happens because I will it, or do I will it because God wills it? If the later, then God is ultimately responsible for whatever evil I commit; if the former, then God's willing that it should happen according to my will means that the concrete determination of God's willing in this particular case is contingent upon my willing".[28]

Das zu verhandelnde Dilemma scheint klar: *entweder* Gottes Allmacht absorbiert die menschliche Freiheit und demontiert damit die Rede von der "Allgüte Gottes", da sich das Theodizeeproblem in verschärfter Form stellt und Gott die Verantwortung für die Bosheiten der ihrer Freiheit enthobenen Menschen zu übernehmen hat; *oder* die menschliche Freiheit wird aufrechterhalten, was aller-

---

[26] Mit der Rede von der "potentia absoluta" wurden zwar ein weites Verständnis von der göttlichen Freiheit gewonnen und eine spezifische Eigengesetzlichkeit der Welt ("potentia ordinata") postuliert (Duns Scotus, *Lect.* d. 44), andererseits wurden jedoch die Zugriffsmöglichkeiten auf die Legitimierung (gesetzmäßige Rekonstruktion) der Welt drastisch eingeschränkt. Die säkularisierte Vernunft, die ihren Anwendungsbereich unter dieser Rücksicht eingeschränkt sieht, kann sich nun lediglich dem Kalkulierbaren und Gemessenen zuwenden. Die Rede von "Kosmos" ist dann nur mehr in bezug auf die wissenschaftlich erfaßbare "Welt" zu führen.

[27] Vgl. Schmidinger 1994.

[28] Ford 1975:118.

Das Problem noch einmal in der Formulierung von Lucas: "If God knows what I am going to do tomorrow, then I cannot help doing it. For if when tomorrow comes I do not do it, then God will not have known what I was going to do, but only had a mistaken belief about it. Therefore either God did not know, or I cannot help doing actions many of which seem to be free actions" (J.R. Lucas 1989:30).

Die Vermittlung zwischen dem Allwissen Gottes und der souveränen Freiheit des Menschen kann offensichtlich nicht gelingen.

dings nur unter Aufweichung des Verständnisses von der Omnipotenz Gottes erfolgen kann, der sich in Abhängigkeit von Menschen begibt. Die Struktur eines Dilemmas ist unleugbar.[29]

Zum einen scheint ein Ungleichgewicht zwischen Gottes Allmacht und Gottes Allgüte zu bestehen: Wenn Gott allgütig ist, wird er die Freiheit des Menschen schaffen und stärken und erhalten, was jedoch seine Allmacht schwächt.[30] Zum anderen führt ein Ungleichgewicht zwischen der Kontingenz der Welt und der Absolutheit Gottes offensichtlich zum Paradox, daß das Kontingente qua Kontingentes nicht Gegenstand des lediglich unfehlbaren und perfekten göttlichen Wissens sein kann.[31]

Die Diskussion der Verschränkung von Allmacht, Allwissen und Allgüte führt ins Theodizeeproblem (1), die Diskussion um Kontingenz der Welt und Absolutheit Gottes in eine erkenntnistheoretische Diskussion, betreffend den Status von Sätzen über "future contingencies" (2). Drittens, da es sich bei der Verhandlung von Allmacht Gottes und Freiheit des Menschen um Begriffe handelt, die in der Tradition als Beziehungsgeschehen aufeinanderbezogen wurden, steht auch das Gottesbild auf dem Spiel (3).

(1) Eine existentielle Formulierung des Theodizeeproblems, das geistesgeschichtlich vor allem durch Leibniz systematisiert wurde[32], hat die Diskussion

---

[29] Noch einmal auf den Punkt gebracht: "It is impossible that our act should be both free and yet a logical consequence of a divine action which 'infallibly' produces its effect. Power to cause someone to perform his own choice or act precisely defined by the cause is meaningless" (Hartshorne 1948:135).

Bereits Anselm hat das Dilemma als "famosissima quaestio" bezeichnet (De casu diaboli 21) - "dubitandum sit divinam praescientiam et liberum arbitrium invicem sibi consentire: tamen quantum ad rationis considerationem quae videtur spectat, insociabiliter videntur dissentire" (ibd).

Für eine formalisierte Version des Problems siehe Lucas 1989:35.

[30] Versprechungen beispielsweise, die der gütige, verläßliche Gott dem Menschen gegenüber macht, scheinen eine Limitierung seiner Allmacht zu bedeuten: "If God is essentially impeccable, there is no world in which he fails to fulfill a promise he has made. But if this is so, does it not follow that by making a promise God limits his ability to act in the future and thus renders himself less than omnipotent?" (Flint/Freddoso 1983:103).

[31] "There is ... a quite severe paradox generated if this line of reasoning is allowed. Since human knowledge does not require infallibility, humans can know what some of the future free actions will be. God cannot, since his knowledge requires infallibility. Thus, an individual can be God and hence omniscient on Swinburne's view even if that individual knows less about a particular domain than mere humans. Such an implication is surely too adverse to sensibility to detain us even for a moment" (J. Kvanvig 1986:18 - gegen Swinburne 1977: 171f).

[32] Leibniz spricht in seinen "Essais de theodiceé sur la bonté de Dieu, la liberté de l'homme et l'origine du mal", die vor allem über Chr. Wolff im 18. Jahrhundert eine breite Wirkungsgeschichte realisiert haben, von den beiden Labyrinthen von der Frage von Freiheit und

"Gott nach Auschwitz" mit sich gebracht, die auch einige theologische Berge (Begriff der Impassibilität und Immutabilität Gottes) versetzt hat.[33] Die Rede von einem "unveränderlichen Gott" wirkt in diesem Diskussionszusammenhang geradezu zynisch. Jegliche theologische Modellbildung hat diese Kulmination unmenschlicher Gewalt und menschlichen Leidens mitzuberücksichtigen.

Eine metaphysische Formulierung des Problems der Theodizee bietet Yates, der die Diskussion, ausgehend von einem philosophischen Terminus, auf den Begriff der Sünde überhaupt ausdehnt: "If God as primary cause is the co-determiner of every creaturely action then either God is responsible for moral evil, or, alternatively, since all acts are equally willed by God, there can be no such thing as sin."[34]

(2) Die Frage nach dem Status der Welt beschäftigt natürlich die Schöpfungstheologie[35], die Rede von "Kontingenz" ist jedoch ein erkenntnistheoretisches Problem, das sich an eine Ablehnung deterministischer oder fatalistischer Weltsichten bindet: "On the indeterminist view, any future-tensed proposition about free human action must be contingent: it must be capable of turning out either true or false. If it were necessarily true, then the action predicted by the proposition could not be free, but would be determined. But then can a contingent proposition about the future be true at all, or must we say that as long as it is capable of turning out either true or false it lacks a truth-value altogether?"[36]. Diese Diskus-

---

Notwendigkeit bzw. von der Frage von Kontinuum und Unendlichkeit. Leibniz führt dabei den Nachweis der Vereinbarkeit von Freiheit des Menschen und Vorauswissen Gottes, indem er göttlichen Verstand ("Vorauswissen") und göttlichen Willen ("Vorausbestimmen") scharf voneinander unterscheidet. Bekannt geworden ist diese Schrift Leibniz' vor allem auch durch die Bagatellisierung des Übels in der Welt (die die beste aller möglichen Welten ist), das angesichts der Unermeßlichkeit des Universums schier vernachlässigt werden kann; dazu: Heinekamp 1969.

33 O'Donnell 1983:11ff,96f; vgl. H. Jonas (1987). Jonas vertritt die These, daß Gott selbst in Auschwitz gelitten habe, auf der Seite der Geknechteten und Geschändeten stand, ohnmächtig, allein mit der Stärke solidarischen Mit-Leidens. Damit fällt die Rede von "Leidensunfähigkeit" (berechtigte Frage im heutigen Kontext: Wie kann Gott leidensunfähig und zugleich mitfühlend sein?), "Unveränderlichkeit" und "Allmacht"; auch Dorothee Sölle ist zu erwähnen, deren Konzeption "Atheistisch an Gott glauben" (München 1983), gerade eine Antwort auf Auschwitz ist: Wie kann man nach Auschwitz noch Gott loben, der alles so herrlich regieret... Der theologische Vernunftgebrauch darf nach Auschwitz nicht von politischer Sensibilität abgekoppelt werden. Gerade angesichts von Auschwitz erscheinen Rechtfertigungsversuche des Bösen und Entsetzlichen, die - wie etwa Leibniz - mit Kosmoskalkülen operieren ("... das Optimum als Zweck rechtfertigt die Übel als Bedingung seiner Möglichkeit. Das geheime Grundprinzip dieser Theodizee ist darum - horribile dictu - der Satz: Der Zweck heiligt die Mittel" [Marquard 1984:47]), zynisch.

34 Yates 1990:262.

35 Vgl. Schupp 1990:33-43.

36 Kenny 1986:52.

sion um den Wahrheitswert futurisch-kontingenter Aussagen kann auf eine lange Tradition zurückblicken, die bereits von Aristoteles mit seiner berühmten "Seeschlacht" (De. Int. 9) eingeleitet wurde.

(3) Existentiell gewichtiger als die Frage nach der Perseveranz des Bivalenzprinzips ist die Frage nach der theologischen Ausgestaltung der Gott-Mensch-Beziehung. Der genuine ("klassische") Ausdruck der Gott-Mensch-Beziehung ist das Gebet, dessen Status als Bittgebet an der Beantwortung der Frage nach der Vermittlung von göttlichem Vorherwissen und menschlicher Freiheit hängt.[37] Das traditionell theologische Gottesverständnis bewegt sich zwischen einer unveränderlichen "causa sui", "zu der man nicht beten kann"[38] und einem personalen Gegenüber. Schöbel spricht sogar von einem Dilemma: "A fundamental dilemma of the Christian understanding of God seems to consist in the fact that it combines both forms of discourse in its conceptual exposition: reflection on the necessary, eternal, immutable, omnipotent and omnipresent ground of the existence of the world and discourse about God's action which as intentional action is the condition for ascribing mercy, faithfulness and forgiveness to God..."[39]

Die Entscheidung für ein theistisches Gottesverständnis und ein personalisiertes Gottesbild, sicherlich mitbedingt durch die theologischen Beiträge der Reformatoren[40], hat die Interpretationsrahmen für die Immutabilität Gottes - wie

---

[37] In Kennys Formulierung: "What is the point of prayer if God already knows all our needs and desires? How can human actions be free if God already knows what they will be before the thought of performing them has even entered into their agents' heads?" (Kenny 1986:7); dieses Problem wurde bereits bei Boethius formuliert (De Consol. V, pr. 3).

[38] Heidegger 1957:70.

[39] Schwöbel 1992:52.

[40] Als Beispiel nenne ich den sich doch stark in reformatorischer Tradition beheimatet wissenden Karl Barth (dazu: Padgett 1992:140ff), der die Rede von der "Unveränderlichkeit Gottes", anknüpfend an die biblische Rede von "Treue" und "Verläßlichkeit", in die Rede von "Beständigkeit" umdeuten möchte: "Die Beständigkeit Gottes - dieses Wort ist besser als das verdächtig negative Wort 'Unveränderlichkeit' - ist die Beständigkeit seines Wissens, Willens und Tuns und also seiner Person; sie ist die Stetigkeit, die Unbeirrbarkeit, die Unermüdlichkeit, in der Gott sowohl er selbst ist als auch sein Werk treibt, es als solches erhält und immer wieder zu seinem Werke macht; sie ist die Selbstgewißheit, in der Gott in sich selbst und in allen seinen Werken in Bewegung und in sich selbst und in allen seinen Werken reich ist, ohne sich selbst zu verlieren, aber auch ohne (aus Furcht vor solchem Selbstverlust!) in sich selbst zu erstarren, ohne auf seine Bewegung und auf seinen Reichtum verzichten zu müssen. Die Beständigkeit Gottes ist also nicht die Grenze und Schranke, sie ist nicht der Tod seines Lebens. Eben darum darf das rechte Verständnis der Beständigkeit Gottes auch nicht auf sein Zusammensein mit der Schöpfung beschränkt werden, als ob Gott in sich selbst nun etwa doch das nackte 'Unveränderliche' und also in letzter Wirklichkeit doch der Tod wäre. Sondern eben in und kraft seiner Beständigkeit ist Gott lebendig in sich selbst und in allen seinen Werken ... Es gibt eine heilige Veränderlichkeit Gottes" (K.Barth 1958:557). Barth löst das von Schwöbel umrissene

dies bereits das Gottesverständnis "nach Auschwitz" provozierte - nachhaltig verändert.[41] Tatsächlich scheinen Kategorien der Zeitlosigkeit und Unveränderbarkeit nicht mit einem personalen Gottesbild vereinbar zu sein.[42] Eine Spannung - Gott handelt *in* der Geschichte und *jenseits* der Geschichte - bleibt.[43]

Auch die Diskussion um die Vermittlung von "immutabilitas Dei" und "gnadenhaftem Wirken Gottes" hat den Bruch mit der traditionellen Doktrin von der Unveränderlichkeit verstärkt[44]; gegen die These von der Unveränderlichkeit Gottes werden auch durchaus biblische Argumente ins Treffen geführt[45]: Die Ansätze für Veränderung und partielles Scheitern Gottes im AT (beispielsweise in der Rede über die "Reue", den "Zorn" und die "Eifersucht" Gottes, der sich um sein Volk ständig, und immer vergebens bemüht)[46] können als Indizien für die

---

Dilemma dahingehend auf, daß er die Attribute Gottes existentiell uminterpretiert, um den personalen Zugang zum personalen Gott offenzuhalten.

[41] Vgl. W. Maas (1974). Maas beruft sich mit der "Forderung nach einer Neubesinnung hinsichtlich der Lehre von der Unveränderlichkeit Gottes in der heutigen Theologie" auf die evangelischen Theologen Cremer und Dorner ebenso wie auf K. Rahner, H.U.v. Balthasar und H. Mühlen (16ff).

[42] Vgl. Kenny 1986:40 gegen Geach 1977:42.

[43] Diese Spannung formuliert anschaulich John Macquarrie (1975): "There is no doubt a sense in which God transcends history, yet history is also the region or medium in which he realizes his purposes, and surely this is important to him and makes some difference to him. God is not simply above history, unaffected and unchanged by it, nor is he simply within history as a kind of evolving God in the way that some empiricists have visualized him. He is both above and within, however difficult it may be for us to conceive this" (113).

[44] Z.B. Hasker 1989:148; Padgett 1992:1; siehe auch O'Donnell 1983:17ff.

[45] Job 42:2; Mt 19:25f: Allmacht Gottes; Jer 18:7-10: Bereuen Gottes; Ps 102:26f, Mal 3:6, Jak 1:17: Unveränderlichkeit Gottes.
Zumindest weist die Bibel eine Spannung auf, wie Clark Pinnock (1986), der die These vertritt, daß Gott aus freien Stücken heraus, zugunsten der menschlichen Freiheit sein Wissen einschränke, bemerkt: "The Bible seems to be pretheoretical in its approach to the relationship between divine sovereignty and human freedom. Some passages can be read to support God's determining all things. Others, with equal strength, stress the significant freedom of human beings. A tension is allowed to stand in the biblical text; a definitive resolution is nowhere attempted" (p. 143). Pinnock, der sich bei dieser Aussage auf Gen 22:12 (Gott prüft Abraham) und Jon 3:10 (Gott verschont Ninive) stützt, erhält nicht "the impression from the Bible that the future is all sewn up and foreknown. The future is envisaged as a realm in which significant decisions can still be made which can change the course of history" (ibd., 157).

[46] Vgl. hiezu W. Maas 1974:166-175. Auch H. Küng hat in seinem "Exkurs IV: Unveränderlichkeit Gottes?" (pp. 637-646) in seinem natürlich hegelianisch mitorientierten Werk über die Menschwerdung (1970) biblische Argumentationen gegen die Rede von der Unveränderlichkeit Gottes ins Spiel gebracht und auch die Frage nach dem Horizont des göttlichen Heilshandelns (wie ist das auf dem Hintergrund der Unveränderlichkeit zu denken?) aufgeworfen. Küngs vorsichtige Anregung: "Es ist zu überlegen, ob von einem solchen Gottesverständnis her nicht die Problematik der Veränderung und des Werdens in Gott neu reflektiert werden muß" (646).

biblisch nicht konsequent durchgehaltene Metapher der Allmacht und des Vorherwissens gelten. Eine systematische Entfaltung der Folgen einer Aufgabe der "immutabilitas" hat - wie bereits erwähnt - die Prozeßtheologie geleistet, die mit einer Prozeßontologie der Substanzontologie und damit natürlich der Rede von einem unveränderlichen Gott den Kampf angesagt haben.[47]

Zusammenfassend:

"If God knows with absolute certainty the totality of one's existence from eternity, then his life is complete before he himself has actualised it in time. Strictly speaking, then men's lives cannot be otherwise than God knows them to be. Tomorrow's choices are already set for man because their lives are constituted for God before they are constituted for them. However men may think they are free to make choices such freedom is an illusion. To say that while God *knows* that all events are actual, He does not *predetermine* all events is but an empty and meaningless locution. If God knows all choices future as well as past and present, as actual, then however much one may think he is free with respect to future choices he will make is already actual in God's absolute foreknowledge and he will be unable to choose anything other than what he does in fact choose."[48]

Das Dilemma "Gottes Allwissen - menschliche Freiheit"[49] hat zu einer Aufweichung des Begriffs der "immutabilitas" geführt. Begriffsklärungen könnten

---

[47] Whitehead (1969) sah sich gezwungen, mit der Tradition zu brechen: "The notion of God as the 'unmoved mover' is derived from Aristotle, at least so far as Western thought is concerned. The notion of God as 'eminently real' is a favourite doctrine of Christian theology. The combination of the two into the doctrine of an aboriginal, eminently real, transcendent creator, at whose fiat the world came into being, and whose imposed will it obeys, is the fallacy which has infused tragedy into the histories of Christianity and of Mahometanism" (403f). Whitehead stellt eine Spannung zwischen drei gleichermaßen untragbaren Polen fest, zwischen dem Bild Gottes als eines philosophischen Prinzips, zwischen dem Bild eines Gottes, der nach dem Bild eines Reichsherrschers gedacht wird und zwischen dem Bild eines Gottes, der als erbarmungsloser Moralist gezeichnet wird. Sein Gegenentwurf beruft sich auf eine frühchristliche Intuition, die durchaus auch in zeitgenössischen Entwürfen der Befreiungstheologie wiederbelebt wurde: "There is, however, in the Galilean origin of Christianity yet another suggestion which does not fit very well with any of the three main strands of thought. It does not emphasize the ruling Caesar, or the ruthless moralist, or the unmoved mover. It dwells upon the tender elements in the world, which slowly and in quietness operate by love; and it finds purpose in the present immediacy of a kingdom not of this world. Love neither rules, nor is it unmoved; also it is a little oblivious as to morals. It does not look to the future; for it finds its own reward in the immediate present" (404); vgl. A. Case-Winters 1990:129-148.

[48] R.H. Ayer 1975:395.

[49] "If God is to be omniscient, I have argued, then he cannot be immutable. If God is to have infallible knowledge of future human actions, then determinism must be true. If God is to escape responsibility for human wickedness, then determinism must be false. Hence in the

hilfreich sein oder wenigstens das Ihre dazu beitragen, die Konfusion um die zu verhandelnde Frage klar zu sehen.

1.2.2 Begriffsklärungen und -streitereien

Der traditionelle Theismus deutet Gott mit "All"-Attributen: Gott ist allmächtig, allwissend, allgütig. "God's existence is absolute and in no way world relative. Likewise, each of his actions, such as his creative choice as to which world to actualize, is absolute ... Traditional theism pictures God as being 'outside' of possible worlds in that he initially contemplates them and then makes a unique and absolute choice as to which one of them is to become actualized".[50] Die Absolutheit Gottes und die Relativität der Welt werden einander gegenübergestellt, für die Begriffsbildung bedeutet dies einen "dreifachen Weg des Sprechens über Gott".[51] Gerade die Analogielehre deutet auf die Grenzen der Gültigkeit einer theologischen Rede von Gott hin.

Die vorliegende Frage ist im Kontext des eben Gesagten insofern delikat, als göttliches Vorauswissen ("absolut"), Kontingenz der Welt ("relativ") und menschliche Freiheit ("kommunikativ") zusammengedacht werden müssen. So stehen gerade die Totalitätsmetaphern (Omnipotenz, Omniszienz) zur Diskussion (1). Weiters: Wie kann sich göttlich-absolutes Wissen auf die relative Welt beziehen (2)? Wie sind göttliche Ewigkeit und weltliche Zeitlichkeit zusammenzudenken (3)? Und: Wie steht es dann mit der Freiheit des Menschen (4)? Die folgenden Ausführungen werden ihre Sinnspitze wohl darin finden, daß sie die

---

notion of a God who foresees all sins but is the author of none, there lurks a contradiction. Omnipotence may perhaps be capable in isolation, of receiving a coherent formulation; but omnipotence, while capable of accounting for some historic doctrines of predestination, is inadequate as a foundation for divine foreknowledge of undetermined human conduct. There cannot, if our argument has been sound, be a timeless, immutable, omniscient, omnipotent, all-good being" (Kenny 1986:121).

Für die Kompatibilität von Vorherwissen und Freiheit argumentiert Samuel Clarke aus einem spezifischen Verständnis von "Vorherwissen", das von "Allmacht" abgetrennt ist: "Fore-knowledge in God can be consistent with Liberty of Action in Men ... because Fore-knowledge has no Influence at all on the Things Fore-known; and it has therefore no influence upon them, because things would just be as they Are ... so God's foreseeing, that any Action will freely be done; does not at all hinder its being Free, tho' he knows it certainly; because His Fore-seeing things to come, does not more influence or alter the Nature of things, than our seeing them when they are" (S. Clarke, Sermon XI 'Of the Omniscience of God', reprinted in *Works of Samuel Clarke*, London 1738, vol. I, pp. 69f). Er legt offensichtlich ein anderes Begriffsverständnis zugrunde, was die Notwendigkeit, Klarheit über die Begriffe zu erhalten, noch verschärft.

[50] Gale 1991:36. Nach Mackie ist die Überzeugung unverzichtbar. daß es einen sowohl allmächtigen wie auch allgütigen Gott gibt; vgl. Mackie 1955.

[51] Muck 1983:150.

Komplexität und sprachphilosophische Delikatheit der in unserem Problem verhandelten Begriffe skizzieren.

(1) Die Rede über Totalitäten wie "Welt" und "Gott" ist bekanntlich problematisch und kann den sicheren Gang feststehender Erkenntnis nicht ohne erkenntnistheoretisch kritische Stimmen beanspruchen.[52] Dies trifft auch auf die Rede von "Allmacht" und "Allwissen" zu, die Thomas von Aquin unter Zuhilfenahme der Analogielehre und der opinio communis kontextualisiert hat.[53] Gerade die Analogielehre wurde von Scotus mit der Rede von der Univozität kritisiert, um die Möglichkeit vernünftiger Argumentation überhaupt zu retten.[54] Für Thomas wie Scotus ist freilich der Rahmen einer Rede von Gott gerade an die - vom Begriff "Gott" implizierten - Perfektionsvokabeln gebunden. Diese haben eine explikative Funktion, die auch mit dem theologischen Anspruch einer "Welt"erklärung zu verbinden ist.[55] Für den grundsätzlichen Anspruch von Religion und Religiosität kann der Rekurs auf die Perfektionsvokabeln in seiner Wichtigkeit schwerlich unterschätzt werden.[56]

Definitionen bieten sich dennoch an: Üblicherweise wird der Allmachtsbegriff an den Begriff des Ereignisses gebunden: "I shall assume that if God exists and is omnipotent, then with respect to any possible event (E) God has power sufficient to determine whether or not E occurs".[57] Diese Bindung von Omnipotenz-Definition an den Ereignisbegriff beruht auf einem analogen Verständnis von Macht und ist insofern problematisch, als "Ereignis" eine ontologische Kategorie "aus der (raum-zeitlich strukturierten) Welt" ist, die sich konsequenterweise einem Akt des omnipotenten Gottes verdankt. Der sprachphilosophisch saubere Umgang mit

---

[52] Mündet die Rede von "Allmacht" in die Rede von Ohnmacht? Versagt die Rede von Allmacht im Versuch, den Ursprung von Macht zu erklären? Welche Funktion hat dann dieser Begriff? "Allmacht zwingt zum Vergleich mit der größeren oder kleineren Macht, wie immer man sie messen möge. Die größte Macht ist die Allmacht. Die Allmacht braucht man deswegen, weil man sich sonst nicht erklären kann, woher es denn komme, daß es Macht gibt. Man beruhigt sich dabei zu sagen, daß Macht Teil der Allmacht ist. Man übersieht aber, daß, wenn einer allmächtig ist, es nicht einzusehen ist, weshalb er die Allmacht, die einheitlich und geschlossen ist, zerbröckelt und die Brocken sich gegenseitig scheuern und zerstören läßt. Die Macht durch die Allmacht erklären zu wollen, schiebt die Frage nach dem Ursprung der Macht zurück, beantwortet sie aber nicht" (Antweiler 1973:244). Dabei ist klar: Will man die Rede von Allmacht konsistent führen, kann sie nur einmal prädiziert werden - damit wächst die Differenz zwischen Mensch und Gott: "Mit dem Begriff der 'Allmacht' verhält es sich wie mit dem der Ewigkeit: Es kann nicht mehrerlei Arten von ihnen geben" (Röttgers 1990:93)

[53] - "und das verstehen alle als Gott"... (STh I, q. 2, a.3, c.); vgl. Muck 1983:120f.

[54] *Ordinatio*, Dist. 3.

[55] Schwöbel (1992) weist auf den Anspruch einer kompletten Erklärung des Kosmos hin, wie er den theistischen Perfektionsvokabeln zugrundeliegt.

[56] Freddoso 1983:55.

[57] Pike 1983:11. Andere Definitionen finden sich bei Freddoso 1983:81,87,93.

"All" ("Gott kann alles") und "Nichts" ("Gott kann nichts nicht können") bleibt ebenso problematisch wie die Klärung der Begriffe "Können" und "Macht". [58]

Aber es gibt auch Bedenken jenseits der Sprachphilosophie: Funktioniert der Begriff "Allmacht" wie der Begriff "Macht"? Wie ist der "qualifier" "All-" grammatikalisch zu verstehen? Liegt hier ein irreführendes (verhexendes) sprachliches Bild vor? Der Begriff von *Allmacht* wird gerade auch unter Berufung auf die Theodizeefrage und Perspektiven der feministischen Theologie kritisiert.[59] Dabei stellt sich die Frage nach der Vereinbarkeit von Allmacht und Allgüte ebenso wie die Frage nach der "ideologischen Basis" der Allmachtsmetapher. Die "wiederentdeckte Personalität Gottes" legt einer unbeschwerten Rede von Allmacht weitere Hindernisse in den Weg, will man doch den personalen Gott als allgütig denken können. Tatsächlich scheint die vorliegende Frage vor der qualvollen Option zu stehen, ein philosophisches (reflektiertes) Modell mit philosophischem Gottesbegriff und ein existentielles (engagiertes) Modell mit einem personalen Gottesbegriff anzustreben. Es hängt ja ganz offensichtlich bereits sehr viel davon ab, welchen Status man dieser Fragestellung zubilligt (Kann diese Frage am grünen Tisch entschieden werden?).

Souverän mutet der Definitionsakt Kenny an, der die Rede von der Allwissenheit Gottes auf den Begriff bringt: "The doctrine of omniscience is easy to formulate precisely: it is the doctrine that for all p, if p, then God knows that p"[60]. Jedoch: Der Begriff des Wissens - siehe unten - ist einer der dunkelsten in der Philosophiegeschichte, der Status und die Charakterisierung von besagtem "p" führt in erkenntnistheoretische Abgründe, die Rede von "Wissen" in bezug auf Gott unterscheidet sich von dieser Rede in bezug auf den Menschen.[61]

---

[58] Geach 1977 unterscheidet zwischen *almightiness* und *omnipotence*. Erstere bezeichnet die Herrschaft über die Dinge (die Macht, alles zu manipulieren), letzere die Herrschaft über den eigenen Handlungsspielraum (die Macht, alles zu tun). Dies macht zwar auf einen Unterschied zwischen "Macht" und "Handlungsmacht" aufmerksam, verschiebt aber nur das Definitionsproblem.

[59] Ein Beispiel ist Anna Case-Winters (1990). Case-Winters bemerkt zum Rahmen ihres Buches, das als Absage an die von statischen Denkmustern und patriarchalen Begriffsrahmen geprägte "Allmacht"-Terminologie gedacht ist: "Many serious challenges have arisen against the assertion that God is omnipotent. The most troubling of these challenges presents itself in the form of the theodicy problem: If God is omnipotent, why is there evil in the world?" (7).

[60] Kenny 1986:10.

[61] Nur ein Beispiel, das mit vorliegendem Problem zusammenhängt: "To claim that God is essentially omniscient implies that God is absolutely certain about everything which He believes. And that certainly entails that God bears a very different relation to the future than we do, for we cannot be certain in the relevant sense of much more than our own present mental states" (J.L. Kvanvig 1986:73).

Im übrigen meinen manche Philosophen im Anschluß an Wittgenstein, daß "Was-ist-Fragen" überhaupt zu meiden sind[62] und sich der Status eines Begriffs an seinem Verwendungskontext ermessen lasse. Die erheischte Begriffsklärung ist dann im Zusammenhang mit der Frage "Welche Funktion erfüllen die Perfektionsvokabeln?" zu stellen. Und hier ist wohl wieder eine zweischneidige Antwort möglich: Entweder üben diese Begriffe eine Funktion in einem philosophischen System aus oder sie geben dem Menschen Halt - als lebenstragende Überzeugung, aus der heraus der Mensch handeln kann. Das strategische Dilemma (philosophische oder existentielle Wertung der Frage und jedweden Antwortversuchs) bleibt also bestehen.

(2) Und daran dürfte sich sobald nichts ändern. Seit Aristoteles war man sich darüber im klaren, daß gültiges Wissen aus einem gültigen Schluß aufgrund wahrer Prämissen zu gewinnen sei. Die Einsicht der allerersten Prämissen als "wahr" sei eine Sache der Evidenz.[63] Diese hat wiederum Descartes zum "fundamentum inconcussum" seines philosophischen Denkens gemacht. Moore wollte es sich nicht so schwer machen, war dem gesunden Menschenverstand gegenüber auch etwas aufgeschlossener als René Descartes und benützte seine beiden Hände, um "Wissen" zu demonstrieren.[64] Wittgenstein hat seinerseits Moore aufs Korn genommen[65] und den Wissensbegriff auf das Problematische beschränkt: Wissen kann ich nur prinzipiell Problematisierbares, also Sätze, zu denen ich mir Alternativen denken kann; "daß ich existiere" ist nicht Gegenstand des Wissens, ebensowenig wie die Tatsache, "daß es eine Welt gibt".

Damit der Satz "ich weiß p" sinnvoll ist, muß "p" nicht nur eine Alternative neben anderen sein, sondern es haben auch weitere Bedingungen zu gelten, die den Begriff des Wissens mit dem Begriff der "Wahrheit" verkoppeln[66] und mit

---

[62] Diese Position richtet sich gegen den "Essentialismus" (Stegmüller 1978:61).

[63] Von hier aus kann Aristoteles einen Begriff von "logischer Notwendigkeit" gewinnen, der aber nur schwerlich eingeklagt werden kann: "Descartes, Locke, and in our own time A.J. Ayer, have all been telling us that we do not really know - 'philosophically know', as we might term it - all sorts of things we thought we did, but only probably believe them. Most disciplines that are normally accounted knowledge are by this criterion excluded from being real knowledge. All human affairs, which Aristotle characterized as being ' capable of being otherwise'... (*ta endechomena allos echein*) lack the logical necessity that Plato sought" (Lucas 1989:37).

[64] Ich spiele auf den berühmten Beweis von der Existenz einer Außenwelt an, die im Rahmen einer Explikation von "Wissen" und "Gewißheit" stattfand (Moore 1963:127-150).

[65] Wittgenstein, ÜG 1ff.

[66] Es entspricht nicht unserem Sprachgebrauch, zu sagen: "Ich weiß, daß p. Aber p ist falsch". So verwenden wir das Wort "Wissen" nicht. Dieser Sprachgebrauch hat sich seit Aristoteles durchgehalten.

dem Begriff der "Überzeugung"[67]. Dies läßt sich derart formulieren "that the necessary and sufficient conditions for knowing that something is the case are first that what one is said to know be true, secondly that one be sure of it, and thirdly that one should have the right to be sure"[68]. Damit wird nun natürlich die anstehende Frage nach Klärung des Begriffs "Wissen" verlagert auf die Frage, wie denn nun ein Recht auf Sichersein begründbar sei. Und dies koppelt Ayer wiederum an eine Diskussion von sinnlicher Wahrnehmung und privater Erfahrung, womit die Möglichkeit, den Status des göttlichen Wissens auszumachen, noch weiter entschwindet.

Was kann es also heißen, "p" zu wissen? Schwerer noch: Was kann es für Gott heißen? Noch schwerer: Was heißt es für Gott, wenn "p" "future contingencies" sind?

Peter Geach hat in die Diskussion das Beispiel des genialen Schachspielers eingebracht[69]: Wenn ich gegen Bobby Fischer antreten müßte, könnte mir Bobby Fischer wohl schon vor Beginn des Spiels sagen, wieviele Züge er beanspruchen werde, wohl auch, mit welcher Figur er mich mattsetzen würde etc. Per analogiam kann dies auch von Gott gesagt werden, dem die Geschehnisse der Welt so deutlich wißbar sind, wie Bobby Fischer den Verlauf einer Schachpartie gegen einen Anfänger im vorhinein weiß.

Das Problem mit Geach's Beispiel liegt nun darin - das ergibt sich aus den Perfektionsvokabeln -, daß es sich nicht um "Wissen" im geforderten "absoluten Sinn" handelt. Das Beispiel "places God in a perpetual flux of responsiveness to human action - it is not only human persons whose freedom would be curtailed, but God's also"[70]. Gottes Wissen - Korollar aus der These von der Immutabilität (und Impassibilität) Gottes, die wiederum aus dem traditionellen Begriff der Vollkommenheit folgt - ist "determinata", "von vornherein feststehend", nicht angewiesen auf "externe" Größen und Ereignisse, die Gottes Wissen erst "wahr" machen würden. Die absolute Souveränität Gottes verlangt die Loslösung seines Wissens von allen etwaigen Abhängigkeiten.

Nelson Pike hat den Vorschlag gemacht, Gottes Wissen mit dem unmittelbaren und intuitiven Wissen eines Wahrsagers zu vergleichen, um deterministische Konsequenzen zu vermeiden.[71] Natürlich bleibt kritisch anzufragen, inwieweit hier noch von "Wissen" gesprochen werden kann - handelt es sich nicht vielmehr

---

[67] Es entspricht auch nicht unserem Sprachgebrauch, zu sagen: "Ich weiß, daß p. Aber ich bin nicht sicher". Der Satz "Ich weiß, daß p" impliziert meine Bereitschaft, weitere sprachliche Handlungen zu setzen, nämlich Begründungen zu offerieren, die die Frage "Warum behauptest du, p zu wissen?" beantworten. An dieser Stelle spielt denn auch der Konsens einer Überzeugungsgemeinschaft eine wichtige Rolle.

[68] A. Ayer 1956:34.

[69] Geach 1973, Geach 1977:58.

[70] Yates 1990:200.

[71] Pike 1970, ch.4.

bloß um "Raten", und würden wir von Wahrsagern und Zukunftsdeutern sagen, sie "wüßten die Zukunft voraus"? M.E. widerstößt dies gegen unseren gängigen Sprachgebrauch. Man ist beinahe versucht, Nelson Pike vorzuwerfen, an der Schwierigkeit der Frage "Wie ist es für Gott, Gott zu sein" gründlich vorbeigegangen zu sein.[72] Den Status des göttlichen Wissens zu beschreiben ist auch deswegen problematisch, weil Gottes Vorherwissen mit der Freiheit des Menschen zusammenzudenken ist. Wie kann man Gott absolutes Vorherwissen zuschreiben, ohne die Freiheit des Menschen einzuschränken? Wie lassen sich fatalistische Auswüchse umgehen?[73]

Eine bereits von Thomas eingeschlagene Strategie besteht darin, die Rede von "Gott" und "Zeit" zu entkoppeln: Vorauswissen und Freiheit sind unter der Annahme vereinbar "that if God can know the future he must possess the attribute of supratemporality".[74] Aus logischen Gründen ist diese Ansicht freilich problematisch: "God would not, on this view I am considering, know that the 1960 final examinations at Manchester are now over. For this isn't something that he or anyone else could know timelessly, because it just isn't true timelessly."[75]

Hier zeigt sich wieder das Problem der Verschränkung von "Absolutem" und "Relativem". Die klassische Perfektionslehre impliziert, daß Gott "absolut" weiß, d.h. daß Gottes "Wissen" kohärent angeordnet und entsprechend widerspruchsfrei ist. Das ist aber - circulus vitiosus - gerade im Fall des Wissens um zukünftiges Kontingentes, das "so oder so" sein kann, nicht der Fall: "God knows everything, everything actual as actual and everything possible as possible. We simply deny that he knows the possible as actual. Classical theism has always recognized that God cannot know contradictions ... To know the future, that which is still in-

---

[72] Vgl. Nagel 1986. Anselm von Canterbury faßt einen Lösungsvorschlag ins Auge, der der Offerte des Thomas von Aquin inhaltlich sehr nahesteht: Er insistiert auf der Spezifität des göttlichen Wissens, das nicht mit dem menschlichen Wissen verglichen werden kann und kritisiert damit die Begriffsverwendung von "praescientia" überhaupt: "Praescientia dei non proprie dicitur praescientia. Cui enim semper omnia sunt praesentia, non habet futurorum praescientiam, sed praesentium scientiam. Cum ergo alia sit ratio de praescientia futurae quam de praesentis rei scientia, non est necesse divinam praescientiam et illam de qua quaerimus eandem habere consequentiam" (Anselm, De causa diaboli 21).
Übrigens ließe sich diese von Russell gemachte Unterscheidung zwischen "knowledge by acquaintance" und "knowledge by description" in diesem Zusammenhang einbauen: Daß Gott alles "by acquaintance" kenne, kann mit Anselms Begriff der "praesentia" zusammengedacht werden.

[73] Ein klassisch gewordener Versuch, den Begriff des göttlichen Vorherwissens mit dem Begriff der menschlichen Freiheit zusammenzudenken, liegt in der Rede vom "mittleren Wissen", wie es von Moulina formuliert wurde; vgl. Yates 1990:206ff.

[74] Yates 1990:210.

[75] Prior 1962:116.

determinate ... as if it were already fully determinate, excluding all alternatives is to know A as non-A, a contradiction"[76].

Welchen Status hat nun eigentlich eine Rede über "die Zukunft"?

(3) "Was ist die Zukunft?" - daß es "einen Unterschied" zwischen Vergangenheit und Zukunft gibt, ist uns intuitiv klar.[77] Intuitiv - deshalb auch die Rede von den "future contingencies" - charakterisieren wir das Zukünftige in erster Linie durch seine "Offenheit", es ist *noch nicht* geschehen.[78] Diese Intuition wurde in der Philosophie durch die "Generality of Predictions Thesis" eingeholt. In der Formulierung von Yates: "If the future is open then it is not possible successfully to identify future individuals. There will always be a genuine doubt that there will exist a referent who will correspond to any singular identifying expression for any future individual we might like to formulate. To give the name *for* such an individual is not to give the name *of* such an individual. Statements about future individuals are irreducibly general."[79]

Der offene Status der Zukunft bedingt den Status von Aussagen über Zukünftiges. Es handelt sich um Aussagen, (a) deren Wahrheitswert umstritten ist, (b) die nur allgemeiner Natur sein können - eben: vage sind. Erkenntnistheoretisch gesehen legt sich ein Schleier um das Zukünftige, das nicht Gegenstand von sinnlicher Wahrnehmung sein kann und infolge der Kontingenz von Welt auch keinem epistemologischen Apriori folgt: "The truth is that the future is not for *anybody* to see, 'seeing the future' is a self-contradictory action".[80]

Kann dieses Verdikt auch auf Gott angewendet werden? Daß diese erkenntnistheoretischen Einschränkungen nicht für Gott gelten können, wurde aus den Perfektionsvokabeln und aus den Bemerkungen zum Begriff des Wissens deutlich. Die Rede von "Gott" und "Zukunft" zusammenzubringen ist jedoch insofern schwierig, als Gott seit den Griechen als zeitlos gedacht wird. Nur dies kann

---

76 Ford 1975:118f.

77 Plantinga konstatiert "an important asymmetry between past and future. This asymmetry consists in part in the fact that the past is outside our control in a way in which the future is not. Although I now have the power to raise my arm, I do not have the power to bring it about that I raised my arm five minutes ago. Although it is now within my power to think about Vienna, it is not now within my power to bring it about that five minutes ago I was thinking about Vienne. The past is fixed in a way in which the future is open. It is within my power to help determine how the future shall be; it is too late to do the same with respect to the past" (Plantinga 1986:244).

78 Die Implikationen dieses "Noch nicht" und die verschiedenen Nuancen (Tendenz, Latenz, Utopie, Hoffnung, Traum...), die bei einer Reflexion über Zukünftiges zu bedenken sind, lassen sich deutlichst im Werk Ernst Blochs verfolgen. Von da aus kann auch ein differenziertes Verständnis von - zum "Prinzip" aufgespreizter- Hoffnung entwickelt werden.

79 Yates 1990:199.

80 Geach 1973:209; vgl. Geach 1977:56-58.

das aristotelische Motiv des "unbewegten Bewegers" halten. Umgekehrt jedoch sind unserem üblichen Verständnis nach der Personbegriff und der Zeitbegriff untrennbar miteinander verbunden.[81] Wenn man Gott als Wesen außerhalb der Zeit ansetzt, hat dies den heuristischen Vorteil, daß die Rede von "Zukunft" in "zeitlose Gegenwart" aufgelöst werden kann[82], reißt jedoch die Frage auf, ob man dann überhaupt noch von einem personalen Gott sprechen könne.[83]

Auch der systematische Preis, der in der anderen Richtung zu zahlen ist, ist hoch: Konstruiert man die Rede von Gott als die Rede über ein geschichtsimmanentes Wesen, fällt die These von der Immutabilität Gottes und damit eine Säule des klassischen Gottesverständnisses. Dieses Grundproblem der Schöpfungstheologie (Intransigenz von Schöpfungsakt und Unveränderlichkeit Gottes) hat uns bereits in erkenntnistheoretischer Rücksicht beschäftigt (Hängt die Wahrheit des göttlichen Wissens über Zukünftiges vom Handeln seiner Geschöpfe ab, die erst das göttliche Wissen bewahrheiten?). Wenn man "für Gott" so etwas wie "Zukunft" annimmt, nimmt man die Vermengung von Gott und Zeitlichkeit in Kauf. Lucas warnt seinerseits vor einer Einebnung des systematischen Unterschieds zwischen "Zeitlosigkeit" und "Unveränderlichkeit":

> "The timelessness of God is often confused with the changelessness of God, but it is an entirely different doctrine. If God is timeless, it makes no sense to ask whether He might change, just as it makes no sense to ask whether he might cease to be an irrational number: if God is changeless, it makes perfectly good sense to ask the question, and the answer will always be No, just as it makes perfect sense to ask whether pigs can fly, even though the answer is uniformely negative".[84]

Dieser Hinweis mag vielleicht sprachphilosophisch interessant sein, bietet aber für systematisches Fortkommen in der gegenständlichen Frage keine Anhaltspunkte. Festzuhalten bleibt, daß in der Geschichte des Gott-Denkens die Frage nach "Gott und Zukunft" durchwegs als sinnvoll erachtet wurde; ebenso die Frage, ob Gott sich denn verändere. Bedeutsam wurde die Frage vor allem deswegen, weil die Freiheit des Menschen in erster Linie mit dem Motiv des zukünftigen Handelns in Verbindung gebracht wird und eine Kontrolle der Zukunft durch Gott die Freiheit des Menschen zu demontieren droht. Es wird sich freilich auch hier zeigen, daß keiner so recht weiß, was damit gemeint ist.

---

[81] Vgl. Denett 1986:17f.

[82] Darin besteht der Lösungsvorschlag des Thomas von Aquin, in der Nachfolge des Versuchs von Anselm von Canterbury.

[83] Vgl. Lucas 1989:212.

[84] Lucas 1989:211.

(4) Thomas Nagel behandelt das Problem der Willensfreiheit als eines der zentralen Probleme der Philosophie.[85] Dies taten vor ihm bereits Schlick, Körner und Russell. Die Alltagsintuition hinter dem Begriff "Freiheit" ist eine bekannte Situation: Sie stehen in einem Selbstbedienungsrestaurant und haben die Wahl zwischen einem Stück Torte und einem Pfirsich als Dessert. Sie wissen, daß Sie sich sowohl für das eine als auch für das andere entscheiden können. "Nichts von dem, was bis zu dem Punkt geschieht, an dem Sie sich entscheiden, legt unwiderruflich fest, wie Ihre Entscheidung ausfallen wird"[86], es handelt sich um die Erfahrung einer "offenen Möglichkeit". Diese Erfahrung offener Möglichkeiten - an dieser Stelle knüpft die "Offenheit" der Zukunft an die Angewiesenheit von Freiheit auf diese Offenheit an - bildet das Fundament von Moral und Verantwortlichkeit. Der Determinismus hat die delikate Konsequenz, daß Fragen von Verantwortlichkeit und sittlichem Handeln nicht mehr sinnvoll gestellt werden können.[87] Andererseits ist klar, daß Präferenzen determiniert sind (Torte schmeckt besser, hat aber mehr Kalorien). Nur sollten diese Präferenzen kontrollierbar sein, um von "freiem Handeln" sprechen zu können.[88] Um Willens*freiheit*

---

[85] Nagel 1990.

[86] Nagel 1990:42. Wenn eine Person frei ist, steht es in ihrer Macht "to choose to perform A or choose not to perform A. *Both* A *and not* A *could actually occur; which will* actually occur has not yet been determined" (D. Basinger 1986:416). A und Nicht-A sind kontingent, i.e. möglich, aber nicht notwendig, also nicht determiniert. Am Begriff der Kontingenz also - ein *wichtiges* Ergebnis für die zu verhandelnde Frage - hängt der Freiheitsbegriff. Noch deutlicher: "From this emerges that when one is held responsible for something that one has done, or failed to do, there is always the implication that one could reasonably have been expected to act otherwise" (A. Ayer 1973:231). Das ist der Grund der Rede von "Kontingenz".

[87] Nagel 1990:44. Andererseits - so ist es eben: es *muss* immer wieder kompliziert werden -: Wenn das Handeln von *keinem* Faktor determiniert, geleitet, entschieden wird, ist es auch unmöglich, von Verantwortung zu sprechen (49f). Der entscheidende Punkt ist, daß die entscheidenden Faktoren, die bei der Handlungsanleitung mitspielen, unter der Kontrolle des Handelnden sind.

Was ist aber überhaupt "freies Handeln"? "Eine mögliche Antwort würde lauten, daß man auf diese Frage keine Antwort geben kann. Freies Handeln ist ein Grundbestandteil der Welt und kann nicht weiter analysiert werden. Es gibt einen Unterschied zwischen einem Geschehen, das sich ohne jede Ursache einfach bloß ereignet, und einer Tat, die ohne jede Ursache einfach *getan* wird. Diesen Unterschied verstehen wir alle, wenn wir ihn auch nicht erklären können" (Nagel 1990:48).

[88] In der Rechtsprechung ist in der Beurteilung der Schwere eines Vergehens/Verbrechens die Kontrollierbarkeit der handlungsausschlaggebenden Faktoren entscheidend; aus attribuierter "Vorsätzlichkeit" kann "Böswilligkeit" gefolgert werden. Im Grunde arbeitet die Jurisprudenz mit einem Freiheitsbegriff, der an den Begriffen des "Durchführens" und "Unterlassens" einer Handlung festgemacht werden kann; formal: "N is free at T with respect to performing A =def It is in N's power at T to perform A, and it is in N's power at T to refrain from performing A" (Hasker 1989:66).

und Vernunft zusammenzudenken ist eine Verbindung zwischen Handeln und Planen ausschlaggebend.[89]

Will man den Begriff von "Freiheit" klären, ist es nicht sinnvoll, dem Freiheitsbegriff mit dem Werkzeug von Gefühlsrekursen ("ein Gefühl von Freiheit", "occult inner thrusts"[90]) nachzuspüren. Der Rekurs auf Inneres führt in die kriteriologische Wüste, obwohl durchaus verständlich ist, daß der Freiheitsbegriff, an dem das christliche Verständnis von "Person" und "Würde" hängt[91], mit Emotionen behaftet ist. Emotional ist nun auch die Diskussion um Gottes Allmacht und die menschliche Freiheit besetzt, da erstere als restriktiv in bezug auf die menschliche Freiheit betrachtet wird.[92]

Ein entscheidendes Argument für diese restringierenden Auswirkungen:

"(A1) Necessarily, God has always believed that Clarence will have a cheese omelet tomorrow morning. (Premise: the necessity of the past)

(A2) Necessarily, if God has always believed that a certain thing will happen, then that thing will happen. (Premise: divine infallibility)

(A3) Therefore, necessarily, Clarence will have a cheese omelet tomorrow."[93]

Der schwächste Punkt dieses Arguments ist der Notwendigkeitsoperator in A1, der nicht als *logische* Notwendigkeit aufzufassen ist.[94] Die Rede von "logischer Notwendigkeit" wiederum führt vom existentiellen Anliegen der Fragestellung

---

[89] Dies wird die zu skizzierende Strategie des Ioannes Duns Scotus sein; vgl. Kraml 1984:128f.

[90] Ryle 1966:67.

[91] "At bottom, the contemporary problem for the theist is the reconciliation of two absolutes, the all-creating God and the self-creating man" (R.G. Gerber 1970:240); "the free man is a rational man, the man who pursues what he values and what he sees reason for doing" (Swinburne 1989:57); "Freiheit" und "Rationalität" sind auf diesem Hintergrund mit "Wert" und "Würde" verknüpft; vgl. Schmidinger 1994.

[92] Die Frage nach der Freiheit des Willens hat in der Reformation und Gegenreformation eine entscheidende Rolle gespielt; verhandelt wurde die Rede von "Gnade" und "Freiheit", die gegeneinander aufgerechnet wurden. Exemplarisch für die Diskussion ist Luthers Schrift *De servo arbitrio*, die er 1525 gegen Erasmus von Rotterdam (*De libero arbitrio*) geschrieben hat. Mit einer Konzeption von übermächtiger göttlicher Gnade manövriert sich Luther in ein theologisches Modell, das er nur unter Rekurs auf den Mysteriencharakter der Fragestellung konstruktionsfähig halten kann.

[93] Hasker 1989:68. (Eine subtilere Form des Arguments A findet sich unter B1-B7 in Hasker 1989:69, noch besser: ibd, 73f).

[94] Es sind verschiedene Begriffe von "Notwendigkeit" zu unterscheiden - vgl. Anglin 1990:84ff.

wieder fort. Fazit: Der Freiheitsbegriff und der Begriff des Vorherwissens spannen ein Dilemma auf, das die Sinnspitze der verhandelten Fragestellung bildet.

Ayer faßt das Problem zusammen:

"It is sometimes argued that the power which is ascribed to God of foreseeing everything that happens is inconsistent with men's freedom, but this is a mistake. There is some difficulty, as we shall see, in understanding what is meant by saying that a man does something of his own free will, but if a proposition of this sort is ever true, it must be consistent with the tautology that his actions will be what they will be, whether they are done freely or not, then equally someone who says what they will be predicts them truly whether they are done freely or not. It makes no difference here whether the predictions are lucky guesses or manifestations of knowledge. From the fact that someone knows what I shall do, it does indeed follow that I SHALL do it, for the purely semantic reason that this is part of what is meant by saying that he knows that I shall. It does not follow that I am compelled to do it, that I shall not be free to act otherwise. The most that can be inferred is that if I do have this freedom I shall in fact not exercise it."[95]

1.3 Normative Aussagen

Der Problemhorizont der Frage nach dem göttlichen Vorherwissen und der menschlichen Freiheit wird nicht nur durch den Status der Fragestellung und die sprachanalytischen Implikationen aufgespannt, sondern gerade durch die Tradition entfaltet, die Diskurse hervorbrachte, welche wiederum normative Aussagen provozierten. Die theologische Praxis ist Teil der kirchlichen Praxis, die normatives theologisches Material administriert. Die einschlägige Diskussion hat sich in der Synode von Arles (473), in den beiden Synoden von Quiercy (853) und Valence (855), im Rahmen der Auseinandersetzung mit Gottschalk von Orbais (804-868/69) und im Rahmen des Konflikts mit Petrus de Rivo (1474) herausgebildet.

---

[95] A. Ayer 1973:228f.

1.3.1 Zur lehramtlichen Diskussion

Die Synode von Arles behandelte die Prädestinationslehre des Priesters Lucidus.[96] Bei Bischof Hinkmar von Reims (*Liber de praedestinatione Dei et libero arbitrio*) findet sich eine Aufarbeitung der Auseinandersetzung.[97] In Arles unterzeichnete Lucidus ein Unterwerfungsschreiben. Gegen die ursprüngliche Lehre des Lucidus wird festgehalten, daß der Sündenfall die Entscheidungsfreiheit des menschlichen Willens keineswegs gänzlich ausgelöscht habe (i), daß das Vorherwissen Gottes die Menschen keineswegs gewaltsam dem Tod zutreibe (ii), daß es keineswegs der Fall sei, daß die einen zum Leben, die anderen zum Tode vorherbestimmt seien (iii). Es sei vielmehr wahr, daß die Anstrengung des Menschen und die Gnade Gottes verbunden werden müßten (iv). Damit wird eine Lehre von der doppelten Vorherbestimmung und die Anwendung des Terminus "Prädestination" auf die Verdammten zurückgewiesen und die Rede von "Vorherwissen" in einem soteriologischen Kontext verankert.

Präzise diese Punkte wurden auch gegen Gottschalk von Orbais ins Treffen geführt, dessen Prädestinationslehre freilich sehr viel ausgefeilter war als diejenige des Lucidus. Gottschalk von Orbais[98], sächsischer Mönch, der sich in der Tradition des Augustinus weiß, verbindet die Lehre von der doppelten Erwählung mit der Lehre von der Unveränderlichkeit Gottes: "Ich glaube also und bekenne, Du habest von Ewigkeit her gewußt, was kommen sollte, Gutes und Böses ... Allen Erwählten ist vorherbestimmt das ewige Leben ... Ebenso hast Du auch auf Grund des Vorherwissens von ihrer Sünde dem Teufel und seinen Engeln und allen verworfenen Menschen dauernde Pein mit Fug vorherbestimmt, und sie zu ihr. Denn du kannst keinen Augenblick veränderlich sein; und wenn nur einer der Verworfenen in die Pein geschickt würde, ohne dazu vorherbestimmt zu sein, so wärest Du fortan in alle Ewigkeit als verändert erwiesen."[99]

---

[96] DS 330-342.

[97] LPD (PL 125) 81C-82C.

[98] Zum Folgenden: HKG III: 184ff; Amann 1947:334-336; TRE 14:108-110 (Schäferdiek); LThK 1960:144f (Vielhaber); v. Hefele 1879:130-222; Dörries 1969:112-128.

[99] Bekenntnis des Gottschalk von Orbais, zitiert nach: Dörries 1969:115. Die Position des Gottschalk aus Primärquellen rekonstruiert auch Hinkmar von Reims (LPD); in der Darstellung der Häresie Gottschalks läßt er Gottschalk selbst zu Wort kommen: "Praescivit, inquam, illos pessimum habituros otrum, pejorem obitum: praedestinavit autem eos ad luendum perenne tormentum et sempiternum interitum ... Quia re vera sicut electos omnes praedestinavit ad vitam per gratuitam solius gratiae suae beneficium ... sic omnino et reprobos quosque ad aeternae mortis praedestinavit supplicium, per justissimum videlicet incommutabilis justitiae suae judicium ... Ergo Gothescalcus credo et confiteor, profiteor et testificor ex Deo Patre, per Deum Filium, in Deo Spiritu Sancto, et affirmo atque approbo coram Deo et sanctis ejus quod gemina est praedestinatio, sive electorum ad requiem, sive reproborum ad mortem: quia sicut Deus incommutabilis ante mundi constitutionem omnes electos suos incommutabiliter per gratuitam gratiam suam praedestinavit ad vitam aternam,

Gottschalk versucht das Dilemma zwischen göttlichem Allwissen und menschlicher Freiheit unter Destruktion der menschlichen Freiheit zu lösen. Das Allwissen Gottes ist nur dann theologisch zu begründen, wenn das menschliche Handeln für Gott kalkulabel ist. Die Macht Gottes ist theologisch nur durchzuhalten, wenn ein Begriff von Gerechtigkeit eingeführt wird, der Gott - aufgrund des Stiftens alles Guten - nicht zur Rechenschaft ziehen läßt.[100] Gottschalks Lehre hat Konsequenzen für eine Rede von "Erlösung", für eine Deutung des Christusgeschehens, für die Rede vom "universalen Heilswillen Gottes": "Er lehrte eine zwar bedingte positive Reprobation (propter praescita futura mala merita), doch so, daß nach Adams Sünde ein universaler Heilswille Gottes nicht länger besteht, sondern Christus von vornherein nur seine Erwählten erlösen wollte."[101] Der Preis, der für theologische Konsistenz zu zahlen ist, ist der Verlust der existentiellen Freiheit.

Die Gegner des Gottschalk, Hinkmar von Reims und Hraban von Mainz, inszenierten die Gegensynoden von Mainz, Quiercy und Valence, die Gottschalk verurteilten.[102] Im Jahr 853 fand die Synode von Quiercy unter Vorsitz des Erzbischofs Hinkmar von Reims statt: "Hier wurde die Praedestination ad poenam als Praescientia interpretiert, die Wiederherstellung des freien Willens in Harmonie mit der Tradition als Gnadengeschenk der Erlösung erklärt, der Heilswille Gottes und die Erlösung im Gegensatz zum herrschenden Augustinismus ausdrücklich auf die gesamte Menschheit bezogen."[103]

---

similiter omnino omnes reprobos, qui in die judicii damnabuntur propter ipsorum mala merita, idem ipse incommutabilis Deus per justum judicium suum incommutabiliter praedestinavit ad mortem merito sempiternam" (PL 125, 25C-26A).

[100] "Gottschalk ging nicht wie Augustinus in seinem Streite mit den Pelagianern, vom anthropologischen, sondern vom theologischen Standpunkte aus. Es war ihm um die richtige Auffassung der göttlichen Eigenschaften zu thun, und er glaubte, daß die Unveränderlichkeit und Weisheit Gottes in Gefahr käme, wenn das Handeln des Menschen seine Vorherbestimmung bedingen sollte" (Wigger, Schicksale der augustinischen Anthropologie, ZSfhistTh 1859, p. 490, zitiert nach Hefele 1879:150).

[101] LThK 1960:144.

[102] Hinkmar (LPD) findet heftige Worte gegen Gottschalk: "In hoc autem tempore quidam Gothescalcus, ex metropolis Ecclesiae Rhemorum monasterio, quod Orbalis dicitur, habitu monachus, mente ferinus, quietis impatiens, et inter suos mobilitate noxia singularis, de omnibus quae perverse tunc temporis sensa cognoverat, quatuor sibi elegit capitula, omnium pene perversitatum illarum foetidas et caenulentas feces in se continentia, quibus simplicium et devotorum sensus pervertere, et magistri sibi nomen usurpando, post se discipulos trahere, illisque qui ad sua vota auribus prurientes magistros sibi coacervare decertant valeret indebite, quoniam legitime non poterat, vita religiosa et catholica doctrina praeesse" (PL 125, 20A-20B).

[103] HKG III:186.

Das Ergebnis der Synode von Quiercy[104] läßt sich folgendermaßen zusammenfassen:

- Durch die Sünde des mit freiem Willen geschaffenen Menschen wurde die Menschheit zu einer "massa damnata". "Der gute und gerechte Gott aber erwählte aus ebendieser Masse des Verderbens gemäß seinem Vorherwissen die, welche er aus Gnade zum Leben vorherbestimmte [Röm 8,29f; Eph 1,11], und bestimmte sie für das ewige Leben vorher" (DS 621).

- Von den Nicht-Erwählten wußte Gott im voraus, daß sie zugrundegehen würden; er hat sie aber nicht zum Untergang vorherbestimmt.[105]

- Es gilt der universale Heilswille Gottes - mit Berufung auf 1 Tim 2,4. Dennoch werden nicht alle gerettet (DS 623).[106]

- Die Erlösungstat Christi erstreckt sich auf alle Menschen, ausnahmslos. (Kap 4) Daß dennoch nicht alle gerettet werden, ist der Verderbtheit der Menschen anzulasten.

Damit ist die Unterscheidung zwischen "praescire" und "praedestinare" lehramtlich durchgezogen[107], die Rede von "Erwählung aus Gnade" bzw. "Vergeltung

---

[104] Hinkmar von Reims (LPD) referiert das Ergebnis dieser Synode, der er seinen Stempel aufgedrückt hat (1. Kapitel: PL 125,129D-130A; 2. Kapitel: 183C; 3. Kapitel: 211C; 4. Kapitel: 282B).
Das Problem des göttlichen Vorherwissens löst Hinkmar ähnlich wie Thomas mit einer Argumentation von der Überzeitlichkeit Gottes her: "Qua praescientia et praedestinatione Deus bonus et justus quaecunque fecit in tempore, et ipsa etiam tempora, *qui fecit quae futura sunt*, praescivit et praedestinavit sine tempore, quia ante omnia tempora hominem cum libero arbitrio se facturum. Praescivit autem, non praedestinavit, eumdem hominem per idem liberum arbitrium casurum, et massam perditionis totius humani generis futurum" (PL 125,108B). Aufgrund der modellstrategischen Entscheidung für die Freiheit des menschlichen Willens einerseits ("Arbitrium enim hominis gratia Dei non abolet, sed adolet..." PL 125,129D) und die Unterscheidung von "praescire" und "praedestinare" ("Quoniam sicut praescivit et non praedestinavit ante omnia tempora hominem peccaturum..." PL 125, 108D) kann Hinkmar die Lehre von der doppelten Prädestination zurückweisen und eine eindeutig positive Rede von Gott ("...qui non est auctor mortis, sed damnator vitae et mortis, non est mors morientium, sed vita viventium..." ibd.) konzipieren. In dieser Rede findet auch die Vereinbarkeit von unveränderlichem Gott und kontingenter Welt Platz ("Omnipotens autem Deus in semetipso habet sine immutatione mutabilia disponere" PL 125, 111D).

[105] Diese beiden Punkte bilden das erste Kapitel des Synodenpapiers.

[106] Kapitel 3 des Synodenpapers.

[107] Diesen Topos hat Hinkmar bereits in Briefen um 849 artikuliert, in denen er Gottschalk davon zu überzeugen versucht, "daß sich die *Präscienz* Gottes wohl auf das Gute *und* Böse erstrecke, daß er aber das Böse bloß *praescire*, das Gute dagegen *et praescire et praedestinare*. Daher könne Präscienz statthaben ohne Prädestination, aber nicht Prädestination ohne Präscienz" (Hefele 1879:147).

in Gerechtigkeit" systembildend geworden, die (prinzipielle) Universalität von Heilswille und Erlösungsgeschehen dogmatisiert. Das *Allwissen* Gottes befähigt ihn zum Akt der *Erwählung*, ohne daß dies die Rede von *Prädestination* legitimieren würde. Aufgrund des freien Willens des Menschen, der sich zum Guten und zum Bösen neigen kann (DS 622), wird die gerechte Verdammung oder die gandenhafte Erwählung motiviert. Gott hat die Sünde der Verdammten schließlich nicht gewollt und die Verdammten daher auch nicht zum Bösen prädestiniert.

Die Streitigkeiten im Anschluß an die Synode von Quiercy hängen u.a. mit dem (seinerseits verketzerten) Gutachten des Johannes Scotus Eriugena zusammen, der die Lehre Gottschalks mit seiner Schrift *De praedestinatione* (851) verurteilte. Die daraufhin einberufene Synode von Valence (855) zementierte die Aussagen von Quiercy:

- Gott weiß von Ewigkeit sowohl das Gute als auch das Böse voraus (siehe Dan 13:42). Dieses Wissen ist unfehlbar und unveränderlich (siehe Koh 3:14).

- Gottes Vorherwissen erlegt dem menschlichen Tun keine Notwendigkeit auf.[108]

- Die Lehre von der Vorherbestimmung ist von der Lehre vom Vorherwissen zu unterscheiden. Erstere ist komplex: Die Synodalen von Valence bekennen "gläubig die Vorherbestimmung der Erwählten zum Leben und die Vorherbestimmung der Gottlosen zum Tode; bei der Erwählung derer, die gerettet werden sollen, geht jedoch die Barmherzigkeit Gottes dem Verdienst voraus; bei der Verurteilung derer aber, die zugrunde gehen werden, geht die Schuld dem gerechten Urteil Gottes voraus" (DS 628).[109]

Damit wird zur Kontingenzbewältigung (Heilshoffnung, Possibilität von Unheil) ein duales Schema "Erwählung"/"Verdammung" eingeführt, das nach binär enkodierten Prinzipien ("Barmherzigkeit"/"Gerechtigkeit") realisiert wird. Diese beiden Prinzipien werden über die nicht weiter legitimationsbedürftige Instanz "Gott" verklammert, dessen Tun aus der Begründungspflicht herausgehoben wird: Wen und warum Gott erwählt, ist allein seine Sache. Dies läßt sich mit einem theologischen Gottesbegriff im Modell vollziehen. Der aristotelische Ausgangspunkt dieser Frage in der europäischen Geistesgeschichte ist damit vollkommen irrelevant geworden. Es geht nicht um die Wahrheit von Aussagen über zukünftige Ereignisse (Problemhorizont des Aristoteles), sondern um die existentielle Einlösbarkeit der Heilsverheißung Gottes angesichts des Versagens der Menschen.

---

[108] Im Anschluß an die Synode von Orange - DS 397 - wird eine Rede von Vorherbestimmung zum Bösen schärfstens zurückgewiesen.

[109] Vgl. Jes 45:11.

Die aristotelische Sicht wird erst wieder in der Auseinandersetzung mit Petrus de Rivo aktuell, der die Frage nach der Wahrheit künftiger Ereignisse problematisierte und auf religiösem Hintergrund thematisierte. Fünf seiner Sätze wurden 1474 verurteilt[110]: Petrus de Rivo hatte behauptet, daß die Sätze, die Elisabeth zu Maria sprach (Lk 1:45, Lk 1:31f), noch keine Wahrheit haben. Dieses Plädoyer für einen dritten Wahrheitswert dehnte er auch auf Lk 24:44, Hebr 10:1 aus. Zudem meinte er, Kontingenz und Allwissen nur über die Vorherbestimmung zusammendenkend, "daß es zur Wahrheit eines Satzes über die Zukunft nicht genügt, daß eine Sache sein wird, sondern [es] erforderlich ist, daß sie unverhinderlich sein wird" (DS 1394). Die Alternative ist klar: Entweder künftige Ereignisse können heute noch nicht wahr oder falsch sein (damit: auch nicht "gewußt" werden, womit die Rede vom göttlichen Allwissen fällt) oder künftige Ereignisse sind vorherbestimmt und im strengen Sinn nicht kontingent. Entweder also: Freiheit des Menschen oder Allwissen Gottes. Aus den genannten Gründen, wie sie bereits in den Synoden von Arles, Quiercy und Valence festgehalten wurden, konnte die Kirche nicht auf diesen Modellvorschlag eingehen. Die Unterscheidung zwischen "praescire" und "praedestinare" wird von Petrus de Rivo eingeebnet, der aristotelische Problemhorizont läßt sich auf christlichem Boden "orthodox" nicht mehr einbringen.

1.3.2 Grundsätzliche Aussagen

Die Problemstellung "Allwissen Gottes, Freiheit des Menschen, Kontingenz der Welt" ist im Rahmen der theologischen Rede von Gott (i), Mensch (ii), Welt (iii) zu verankern. Dazu sollen in aller Kürze normatives Material, das sich im Prozeß theologischer Wahrheitsfindung herausgebildet hat, angedeutet werden:

(i) In den verschiedenen Formulierungen des christlichen Credo[111] findet sich der Begriff der *Allmacht* ebenso wie in Taufformeln[112]. Die Anrede "Allmächtiger

---

[110] DS 1391-1396.

[111] Vgl. DS 10, 11, 12,13, 14,15, 16, 17, 19, 21, 22, 23, 25, 27, 28, 29, 30.
Erhellend dazu der KK: "Von den Attributen Gottes wird im Symbolum einzig die Allmacht angeführt; sie zu bekennen, ist für unser Leben von großer Bedeutung. Wir glauben, daß sie sich auf *alles* erstreckt, denn Gott, der alles erschaffen hat, lenkt alles und vermag alles. Wir glauben auch, daß sie *liebend* ist, denn Gott ist unser Vater; ferner, daß sie *geheimnisvoll* ist, denn einzig der Glaube vermag sie auch dann wahrzunehmen, wenn sie 'ihre Kraft in der Schwachheit' erweist (2 Kor 12,9)" (KK 268). Als biblische Stützung führt der KK Ps 24,8.10, Ps 135,6, Jer 32,17, Lk 1,37, Jer 27,5, Est 4,17b, Spr 21,1, Tob 13,2 und Weish 11,21 an. Die göttliche Allmacht wird streng von Willkür unterschieden (KK 271), was mit Berufung auf Thomas - STh I, 25, 5, ad 1 - begründet wird.
Es bleibt festzuhalten: Die Rede von der Allmacht Gottes hat eine grundsätzliche Orientierungsfunktion für unser Leben, was vor allem die Schöpfungstheologie herausarbeitet (i); sie ist jedoch mit der Allgüte Gottes verbunden und grundlegend für die Soteriologie (ii); die christliche Erlösungslehre wird ergänzt um das "Mysterium der

Gott" ist vertrautes Element der Liturgie. Gottes Allmacht setzt sich gegen jeden potentiellen Widerstand durch, so Gott es will, "denn hätte er Gewalt anwenden wollen, hätte seiner Allmacht keiner widerstehen können"[113]. Der Begriff der Allmacht Gottes läßt eine Einschränkung der göttlichen Macht durch nichtgöttliche Kräfte nicht zu[114] - und damit auch keine Veränderung - Gott ist *unveränderlich*: "Einem Unveränderlichen nämlich tritt nichts hinzu und geht nichts verloren; denn das Sein ist dem, was ewig ist, immer zu eigen. Daher erneuert er in sich verharrend alles und hat nichts empfangen, was er nicht selbst gegeben hat."[115] Auf dem Hintergrund der Konturierung der Christologie hat die Rede von "Immutabilität" eine erhellende Funktion: Das Inkarnationsgeschehen bedeutet *nicht* die Aufgabe der Unveränderlichkeit Gottes, sondern die Begründung zweier Naturen, die in *einer* Person zusammengeschlossen sind.[116]

Deutlicher wird dieser Bezug zur Christologiedebatte beim göttlichen Attribut der *impassibilitas* Gottes, die zwar wie ein Korrollar des Immutabilitätsdogmas wirkt, jedoch, gerade in bezug auf die Rede von Christus andere Akzente setzt. Die Rede von der Leidensunfähigkeit Gottes ist bereits im Credo des Tyrannius Rufinus von 404 verankert (DS 16) und beschäftigte bereits die Synode von Rom im Jahr 382: "Wer sagt, daß beim Leiden am Kreuz Gott den Schmerz spürte und nicht das Fleisch mitsamt der Seele, mit dem der Sohn Gottes, Christus, sich bekleidet hatte - die Knechtsgestalt, die er angenommen hatte [vgl. Phil 2,7], wie

scheinbaren Ohnmacht Gottes" (KK 272-274), was die Rede von "Allmacht" mit der Dialogfähigkeit und Personalität und Menschwerdung Gottes zusammendenken läßt (iii).

112 Z.B. DS 36.

113 DS 647.

114 Dies wird im Zusammenhang mit dem Status des göttlichen Wissens zur Rede von der "scientia determinata" ausgebaut werden, die von vornherein feststeht und in ihrem Wahrheitswert - verstanden als propositionales Wissen - nicht von kontingentem Geschehen abhängen darf. Das Wissen Gottes "C. wird morgen rennen" darf nicht erst dadurch "wahr" werden, daß C. morgen rennen wird. Wie aber läßt sich dies ohne deterministische Konsequenzen durchführen? Der im nächsten Abschnitt zu skizzierende aristotelische Hintergrund hat nämlich eben diese These, daß der Wahrheitswert "immer schon" feststehen muß, zum Argument für den Determinismus ausgebaut. Eine Einführung eines dritten Wahrheitswertes, wie dies Aristoteles vorschlägt, kann mit dem Begriff der göttlichen Allmacht, die auf einmal nur "neutrale" Sätze über künftiges Kontingentes hervorbringen können soll, nicht in Vereinbarung gebracht werden.

115 DS 285. Es handelt sich um einen Brief Leos I an Turribius von Astorga.

116 "Denn das Wort verwandelte sich nicht mit irgendeinem Teil seiner selbst in Fleisch oder in Seele, weil die einfache und unveränderliche Natur der Gottheit immer in ihrem ganzen Wesen ist, weder Verlust noch Vermehrung ihrer selbst erfährt und die angenommene Natur so selig macht, daß sie als verherrlichte in der verherrlichenden bleibt. Warum aber sollte es unangemessen oder unmöglich scheinen, daß das Wort und das Fleisch sowie die Seele der eine Jesus Christus und der eine Sohn Gottes und des Menschen ist, wenn das Fleisch und die Seele, die ungleiche Naturen besitzen, auch ohne die Fleischwerdung des Wortes *eine* Person bilden?" (DS 297, Brief "licet per nostros" an Julian von Kos).

die Schrift sagt -, der hat nicht den rechten Glauben"[117]. Einerseits sind nach der Rede von der Leidensunfähigkeit Gottes die menschliche und die göttliche Natur streng zu trennen[118], andererseits kann im Sinne des Kenosis-Gedankens (Philipperhymnus: Phil 2,5-11) die Größe Gottes, der so groß ist, sich freiwillig erniedrigen zu können, deutlich herausgearbeitet werden.[119] Dies ist gerade auch für das Verständnis der Allgüte Gottes wichtig, dessen Unveränderlichkeit von der Kirche nie als Unzugänglichkeit verstanden wurde.

Auch wenn die Rede von der Leidensunfähigkeit Gottes mit der bekundeten Erfahrung von Gottes Personalität und seinem Heilshandeln am Menschen nämlich unvereinbar zu sein scheint, kann doch die Zwei-Naturen-Lehre das Inkarnationsgeschehen über die Betonung der souveränen Leidensunfähigkeit Gottes nachhaltig als frei geschenkte, gnadenhafte Zuwendung Gottes an den Menschen interpretiert werden - "der leidensunfähige Gott war sich nicht zu schade, leidensfähiger Mensch zu sein"[120]. Damit kann dann auch das Heilshandeln Gottes über das Inkarnationsgeschehen hinaus dogmatisiert werden. Pius XI verwirft den Satz, daß jedes Handeln Gottes an den Menschen und an der Welt zu leugnen sei (DS 2902). Im Gegenteil: Das göttliche Handeln auf die Welt hin ist nicht ein einmaliges Ereignis, wie es etwa ein deistisches Verständnis nahelegen würde, sondern ein kontinuierliches Geschehen: Gott erhält die Welt in ihrem Dasein.

---

[117] DS 166 (Synode von Rom "Tomus Damasi"). Dieser Gedanke wird nochmals wiederholt: "Man muß freilich wahrhaftig glauben und in jeder Hinsicht bekennen, daß unser Herr und Gott und Sohn Gottes Jesus Christus das Leiden des Kreuzes nur dem Fleische nach erduldete, in der Gottheit aber leidensunfähig blieb, wie die apostolische Autorität lehrt und die Lehre der heiligen Väter vortrefflich zeigt" (DS 635, Synode v. Rom 862).

[118] Zum Beispiel in der Formulierung von .. "Wer sagt oder glaubt, *der Sohn Gottes habe als Gott gelitten* ... der sei mit dem Anathema belegt" (DS 196) ist das klar belegt.

[119] DS 358: "Und weil er der seligen Substanz der Gottheit nach unwandelbar, unveränderlich, leidensunfähig, unsterblich und keiner Sache bedürftig <ist>, vollbrachte er alle Leiden und ließ zu, daß sie seinem Tempel zugefügt wurden" (Anastasius II: Brief an Laurentius von Lignido). Die menschliche Natur Jesu kann auf diese Weise auch klarer in das göttliche Heilswirken integriert werden.

Damit kann die Größe der göttlichen Natur und die Größe der menschlichen Natur gleichermaßen zusammengespannt werden: "Wie nämlich Gott sich durch sein Erbarmen nicht verändert, so wird der Mensch durch die Würde nicht aufgezehrt" (DS 294, Leo I, Tomus Leonis).

Der KK (272-274) weitet diese Rede von der Erfahrung der scheinbaren Ohnmacht Gottes zur Erfahrung des Theodizeeproblems aus: "Durch die Erfahrung des Bösen und des Leides kann der Glaube an den allmächtigen Vater auf eine harte Probe gestellt werden. Zuweilen erscheint Gott abwesend und nicht imstande, Schlimmes zu verhüten. Nun aber hat Gott der Vater seine Allmacht auf *geheimnisvolle* Weise in der freiwilligen Erniedrigung und in der Auferstehung seines Sohnes gezeigt..." (KK 272). Das Attribut der göttlichen Allmacht wird mit dem Attribut des Geheimnisvollen gefaßt. Von diesem Verständnis - eines Mysteriums - aus ist auch mit der Spannung zwischen Unveränderlichkeit Gottes und Menschwerdung Gottes umzugehen.

[120] DS 294 (Leo I).

Das göttliche Heilshandeln ist dabei von der göttlichen Vorsehung, die einerseits aus der Allmacht Gottes, andererseits aus seiner Allgüte heraus begründet werden kann, durchwirkt. Die Rede von der göttlichen Vorsehung ist der Schnittpunkt von Gottes Güte und der göttlichen Omnipotenz.[121]

Gottes Vorsehung ist geknüpft an den Schöpfungsgedanken und eingebettet in das schöpfungstheologische Motiv vom geordneten Kosmos. Providenz und Präscienz sind von daher auch in erster Linie Ausdruck des Beziehungsgeschehens "Schöpfer-Geschöpf", Ausdruck des göttlichen Sorgetragens. Gottes Vorsehung ist auch nicht bloß - distanziertes, folgenloses - "Wissen" um das, was geschehen wird, sondern auch wirkendes Lenken und heilshandelndes Eingreifen. Für den Status vom göttlichen Wissen bedeutet das bisher normativ Referierte, daß

- das göttliche Wissen "infallibilis" sein muß und nicht irrtumsfähig sein kann

- das göttliche Wissen "determinata" und "immutabilis" sein muß und nicht von kontingentem Geschehen abhängen kann.

Fazit: Die Rede von Gott ist an die Rede von "Allmacht", "Unveränderlichkeit" und "Vorsehung" gebunden. Diese theologischen Motive sind zusammenzudenken, was wiederum nur innerhalb eines Modells möglich ist. Die Rede von der "scientia Dei" ist mit den Attributen "infallibilis", "determinata" und "immutabillis" zu verknüpfen.

(ii) Der Mensch wurde von Gott "ohne Sünde rechtschaffen mit freiem Willen" erschaffen[122]. Durch die Sünde Adams wurde der freie Wille des Menschen "gebeugt und geschwächt"[123], aber nicht aufgehoben[124] - damit wehrt die katholische Kirche die Lehre von Martin Luther, Michael de Bay oder Paschasius von Quesnel ab. Sanieren läßt sich die Sünde Adams freilich nicht: "In der Übertretung Adams haben alle Menschen ihre natürliche Fähigkeit und Unschuld verloren, und niemand kann sich aus der Tiefe jenes Sturzes durch den freien Willen erheben, wenn ihn nicht die Gnade des erbarmenden Gottes aufgerichtet hat."[125] Der freie Wille des Menschen ist zwar nicht suspendiert, aber nun Anknüpfungs-

---

[121] "Alles aber, was er geschaffen hat, schützt und lenkt Gott durch seine Vorsehung, 'sich kraftvoll von einem Ende bis zum anderen erstreckend und alles milde ordnend' [Weish 8,1]. 'Alles nämlich ist nackt und bloß vor seinen Augen' [Hebr 4,13], auch das, was durch die freie Tat der Geschöpfe geschehen wird." (DS 3003, Vat I, dogm. Konstitution "Dei Filius").

[122] DS 621 (Quiercy).

[123] DS 396 (Kirchenversammlung zu Orange 529).

[124] "Wer sagt, der freie Wille des Menschen sei nach der Sünde Adams verloren und ausgelöscht worden ... der sei mit dem Anathema belegt" (DS 1555, Konzil von Trient).

[125] DS 239 (aus dem "Indiculus", dem Verzeichnis päpstlicher Urteile über die Gnadenlehre aus dem 5. Jahrhundert).

punkt für das Heilswirken Gottes, das allein die infralapsarische conditio humana restituieren kann. Die Rede von "Gnade" ist jedoch nicht erst nach dem Sündenfall des Menschen anzusetzen, sondern bereits die paradiesische Freiheit von Begierde und Unsterblichkeit sind - gegen Michael de Bay[126] - Ausdruck der göttlichen Gnade. Die Rede von "Vorauswissen" und "Vorbestimmung", die aus der Gnadentheologie erwächst, kann deswegen schon auf dieser theologischen Stufe reflektiert werden.

Die paradiesische "Einsetzung" des Menschen gibt Zeugnis vom Status des Menschen, der auch durch den Fall nicht gänzlich korrumpiert wurde: Der Mensch ist das einzige Geschöpf, das Gott um seiner selbst willen gewollt hat und Person.[127] Der Mensch ist auch "Mittel- und Höhepunkt" von allem, "was auf der Erde ist"[128] - nicht nur Zentrum der Natur, sondern auch Zentrum der Kultur, die beide vom Menschen verantwortlich gestaltet werden können. Auch die gesellschaftlichen Strukturen "hängen ... von der Verantwortung des Menschen ab, der sie verändern kann, und nicht von einem 'Determinismus' der Geschichte"[129]. Die Welt ist Handlungsraum der Freiheit des Menschen, die vom Menschen mißbraucht werden kann.[130]

Der im Zweiten Vatikanum festgesetzte Freiheitsbegriff ist an das Personsein des Menschen gebunden und an die Fähigkeit zur "bewußten Wahl", die weder

---

[126] NR 852-854.

[127] Als Person ist der Mensch transzendenzoffen und perfektionsfähig: "Er ist also Person. Person zu sein bedeutet, danach zu streben, sich selbst zu vervollkommnen" (Mulieris Dignitatis, DS 4830). Diese Bestimmung des Menschen prägt auch das menschliche Zusammenleben nach dem Prinzip, "daß jedem Menschen die Eigenart der Person zukommt, das heißt, daß er eine mit Verstand und Willensfreiheit begabte Natur ist und daß er insofern durch sich selbst Rechte und Pflichten hat, die unmittelbar und gleichzeitig aus seiner eigenen Natur hervorgehen. Diese können deswegen, da sie allgemein und unverletzlich sind, auf keine Weise veräußert werden" (DS 3957, "Pacem in terris"). Das Personsein des Menschen regelt das menschliche Zusammenleben, dessen Qualität an der Respektierung der menschlichen Würde gemessen werden kann.

[128] DS 4312, "Gaudium et Spes". Daher kommt dem menschlichen Schaffen ein großer Wert zu (DS 4334). Von hier aus läßt sich auch die Funktion der Anthropologie in der Theologie entfalten.

[129] DS 4768, "Lumen Gentium". Diese Gestaltungskraft des Menschen ist in den Dienst des göttlichen Schöpfungsplanes zu stellen und macht den Menschen nicht zu einem Rivalen Gottes (vgl. DS 4334).

[130] "Die wahre Freiheit aber ist ein erhabenes Kennzeichen des göttlichen Bildes im Menschen: Gott wollte nämlich den Menschen in der Hand seines Ratschlusses lassen, so daß er seinen Schöpfer aus eigenem Entscheid suche und frei zur vollen und seligen Vollendung gelange, indem er ihm anhängt. Die Würde des Menschen erfordert also, daß er in bewußter und freier Wahl handelt, das heißt personal, von innen her bewegt und geführt und nicht unter blindem inneren Drang oder unter bloßem äußeren Zwang.

... Die Freiheit des Menschen, die von der Sünde verwundet ist, kann nur mit Hilfe der Gnade Gottes diese Ausrichtung auf Gott hin zur vollen Wirksamkeit bringen" (DS 4317, "Gaudium et Spes").

von innen noch von außen fremdbestimmt ist und verantwortet werden kann.[131] Die Entfaltung der Freiheit des Menschen und damit die Entfaltung der Personalität des Menschen ist nur unter göttlichem Beistand möglich.[132] Eine Rede von "Vorherwissen" und "Erwählung" im Umfeld der Rede von "Freiheit" scheint deshalb nicht unter Absehung vom Menschen als Person geführt werden zu können. Da der Mensch von der Kirche als Gemeinschaftswesen gefaßt wird, ist auch der Personbegriff nicht isoliert und individualistisch zu verstehen; auch "Freiheit" im theologischen Sinn ist nicht individuelle "Ellbogenfreiheit", sondern "Freiheit ... erfordert Bedingungen wirtschaftlicher, sozialer, politischer und kultureller Art, die ihre volle Ausübung möglich machen."[133]

Die Strukturen der Ungerechtigkeit und die Zerstörung des natürlichen Lebensraumes künden von der Tragweite der menschlichen Freiheit, die für das Gute und für das Böse hin offen ist.[134] Gott läßt das Böse zu[135], wirkt aber nicht das

---

[131] Diese Einsicht wurde bereits von Papst Leo XIII gegen die Jansenisten und Fatalisten verteidigt: "Die Freiheit, das vorzüglichste Gut der Natur, das einzig den Naturen eigen ist, die Verstand oder Vernunft gebrauchen, verleiht dem Menschen die Würde, in der Hand seiner eigenen Entscheidung zu sein und die Vollmacht über seine Handlungen innezuhaben" (DS 3245; vgl. auch DS 3246).

[132] Diese personalen Kategorien erlauben es auch, eine Theologie von Gnade zu entwickeln, die Gnade und Freiheit nicht in ein "Konkurrenzverhältnis" setzt, sondern im Rahmen eines Dialogs begreift, gewissermaßen in Form eines Bedingungsverhältnisses: Gnade als die Bedingung der Möglichkeit von Freiheit: "Auch wenn nämlich derselbe Gott Schöpfer und Erlöser ist, derselbe auch Herr der menschlichen Geschichte und der Heilsgeschichte, so wird doch in eben dieser göttlichen Ordnung die richtige Autonomie der Schöpfung und besonders der Menschen nicht nur nicht aufgehoben, sondern vielmehr in ihre eigene Würde eingesetzt und in ihr befestigt." (DS 4341, "Gaudium et Spes") Freiheitsordnung und Gnadenordnung bedingen einander also.

[133] DS 4750, "Libertatis conscientia". Dies ist ein klarer Anknüpfungspunkt für die Theologie der Befreiung, die "Freiheit" und "Sünde" in sozialen Kategorien faßt. Dies ist auch lehramtlich einzuholen: "Freiheit im wahren Sinn des Wortes ist 'Dienst an der Gerechtigkeit', während dagegen die Wahl der Übertretung und des Bösen 'Knechtschaft der Sünde ist' (DS 4753, ibd.). Andererseits ist man sich der Grenzen des sozialen Befreiungsprozesses bewußt, der ein dialogales Geschehen Mensch-Gott und die persönliche Gottesbeziehung nicht ersetzen oder antizipieren kann: Ein Befreiungsprozeß, der abgeschlossen ist, kann nur geeignetere Bedingungen für eine wirksame Ausübung der Freiheit herbeiführen" (DS 4754, ibd.). Denn die tieferen Wurzeln für das Böse sind "im Stolz und Egoismus der Menschen, die auch das gesellschaftliche Umfeld verderben" zu suchen, nicht in erster Linie in den gesellschaftlichen Strukturen (DS 4325, "Gaudium et Spes").

[134] "Der Mensch ist aufgrund seines freien Willens selbständig: indem er aber frei handelt, kann er entweder ein Gut bewirken oder zerstören" (DS 4752, "Libertatis conscientia"). Die Freiheit des Menschen ist schließlich "begrenzt und dem Irrtum unterworfen" (ibd), was einen weiteren Anknüpfungspunkt für die dialogisch verstandene göttliche Gnade bedeutet, ohne die der Mensch nicht zur vollen Freiheit gelangen kann.

[135] Vgl. DS 685 (Aussage von Papst Leo IX).

Böse.[136] Das Böse durchwirkt jedoch von Anfang an den Freiheitsgebrauch des Menschen[137], der von Anfang an der göttlichen Gnade teilhaftig wurde. Die Kirche lehrt dabei im Rahmen des Trienter Konzils den Primat der göttlichen Gnade vor der menschlichen Freiheit, die zwar von Gott nicht aufgehoben wird, aber zur Gerechtigkeit und zum Heil erst erweckt werden muß.[138] Dies steckt auch den Rahmen für die kirchliche Rede von "Erwählung" ab, die nicht von den Werken des Menschen, sondern von der göttlichen Gnade ihren Ausgang nimmt: "Die Anhänger Christi, die von Gott nicht nach ihren Werken, sondern nach seinem Plan und seiner Gnade berufen und in Jesus, dem Herrn, gerechtfertigt sind, sind in der Taufe des Glaubens wahrhaft zu Kindern Gottes und Teilhabern an der göttlichen Natur und daher wirklich heilig gemacht worden."[139] Die Erwählung hat dann auch - wie die menschliche Freiheit - eine soziale Komponente[140], was wichtige Anhaltspunkte für die gegenständliche Diskussion bietet:

- Die Rede von der menschlichen Freiheit hat eine soziale Dimension.

- Die Rede von "Freiheit" ist an die Rede von "Person" gebunden und in personalen Kategorien zu fassen.

- Das Verhältnis von "Freiheit" und "Gnade" ist als personales Geschehen zu rekonstruieren.

- Die menschliche Freiheit ist mit dem Mysterium des Bösen verknüpft.

---

[136] Dies ist einer der wichtigsten Punkte in der Auseinandersetzung um Freiheit und Gnade, wie sie im Konzil von Trient artikuliert wurde: "Wer sagt, es stehe nicht in der Macht des Menschen, seine Wege schlecht zu machen, sondern Gott wirke die schlechten Werke so wie die guten, nicht nur, indem er sie zuläßt, sondern auch im eigentlichen Sinne und durch sich, so daß der Verrat des Judas nicht weniger sein eigenes Werk ist als die Berufung des Paulus: der sei mit dem Anathema belegt" (DS 1556).

[137] "Obwohl in Gerechtigkeit von Gott begründet, hat der Mensch dennoch auf Anraten des Bösen gleich von Anfang der Geschichte an seine Freiheit mißbraucht, indem er sich gegen Gott erhob und sein Ziel außerhalb Gottes erreichen wollte" (DS 4313, "Gaudium et Spes").

[138] DS 1525, 1526, 1529, 1541, 1554 (Konzil von Trient); vgl. auch DS 4317 ("Gaudium et Spes").

[139] DS 4166, "Lumen Gentium".

[140] "So wie Gott die Menschen nicht zu einem Leben in Vereinzelung, sondern zur Bildung einer gesellschaftlichen Einheit erschuf, so hat es ihm auch 'gefallen, die Menschen nicht einzeln, unabhängig von aller wechselseitigen Verbindung, zu heiligen und zu retten, sondern sie zu einem Volke zu machen, das ihn in Wahrheit anerkennen und ihm in Heiligkeit dienen sollte.' Seit Beginn der Heilsgeschichte erwählte er Menschen nicht nur als Einzelwesen, sondern als Glieder einer bestimmten Gemeinschaft. Denn jene Erwählten nannte Gott, als er seinen Ratschluß offenbarte, 'sein Volk' *[Ex 3,7-12]*, mit dem er überdies den Bund am Sinai schloß" (DS 4332, "Gaudium et Spes").

- Die Freiheit des Menschen ist Entscheidungs- und Wahlfreiheit, die auch nach dem Sündenfall nicht aufgehoben, sehr wohl aber korrumpiert wurde.

Fazit: Die Rede von der menschlichen "Freiheit" ist nicht von der Rede von "sozialer Verantwortung", "Person", "Gnade", "Sünde" und "Entscheidung" zu trennen. Freiheit ist eine personale Kategorie, die Frage nach Freiheit eine existentielle Frage. Die Frage nach der Freiheit daher eine Frage der praktischen Vernunft. Sie ist nicht ohne Berücksichtigung des Gott-Mensch-Verhältnisses zu diskutieren.

(iii) Die lehramtlichen Aussagen zum Status von "Welt" lassen sich in vier Punkten zusammenfassen:

(a) Gott ist aus freien Stücken Schöpfer der Welt, die auf Gott hin, "gut" und ohne Notwendigkeit erschaffen wurde.

(b) Gott erhält die Welt fortwährend in ihrem Sein.

(c) Das Schöpfungsgeschehen ist untrennbar mit dem Erlösungsgeschehen verbunden, die Gestalt dieser Welt vergeht und öffnet den Horizont für "einen neuen Himmel und eine neue Erde" (Offb 21:1).

(d) Der Mensch hat den Auftrag und die Vollmacht, die Welt umzugestalten.

(a) Daß Gott Schöpfer von allem - dem Sichtbaren und dem Unsichtbaren - ist, wurde in den Fassungen des christlichen Glaubensbekenntnisses von Nikäa (DS 125) und Konstantinopel (DS 150) ausgesagt.[141] Auch die radikale Verschiedenheit von Welt und Gott wurde bereits - aus schöpfungstheologischen Gründen im Zusammenhang mit der Rede von Gott - genannt.[142] Diese wird auch mit der Formel des "ex nihilo" begründet: Gott hat die Welt "aus dem Nichts" geschaffen, was einer Selbstbegründung der Welt eine Absage erteilt (einerseits) und (andererseits) die Begründung der Welt allein von Gott her beinhaltet. Diese Begründung ist eine soteriologische: Denn zweitens hat Gott die Welt sich zur Ehre geschaffen[143] und um seine Vollkommenheit und Güte zu offenbaren.[144] Die

[141] Siehe weiters DS 60, 680.

[142] "Da er eine einzige, gänzlich einfache und unveränderliche geistige Substanz ist, ist er als Sache und dem Wesen nach von der Welt verschieden zu verkünden, als in sich und aus sich vollkommen selig und über alles, was außer ihm ist und gedacht werden kann, unaussprechlich erhaben" (DS 3001, Vatikanum I, dogmatische Konstitution "Dei Filius").

[143] "Wer ... leugnet, daß die Welt zur Ehre Gottes geschaffen ist: der sei mit dem Anathema belegt" (DS 3025, Vatikanum I, dogmatische Konstitution "Dei Filius").

[144] "Dieser alleinige wahre Gott hat in seiner Güte und 'allmächtigen Kraft' - nicht um seine Seligkeit zu vermehren, noch um <Vollkommenheit> zu erwerben, sondern um seine Vollkommenheit zu offenbaren durch die Güte, die er den Geschöpfen gewährt - aus völlig freiem Entschluß 'vom Anfang der Zeit an aus nichts zugleich beide Schöpfungen

Erschaffung der Welt ist also eingebettet in ein Offenbarungsgeschehen. Dies weist der Welt den Status eines Konstituens in der Mensch-Gott-Beziehung zu, sie ist also in ein relationales (personales Dialog-)geschehen eingebettet. Die Welt weist daher "ihren Wert und ihre Hinordnung auf das Lob Gottes" auf[145], was auch die Verantwortung des Menschen für die Welt konstituiert.

Auf diesem theologischen Substrat von Schöpfungs- und Offenbarungstheologie kann der kontingente Status der Welt ermessen werden: Die geschaffenen sichtbaren Dinge (= die Welt) sind "zwar gut, weil sie vom höchsten Gut gemacht wurden, aber veränderlich, weil sie aus nichts gemacht wurden", es ist daher festzuhalten, "daß es keine Natur des Bösen gibt, weil jede Natur, insoweit sie Natur ist, gut ist."[146] Der Unveränderlichkeit Gottes ist also die Veränderlichkeit der Welt gegenüberzustellen, die jedoch nicht "schlecht" ist oder ontologisch minderwertig, sondern gottgewollt und "gut". Dies motiviert auch den sittlichen Auftrag an den Menschen, den geschaffenen Dingen Ehrfurcht entgegenzubringen[147]. Die Welt ist damit auch Schauplatz des freien und verantworteten Handelns des Menschen.

(b) Die Verantwortung des Menschen für die Welt und sein gestaltendes Handeln hin auf die Welt - erst möglich durch den kontingenten Status der Welt, der freies Handeln gestattet - ist eingebettet in Gottes erhaltende Zuwendung: Gott erhält die Welt in ihrem Dasein und festigt so seine Selbstmitteilung an die Menschen: "Gott, der durch das Wort alles erschafft [vgl. Joh 1,3] und erhält, gewährt den Menschen in den geschaffenen Dingen ein ständiges Zeugnis von sich [vgl. Röm 1,19f]"[148]. Die Ordnung der geschaffenen Dinge und damit auch die Veränderungen, denen die sichtbare Natur unterworfen ist, sind Ausdruck und Zeichen der Gegenwart Gottes. Die Kontingenz der Welt ist damit auch noch Instrument des Heilswirkens und Zeichen der Gegenwart Gottes.

Auf der anderen Seite bedeutet der kontingente Charakter der Welt einen Freiraum von alles umspannender Notwendigkeit; die Veränderbarkeit der sichtbaren Welt ist nicht streng deterministisch vorgezeichnet, sondern steht in einer Freiheitsordnung, die Gott auch dem Menschen zugesteht. Man kann daher von einer "Autonomie der geschaffenen Dinge" sprechen, insofern sie auf eine eigen-

---

geschaffen, die geistige und die körperliche, nämlich die der Engel und die der Welt" (DS 3002, Vatikanum I, dogmatische Konstitution "Dei Filius").

[145] DS 4162, "Lumen Gentium".

[146] DS 1333 (Konzil von Florenz); vgl. ähnliche Formulierungen im ersten Vatikanum (DS 3002, 3025).

[147] In der Formulierung der Enzyklika "Sollicitudo Rei Socialis": "Der sittliche Charakter des Fortschritts kann auch nicht von seiner Ehrfurcht gegenüber den *seienden* Dingen abgehen, welche die sichtbare Natur *bilden*, die die Griechen, indem sie die Ordnung bezeichneten, durch die jene sich auszeichnet, `Kosmos' nannten. Auf ihre Weise fordern auch diese Dinge Achtung" (DS 4816).

[148] DS 4203, Vatikanum II, "Dei Verbum".

ständige Gestaltung des Menschen hin offen sind und dieser eigenständigen Gestaltung zugleich Grenzen und eine Zugangsweise vorgeben:

> "Wenn wir unter Autonomie der irdischen Dinge verstehen, daß die geschaffenen Dinge und auch die Gesellschaften über eigene Gesetze und Werte verfügen, die vom Menschen schrittweise zu erkennen, zu gebrauchen und zu gestalten sind, dann ist das durchaus berechtigt, diese <Autonomie> zu fordern: dies wird nicht nur von den Menschen unserer Zeit gefordert, sondern entspricht auch dem Willen unseres Schöpfers. Aufgrund ihres Geschaffenseins selbst nämlich werden alle Dinge mit einer eigenen Beständigkeit, Wahrheit, Gutheit sowie mit eigenen Gesetzen und <einer eigenen> Ordnung ausgestattet, die der Mensch unter Anerkennung der den einzelnen Wissenschaften und Techniken eigene Methoden achten muß.
>
> ...
>
> Wenn aber unter 'Autonomie der zeitlichen Dinge' verstanden wird, daß die geschaffenen Dinge nicht von Gott abhängen und der Mensch sie so gebrauchen kann, daß er sie nicht auf den Schöpfer bezieht, so spürt jeder, der Gott anerkennt, wie falsch solche Auffassungen sind. Denn das Geschöpf sinkt ohne den Schöpfer ins Nichts".[149]

Die Kontingenz der Welt ist nicht mit "Willkür" oder "Anarchie" zu verwechseln, die Autonomie des Irdischen bedeutet einerseits Autonomie auch des Menschen gegenüber Gott, andererseits Rückbezogenheit der geschaffenen Dinge auf Gott, der der sichtbaren Welt einen kontingenten Status und doch eine spezifische Gesetzlichkeit verliehen hat, die die Veränderbarkeit der Welt nicht in die Beliebigkeit jedweder Gestaltung abgleiten läßt.

(c) Diese Veränderbarkeit der Welt und dieses fortwährende weltgestaltende Handeln Gottes findet seinen Höhepunkt und deutlichsten Ausdruck im theologischen Topos von der Vergänglichkeit der Welt, die auch nicht mehr mit naturwissenschaftlichen Instrumenten zu fassen ist: "Den Zeitpunkt der Vollendung der Erde und der Menschheit kennen wir nicht, und auch die Weise wissen wir nicht, wie das Universum umgestaltet werden soll."[150] Die Vergänglichkeit der Welt, die erst die Kontingenz der Welt theologisch begründet, bindet die Welt an absolutes Geschehen, an einen göttlichen Heilsplan zurück, der die Welt zur Vollendung, die Menschheit zur Erlösung führen wird. Die Spannung zwischen dem bejahenden Segen "Es war sehr gut" (Gen 1:31) und der zukunftsstiftenden Verheißung "Seht, ich mache alles neu" (Offb 21:5) deutet die Spannung zwischen Schöpfungstheologie und Eschatologie, zwischen göttlichem Wohlwollen

---

[149] DS 4336, "Gaudium et Spes".
[150] DS 4339, "Gaudium et Spes".

und menschlichem Versagen an und sagt zugleich zwei wichtige Dinge über die Kontingenz der Welt aus: Die Welt ist als kontingente Welt gut geschaffen, und die Welt ist eingebettet in ein Verheißungsgeschehen auf den Menschen hin. Dieses Verheißungsgeschehen wurde allerdings durch den Fall des Menschen begründet und ist eine infralapsarische Zusage. Die Rede von der Vergänglichkeit der Welt ist mit der Rede von "Erbsünde" in Zusammenhang zu bringen und von da aus mit der Rede von "absoluter Zukunft": "Es vergeht zwar die Gestalt dieser Welt, die durch die Sünde mißgestaltet ist, aber wir werden belehrt, daß Gott eine neue Wohnstätte und eine neue Erde bereitet, auf der die Gerechtigkeit wohnt."[151]

Daher wird die Kontingenz der Welt durch den "Geist Gottes, der in wunderbarer Vorsehung den Lauf der Zeiten leitet und das Antlitz der Erde erneuert"[152], in ein providentielles Erlösungsgeschehen eingebunden, das "Schöpfung" und "Verheißung" miteinander verbinden läßt, "weil der Plan der Schöpfung nicht vom Plan der Erlösung getrennt werden kann, die sich bis zu den konkreten Situationen des Unrechts, das zu überwinden und desgleichen der Gerechtigkeit, die wiederherzustellen ist, erstreckt."[153] Die Welt ist der Ort des göttlich-erlösenden Handelns, das den Status der Welt - als grundsätzlich "gut" - relativiert, die menschenverursachte sündenverstrickte Struktur der Welt zeigt und zugleich das göttliche Erlösungsangebot in der Vergänglichkeit der Welt enthält.[154] Der Veränderbarkeit der Welt durch den Menschen sind durch die allein von Gott zu setzende Vergänglichkeit der Welt Grenzen gesetzt. Andererseits ist die verantwortete Gestaltung der Welt innerhalb dieser Grenzen primär dem Menschen vorbehalten.

(d) Der "Primat des Menschen gegenüber den Dingen"[155] begründet den Status von Welt als "den Schauplatz der Geschichte des Menschengeschlechtes, von seiner Tätigkeit, seinen Niederlagen und Siegen gezeichnet"; den Status von "Welt, die nach dem Glauben der Christgläubigen, von der Liebe des Schöpfers begründet und erhalten, zwar unter der Knechtschaft der Sünde steht, von Christus aber, dem Gekreuzigten und Auferstandenen durch Brechung der Macht des Bösen befreit wurde, um nach Gottes Ratschluß umgestaltet zu werden und zur Vollendung zu gelangen."[156] Die Welt ist der Lebensraum des Menschen, der kontingente Status der Welt hat natürlich Konsequenzen für den Status des

---

[151] Ibd.
[152] DS 4326, "Gaudium et Spes".
[153] DS 4579, Paul VI, Erklärung über die Sexualethik.
[154] Theologisch wird die Rede von der Vergänglichkeit der geschaffenen Dinge durch den Topos von der "Auferstehung des Fleisches" noch einmal komplex, weil diese Rede von der Auferstehung des Fleisches die Verbindung von "alter" Welt und "neuer" Welt zeigt und den Menschen mit seiner Geschichte und Pesönlichkeit in eine neue Realität "aufhebt".
[155] DS 4694, "Laborem Exercens".
[156] DS 4302, "Gaudium et Spes."

menschlichen Handelns und Lebens, das vergänglich und kontingent, frei aber dem göttlichen absoluten Handeln entgegengestellt ist.[157] Freilich motiviert die Rede von der göttlichen Ebenbildlichkeit des Menschen gerade dazu, den Status des Menschen nicht mit dem Status der Welt gleichzusetzen. Die Differenz Mensch - Welt, die ja biblisch fundamentiert ist[158], begründet auch den Sonderstatus des Menschen und seine Verantwortung für die Welt:

> "Derselbe Gott, der den Menschen nach seinem Bild und Gleichnis schafft, schafft die 'Erde und alles, was sich in ihr befindet, zum Nutzen aller Menschen und aller Völker, so daß die geschaffenen Güter allen in der gerechtesten Form zugute kommen können', und er gibt ihm die Macht, die Welt mitverantwortlich umzugestalten und zu vervollkommnen."[159]

Die Verantwortung des Menschen für die Welt kann damit auch sozialpolitisch ausgeweitet werden, denn auch die sozialen Strukturen der Menschen sind kontingent, vergänglich und der Absolutheit des Reiches Gottes entgegengesetzt. Zugleich klingt in dieser Verbindung von Kontingenz der Welt und sozialer Verantwortung des Menschen die Botschaft an, daß die Strukturen von Ungerechtigkeit und von extremen sozialen Gefällen veränderbar sind und der Gestaltungskraft der Menschen unterworfen werden können. Die Rede von "Zukunft", das läßt sich von hier aus andeuten, erhält damit einen doppelten Sinn: Einerseits ist es der Freiheit des Menschen anheimgestellt, gestaltend auf seine Zukunft und die Zukunft der Welt einzuwirken, andererseits bewahren die geschaffenen Dinge eine vom Menschen nicht einzuebnende Autonomie und eine Inkalkulabilität (Kontingenz), die einzig von Gott aufgehoben werden kann.

Für das Verständnis von "Kontingenz der Welt" bedeutet dies, daß

- der kontingente Charakter von Welt radikale Differenz zu Gott ausmacht

- der kontingente Status der Welt nichts Negatives ist, sondern gottgewollt

- die Kontingenz der Welt die Gestaltbarkeit von Welt gerade durch den Menschen ausmacht

- die Welt in den Heilsplan Gottes integriert ist und der kontingente Status von Welt eine Dienstfunktion im Rahmen des göttlichen Heilswillens hat.

---

[157] Andererseits hält auch die Theologie, gerade mit der Betonung des menschlichen freien Willens, der den Menschen zu einem personalen Gegenüber des personalen Gottes werden läßt, an der kantischen These fest, daß der Mensch Bürger zweier Welten ist.

[158] Bereits in der Differenz "Wort-Welt" grundgelegt (Joh 1:9-11; 3:17ff) und in der Aufforderung zur Distanzierung von der Welt fortgesetzt (Joh 12:24ff;14:30f; 15:18-16:4).

[159] DS 4480, Bischofssynode der lateinamerikanischen Bischöfe in Medellín (1968). Diese Synode war für die Ausformulierung der "Option für die Armen" und für die Herausbildung der Befreiungstheologie von größter Bedeutung.

Fazit: Die theologische Rede von "Welt" ist an die Rede von "Schöpfung", an die Rede vom "Erhaltenwerden durch Gott", an die Rede von "Erlösung" und an die Rede von der "Weltverantwortung des Menschen" gebunden. Die Rede von "Kontingenz der Welt" betont die radikale Differenz von Welt und Gott, ist jedoch nicht pejorativ zu verstehen, sondern als Rede von "Gestaltbarkeit" und "Wandelbarkeit" einerseits unter den eschatologischen Vorbehalt zu stellen, andererseits unter die Rede von der "Aufgabe und Verantwortung der Menschheit".

Am grünen Tisch?

Theologische Problemstellungen sind nicht "am grünen Tisch" zu entscheiden, in etwaiger Loslösung von der religiösen Praxis. Der Status theologischer Fragen impliziert, daß nicht Tatsachen und nicht Hypothesen über die Beschaffenheit der Welt auf dem Spiel stehen, sondern Modelle religiöser Praxis. "Orientierungswissen" kann nicht am grünen Tisch erzeugt werden.

Die Frage nach Allwissen Gottes, Freiheit des Menschen und Kontingenz der Welt ist, obwohl erkenntnistheoretisch delikat und sprachanalytisch komplex, in der (auch religiösen) Praxis menschlicher Lebensfragen entstanden. Es geht nicht um die Rekombination von Begriffen, um ein Spiel mit Zeichen einer theologischen Semantik. Daher kann es auch nicht "am grünen Tisch" entschieden werden, obwohl theologische Diskurse angesprochen sind: Das Theodizeeproblem, eine erkenntnistheoretische Diskussion betreffend den Status der "future contingencies" und das Gottesbild stehen auf dem Spiel. Sprachphilosophisch ist den Totalitätsattributen, dem Wissensbegriff, dem Begriff der Ewigkeit und der Zukunft und dem Begriff der menschlichen Freiheit nachzugehen - diese Untersuchungen lassen sich nur in Abhängigkeit von der erfahrenen und beobachteten Praxis anstellen.

1.4 Am grünen Tisch?

(1) Fundamentale Theologie
(2) Theo-Praxis
(3) Der religiös-pragmatische Kontext
(4) Theologische Reflexionspraxis

(1) Auch wenn die Arbeit des Theologen durchaus den Diskurs von Konferenzen umfaßt, in denen eine "erfahrungsfreie und handlungsentlastete Form von Kommunikation" stattfindet, "deren Struktur sicherstellt, daß ausschließlich

virtualisierte Geltungsansprüche von Behauptungen bzw. Empfehlungen oder Warnungen Gegenstand der Diskussion sind"[160], verfehlt jene theologische Praxis dennoch ihr Ziel, die mit der religiösen Praxis lediglich die Selbstreflexion, nicht aber auch die Strukturen kommunikativen Handelns gemein hat. So unverzichtbar der Diskurs (der nun einmal am "grünen Tisch" stattfindet) für die Theologie ist, so unverzichtbar ist die Rück- und Einbindung der theologischen Reflexion in die religiöse Praxis. Schließlich soll Diskurs ja einzig dazu dienen, verlorenes Einverständnis wieder zu gewinnen, um kommunikatives Handeln wieder zu ermöglichen. Handlungsgemeinschaften werden nicht aufgrund von Definitionskongruenzen hergestellt, sondern beruhen auf einer gemeinsamen Lebensform.[161] Grundlage einer geteilten Lebensform ist ein gemeinsames Weltbild, das nach Wittgenstein durch folgende Züge charakterisiert werden kann:

- es ist "der überkommene Hintergrund"[162]
- es ist "eine Art Mythologie"[163]
- es ist ein "*Ganzes* von Urteilen"[164]
- es ist das Substrat alles Forschens und Behauptens[165]
- es ist auf Erfahrung gegründet.[166]

---

[160] Habermas 1975:148.

[161] Wittgenstein, PU 241.

[162] Wittgenstein, ÜG 94; das heißt zugleich, daß ich mich nicht von der Richtigkeit meines Weltbildes überzeuge.

[163] Wittgenstein, ÜG 95; das bedeutet, daß es ein Orientierungssystem darstellt, das mir Handeln in der Welt ermöglichen und mein Handeln in der Welt orientieren soll. Diese Mythologie kann wieder in Fluß geraten (ÜG 97).

[164] Wittgenstein, ÜG 140; der einzelne Satz des Weltbilds kann nur auf dem Hintergrund dieses Ganzen von Urteilen plausibel gemacht werden; unser Wissen bildet ein großes System und nur in diesem System hat das Einzelne den Wert, den wir ihm beilegen (ÜG 410); bei einem Kind bildet sich ein System von Geglaubtem heraus, in dem manches unverrückbar feststeht (ÜG 144). Diesem Ganzen von Urteilen glaube ich, die Basis des Weltbilds ist kommunikativ erzeugtes Vertrauen (ÜG 170). Ein neues Weltbild wird durch *überreden* erzeugt (ÜG 262; auch 612), das Wissen gründet sich am Schluß auf Anerkennung (ÜG 378).

[165] Wittgenstein, ÜG 162: vgl. auch ÜG 670. Dies bedeutet, daß unser Weltbild das Fundament der Orientierung jeglicher Praxis, sei es ein wissenschaftlicher Handlungszusammenhang, sei es die religiöse Praxis, orientiert; von hier aus ist es nur ein Schritt zur Wissenschaftskritik. Beispiel: "Lavoisier macht Experimente mit Stoffen in seinem Laboratorium und schließt nun, daß bei der Verbrennung dies und jenes geschehe. Er sagt nicht, daß es ja ein andermal anders zugehen könne. Er ergreift ein bestimmtes Weltbild, ja, er hat es natürlich nicht erfunden, sondern als Kind gelernt. Ich sage Weltbild und nicht Hypothese, weil es die selbstverständliche Grundlage seiner Forschung ist und als solche auch nicht ausgesprochen wird" (ÜG 167); daher kann Wittgenstein auch von einem "wissenschaftlichen Glauben" sprechen (ÜG 236).

Die lebenstragenden Grundüberzeugungen, die die Struktur eines Weltbildes begründen, leiten das Handeln an und orientieren die Praxis, deren Teil das Weltbild ist, in das man handelnd hineinsozialisiert wird. Religionen stellen solche Weltbilder zur Verfügung, die sich im Lauf der Überlieferungsgeschichte in Riten und Institutionen "objektivieren" und entsprechend verwalten lassen.[167] Erst im Zuge dieses Administrationsprozesses religiöser Grundüberzeugungen, die aufgrund äußeren Legitimationsdrucks systematisiert und zu einer Theorie ausgebaut werden[168], kann die theologische Reflexion einsetzen: Theologie erhebt sich in der Dämmerung[169], die religiöse Praxis ist Movens, Motor, Fundament und Ziel des theologischen Nachdenkens. Die religiöse Praxis garantiert auch die Einheit der theologischen Reflexion.

So wird es nicht verwundern, daß das Projekt einer "fundamentalen Theologie", wie es etwa von Helmut Peukert verfolgt wurde, in die Handlungstheorie mündet, die die theologischen Reflexionsgänge in einen Kontext kommunikativen Handelns einbettet; eine ähnliche Option nimmt auch Johann Baptist Metz mit seiner "Praktischen Fundamentaltheologie" vor. Diese Entwürfe illustrieren den Primat der Praxis[170], die der theologischen Theoriebildung immer schon[171] vorausgeht (i), die Theoriebildung begleitet und integriert (ii), ihr Orientierung gibt (iii). Aus dem Gedanken, daß der theologische Reflexionsprozeß auf die Herstellung und das Begreifen "heiler Praxis" abzielt, kann die Grundlegung der Theologie von der Diakonie her reflektiert werden; der "grüne Tisch" der Theologen ist dann nur eine Chiffre für den gemeinsamen Altar und den gemeinsamen Eßtisch. Es ist präzise der Dienstcharakter der Theologie, der der theologischen

---

[166] Wittgenstein, ÜG 284; die Menschen "haben immer aus der Erfahrung gelernt, und aus ihren Handlungen kann man ersehen, daß sie Gewisses mit Bestimmtheit glauben" (ibd); vgl. ÜG 616.

[167] Vgl. Berger/Luckmann 1971:36ff, 103ff.

[168] Im Fall des Christentums zeichnet die Geschichte der Häresien für die Explikation und Begründung des christlichen Weltbilds verantwortlich; dieser Prozeß der Theologisierung beginnt im Grunde bereits bei Paulus (Legitimation durch Einbettung in die Tradition).

[169] Gutierrez 1973:17.

[170] "Dieser Primat ist nicht ethisch, sondern analytisch. Man darf ihn nicht verstehen als den Primat einer mechanischen Kausalität, sondern eben als den Primat einer dialektischen Kausalität. Er bestimmt die Eigenschaften, die ein Faktor hat, um die erste und materielle Bedingung für die Existenz eines anderen zu sein. Tatsächlich ist die Praxis die umfassende Größe für die Theorie, und sie ist als solche der Raum, in dem die Theorie sich aufhält und sich bestimmt, der Raum, in dem sie entsteht, in dem sie sich entfaltet und vervollständigt" (C. Boff 1983:338). Die religiöse (politische, kulturelle) Praxis ist der Kon-Text der dogmatischen Texte, die Handlungszusammenhänge aber auch kritisch neu entwerfen können.

[171] Dieses "immer-schon" ist im Sinne eines apriorischen Perfekts zu verstehen, vgl. Apel 1976b:419, 423.

Reflexion ein Ziel und eine Grenze setzt. Es sei gestattet, naiv zu fragen: Welche Praxis begründet welche Theorie?

(2) Auch wenn dieser Satz weder innerhalb der Theologie begründet noch mit außertheologischen Mitteln plausbilisiert werden kann, muß für die Theologie postuliert werden können: Die Theologie handelt von Gott als ihrem Subjekt.[172] Dieser Satz, der sich am nachhaltigsten in der "Theologie der Menschwerdung" und in der "Theologie der Auferstehung" manifestiert, die die Spezifität und Einzigartigkeit des göttlichen Handelns (einzig Gott erweckt Tote zum Leben) zu reflektieren sucht[173], sprengt die Systeme theologischer Modellbildung. Die Frage nach der Vereinbarkeit von göttlichem Vorherwissen und menschlicher Freiheit ist auf dem Hintergrund dieses Postulats der Wirk-lichkeit Gottes nicht die Frage eines handlungsentlasteten Diskurses, sondern eine Frage, die die religiöse Praxis anleitet, eine Orientierungsfrage, eine praktische Frage. Die Anerkennung der Handlungswirklichkeit Gottes transformiert das theologische Fragen in Fragen kommunikativer Orientierung (was heißt es, kommunikativ auf Gott hin zu handeln?). Es geht nicht um einen "Prozeß theoretischer Neugierde" (Blumenberg), der nach der Beschaffenheit von Gott und Welt fragen läßt, sondern um ein kommunikatives Partizipationsinteresse in einem Sprachspiel, das nur Beteiligte, aber keinen neutralen Metastandpunkt kennt. Die Fragen der Dogmatik lassen sich auf diesem Hintergrund als praktische Fragen der Lebensorientierung verstehen, das religiöse Weltbild, der Glaube kann als (politische) Hermeneutik der Alltagspraxis ausgewiesen werden: "Ein Glaube besteht in praktischen, das Handeln orientierenden Grundüberzeugungen".[174]

Die Anerkennung der Lebenswirklichkeit Gottes läßt das "Prinzip Offenbarung" als Ausdruck des kommunikativen Interesses Gottes an den Menschen nicht als abgeschlossenes "Depositum" verstehen, das zur Reflexion auf Vergangenes einlädt, sondern provoziert ein Sich-Gewahrwerden der fortdauernden Selbstmitteilung Gottes; daß Gott in der Geschichte handelt, ist eine biblische Grundüberzeugung und ein erkenntnisleitendes Prinzip jeder sich um Befreiung bemühenden Theologie. Das Handeln Gottes in der Geschichte wird dabei als diakonische Praxis eines Gottes, der seine Schöpfung liebt, verstanden.[175] Die

---

[172] Vgl. Scotus, Liber Ioannis, Prologus, q.2 (nach Richter 1989). Der Versuch, "Gott" auf den verfügbaren Kontext systematischer Reflexion zu reduzieren und als kontextabhängiges "Synkategorematikon" auszuweisen (vgl. Kambartel 1971), hat auf grammatikalischer Ebene seine unleugbare Berechtigung, darf aber nicht mit der Verneinung der - in der Reflexion einzuholenden - Wirkmächtigkeit und Handlungskompetenz Gottes einhergehen; vgl. Kessler 1985b:119.

[173] Vgl. Kessler 1985a:283-310.

[174] Schupp 1990:xi.

[175] In afrikanischen Christologien kann auf diesem interpretativen Hintergrund der diakonischen Theopraxis auch die stauristische Erlösungslehre überwunden werden: Gott liebt seine Schöpfung, seine Geschöpfe so sehr, daß er aus solidarischem Interesse selbst in die

vielzitierte Einsicht, daß Gott die Welt geschaffen hat, "quia vult condiligentes" (Scotus), bettet die Schöpfungstheologie ebenso in den Kontext diakonischer Theopraxis ein wie die Soteriologie: "So sehr hat Gott die Welt geliebt..." (Joh 3:16). Die Rede vom "universalen Heilswillen" Gottes, der sich "aus Liebe"[176] offenbart, läßt auch das Projekt der Eschatologie nur auf dem Hintergrund diakonischer Theopraxis durchführen.[177] Ebenso wie das Wort "Gott" die Geschlossenheit des Systems "Welt" aufsprengt und jeder Selbstbegründung - gewissermaßen in theologischem Sichzunutzemachen des Gödelschen Satzes - eine Absage erteilt, sprengt die Anerkennung der Autonomie diakonischer Theopraxis jedes Handlungssystem und übersteigt jedes zum System geronnene Weltbild: "Von Gott als Handelndem her zu denken und zu leben, bedeutet daher, jedes in sich geschlossene und sich selbst absolut setzende Weltbild und Verhaltensmuster aufzubrechen und eine offene (relational-kommunikative) Ontologie und Praxistheorie zu konzipieren, die sich für den jeweils anderen in seiner Alterität offenhält und ihn nicht negiert (ignoriert oder ausbeutet, entrechtet, schließlich vernichtet), sondern in einem dem Handeln Jesu konformen kommunikativen Handeln praktisch bejaht".[178] Das Handeln Jesu wird zum Modell diakonischer Theopraxis.

Damit haben wir einen zweiten Hinweis dafür gefunden, die Diakonie als "fundamentale Theologie" auszuweisen, die (a) den inneren Zusammenhalt der Theologie gewährleistet, (b) den Kon-text der theologischen Texte bestimmt, (c) die Transformation von Text in Tat garantiert. Denn im Anfang war das Wort und das Wort war Tat und die Tat war Liebestat.

(3) Dieses hermeneutische Projekt, Gottes Wirklichkeit als Theopraxis und Theopraxis als diakonische Theopraxis zu verstehen, setzt kommunikative Strukturen frei, die auch das menschliche Handeln anleiten und jegliches theologisches Fragen in diesem Kontext in praktische Fragen verwandeln. Die Transformation von erfahrener Theopraxis ("Offenbarung") in religiöse Orthopraxis ("Kult"/"Kultur") ist auf dem Hintergrund des Zusammenhangs von "Weltbild" und "Lebensform" zu verstehen. Der Mensch lebt, indem er einer "Theorie" seines Lebens folgt, sein "Handeln" in Handlungsprogrammen stabilisiert. Im religiösen Kontext (theologischer Texte) ist das Handeln im Geist Jesu programmbildend.[179] Dieses Handlungsprogramm wird - tentativ - in den Struk-

---

kreatürliche Lebenswirklichkeit eintaucht, um seiner Schöpfung Strukturen symmetrischer Kommunikation zu ermöglichen.

176 Dieses Wort wurde in der Tradition als das hermeneutische Schlüsselprinzip zur Dechiffrierung der göttlichen Handlungsintention entfaltet.

177 Aus diesem Motiv läßt sich auch die "docta spes" ableiten, daß - trivialisierend gesprochen - die Hölle leer ist.

178 Kessler 1985b:129.

179 Zulehner 1984:13.

turen einer Handlungs- und Überzeugungsgemeinschaft ("Kirche") institutionalisiert: Die Rede vom universalen Heilswillen Gottes leitet die Verrechtlichungspraxis der religiösen Überzeugungsgemeinschaft Kirche an[180], die - eingebettet in den Kontext kommunikativer Theopraxis - als "Interpretationsgemeinschaft" eben dieser Praxis ausgewiesen werden kann.[181] Handlungsanleitend wird dabei die jesuanisch vermittelte Einsicht sein, daß die Diakonie "die Summe christlicher Religion" (Völkl) ist, von der aus symmetrische Kommunikation zwischen Mensch und Gott in der Annahme einr Einheit von Gottesliebe und Nächstenliebe möglich wird. Die Verhandlung der Frage nach der Vereinbarkeit von göttlichem Vorherwissen und menschlicher Freiheit darf in diesem Kontext von diesem Symmetriepostulat ausgehen, das göttliches Handeln und menschliches Handeln nicht in Konkurrenzstrukturen zusammendenken läßt, sondern auf kommunikative Verwiesenheiten abzielt, wie sie der Kontext diakonischer Theopraxis nahelegt. Noch einmal: Die Diakonie gibt den Horizont ab, innerhalb dessen theologische Fragen sinnvoll gestellt werden können.

Am Beginn der Theologie steht die diakonische Theopraxis, die in religiöse Orthopraxis übersetzt wird, die wiederum theologische Reflexion provoziert.[182]

---

[180] CIC can. 1752.

[181] Vgl. Schüssler Fiorenza 1989; dabei kommt den Kirchen die Verantwortung zu, eine diakonische Kontrastpraxis zur gesellschaftlich verfügten Leistungspraxis herauszubilden: "Die Kirchen haben als religiöse Gemeinschaften innerhalb einer verarmten und kolonisierten Lebenswelt nicht nur eine Funktion als Interpretationsgemeinschaften substantieller normativer Tradition, sondern auch als Gemeinschaften, die für die Ausbildung personaler Identität sowie der für die institutionelle Befähigung personalen Handelns innerhalb der Gesellschaft wesentlich sind" (ibd., 142); in diesem Sinn sollen die Kirchen nicht nur der Ort der Ermöglichung diakonischer Praxis, sondern auch der Ort der Reflexion der Strukturen diakonischer Praxis sein. "In dieser Hinsicht erhält die Kirche die utopische Dimension am Leben", die für das Projekt der Gesellschaftskritik unverzichtbar ist (ibd., 144).

[182] Von hier aus kann man zumindestens Argumentationspotential für das Postulat der Verwiesenheit und Interdependenz von "systematischer" und "praktischer" Theologie gewinnen, die in einem diakonischen Zuordungszusammenhang koordiniert werden können; vgl. Nolte 1974:688-691; Sauter 1974:25f. Es ist der Dienstcharakter der Theologie, der die innere Einheit der theologischen Disziplinen sicherstellt. Zugleich kann, wird die Reflexion in die diakonische Praxis eingebettet, das Reflexionsgeschehen als konstitutiver Bestandteil der religiösen Praxis ausgewiesen werden, deren kritischen Neuentwurf die theologische Reflexion immer wieder neu liefern kann. Damit kann zugleich die Reduktion von Theologie auf Religion und der simplifizierend konzinne Übergang von Reflexion in Praxis abgefangen werden: "Die [theologische] Theorie ihrerseits ist Funktion der [religiösen, politischen, kulturellen] Praxis. Sie besitzt aber ihre eigene Logik, der man gerecht werden muß. Darum greift sie auf eine eigene Art und Weise in die Praxis ein, nämlich theoretisch, durch eine *symbolische Intervention.* Dies ist das spezifisch menschliche Handeln. Daraus ergibt sich, daß es die Theorie ist, die dem Handeln seinen menschlichen Charakter verleiht ... Das heißt, daß die Identität der Praxis das Geheimnis der Theorie ist. Die Praxis existiert nur durch die Theorie" (C. Boff 1983:338). Die religiöse Praxis ALS religiöse und als PRAXIS

Von hier aus legt sich weiters nahe, daß das Projekt systematischer Reflexion INDUKTIV betrieben werden muß, will man dem praxisanleitenden Anspruch der Reflexion oder auch nur der Selbstverpflichtung theologischen Nachdenkens auf die Verwirklichung von Gottes-Wirklichkeit genügen. Theopraxis ist nur aufgrund religiöser Erfahrung als Gottes-Wirklichkeit auszuweisen: "Wen verehren wir: eine geschichts- und leblose Abstraktion von 'Gott' oder den lebendigen Gott menschlicher Geschichte?"[183] "Erfahrung" ist die Grundbedingung jeder Thematisierung[184], die über die "Relevanz" von Thematisierung entscheidet.[185] Die Frage, "utrum in creatura sit vestigium Trinitatis"[186] ist dann nicht bloß eine akademische Frage einer am grünen Tisch klebenden schlechten Scholastik, sondern die unverzichtbare Frage nach der Erfahrungsgrundlage der theologischen Reflexion, nach den "Spuren" der göttlichen Anwesenheit in der Welt.[187] Die Erfahrung ist das Medium, durch das die Konstituentien dieser Erfahrung zugänglich werden.[188] Theologie setzt bei konkreten geschichtlichen Erfahrungen eines Volkes an, bei positivem Wissen, das sich aus konkreter Erfahrung speist.[189]

Erfahrung als kritische Reflexionskategorie provoziert das Projekt einer kritischen Selbstverortung der Theologie, des Theologen: Daß diese Arbeit in einem geheizten und geschützten Büro in einem ansehnlichen Universitätsgebäude entsteht, muß Auswirkungen auf den Geltungsanspruch dieser Reflexionsleistung

---

auszuweisen und die disparaten Handlungen zu einem Handlungsprogramm zusammenzufassen, das für nich-habitualisierte Situationen und neue Handlungsherausforderungen orientierend sein kann, liegt in der Kompetenz der theologischen Reflexion, deren Gültigkeit sich freilich nur in der diakonischen Praxis erweist: "Wenn die Theorie auch nicht direkt das künftige Handeln präjudizieren kann, so ist nicht ausgeschlossen, daß sie handlungs-*orientierend* wirkt. Sie kann die Realisationsbedingungen klären und eine Erhellung, Erweiterung und vielleicht auch Veränderung des praktischen Bewußtseins und somit eine Einstellungsänderung erwirken. Auflichtende Erkenntnis dient zuletzt dem Tun selber. Der Ruf zur Tat allein kann leicht zum Freibrief für Willkür und Herrschaft werden" (Lehmann 1977:25).

[183] Koch 1988:13.

[184] Schillebeeckx 1972:59.

[185] Cl. Boff 1983:285: Relevanz ist eine Kategorie der Praxis.

[186] Ioannis Duns Scoti Scriptum Oxoniense I, d. 3, q.2 (nach Richter 1993).

[187] Vgl. Kuitert 1977; siehe auch L. Boff 1978; in diesem Sinn kann L. Boff auch von einer "sakramentalen Artikulationsweise" der Befreiungstheologie sprechen, die in der Praxis der Basisgemeinden anzusiedeln und von der wissenschaflichen Artikulationsweise der Befreiungstheologie zu unterscheiden ist (vgl. Scannone 1992:53f).

[188] Tillich 1966:40ff. Es wäre ein eigenes Projekt, die Notwendigkeit eines Dialogs zwischen Theologie und Sozialwissenschafen zu begründen (vgl. Steinkamp/Mette 1983; ebenso das Projekt von C. Boff 1984 und die Überlegungen von Zerfaß 1974); "Erfahrung" ist grammatikalisch an den Kontext einer "Hermeneutik der sozialen Welt" rückzubinden, auch die in dieser Arbeit zu verhandelnde Frage ist mit der sozialen Welt zu verschränken: Man denke an die kommunikationspraktischen Folgen einer Rede von "Erwählten" und "Verdammten" - Fragen, die etwa auch Scotus beschäftigen mußten - vgl. LECTURA d. 40.

[189] Vgl. Torrence 1969:20f.

haben.[190] Dieser Verschränkung von theologischer Reflexion und religiöser Praxis läßt das Reflexionsgeschehen einer dogmatischen Theologie nicht bloß in der Kategorie der "Wahrheit" bewerten, sondern auch "Authentizität" als relevante theologische Kategorie ausweisen.[191] Die Rede von "authentischer Theologie" macht Aussagen über die kommunikationspraktische Verortung der Theologie, die die "Zeichen der Zeit" zu entziffern sucht. Wiederum: Das Projekt einer Hermeneutik der sozialen Welt ist ein genuines Projekt der Theologie, deren hermeneutisches Grundwerkzeug die "Erfahrung" ist, die zu einer (selbst)kritischen Theologie dadurch beiträgt, daß sie das theologische Geschehen selbst sozial verortet.

Theologische Reflexion bleibt eingebunden in den Kontext diakonischer Praxis, Theopraxis und Demopraxis, des sich offenbarenden Handelns Gottes und des kultischen Handelns des Gottesvolkes. Daher steht die Theologie "in einem Spannungsverhältnis 'zwischen' Befreiungspraxis und Wort Gottes".[192] Die "Volksfrömmigkeit", die religiöse Praxis des Volkes wird zum locus theologicus, zum empirischen Ko-Fundament der Theologie.[193] "Aus der eigenen Quelle zu trinken"[194] beruht auf dem Eingeständnis der theologischen Kompetenz des Volkes[195], was das Projekt einer induktiven Theologie im Rekurs auf den "(con)sensus fidelium" ermöglicht.[196] Versteht man die Welt als Schöpfungswelt

---

190 Das ist das Neue an Habermas' Theorie, daß Geltungsansprüche thematisiert werden; das ist auch das Neue an Befreiungstheologie: "Es ist eine Binsenweisheit, daß der Theologe auch ein sozial Handelnder ist, der von seinem sozialen Ort aus Theologie betreibt, der die ihm von der Gesellschaft angebotenen Mittel benutzt und Erkenntnisse und Bedeutungen produziert, die eine soziale Existenz und eine soziale Bestimmung haben" (C. Boff 1983:257); "Theologie ist ein Spezialfall von Empirieverständnis, selbst ein empirisches Phänomen und stets auf Empirie bezogen" (Stollberg 1972:20); vgl. Cone 1982:17: "Ich bin der Überzeugung, daß der jeweilige soziale und historische Kontext nicht nur über die Fragen entscheidet, die wir an Gott richten, sondern ebenso darüber, wie die Antworten ausfallen."

191 "Authentizität" muß ebenfalls als Kategorie der (auch theologischen) Praxis ausgewiesen werden; die Brücke zwischen Theorie und Praxis ist in der Person des Theologen anzusiedeln, wie dies etwa auch eine "Theologie der Befreiung" artikuliert: "Das Neue liegt darin, daß diese Theologie vom Bewußtsein der eigenen Situation ihren Anfang nimmt, sich in eine geschichtliche Praxis der Befreiung einwurzelt und auf das konkrete Engagement einläßt" (Lehmann 1977:15); siehe auch die Verschränkung des Anliegens kommunikativen Handelns mit Strukturen von Diskursen - vgl. Gruber 1993:308ff. "Authentizität" der Theologie kann auf diesem Hintergrund nur als "Relevanz für die Theopraxis" (genetivus subiectivus et obiectivus) verstanden werden; die dogmatische Theologie muß versuchen, Fragen aufzugreifen, die im Leben der Menschen eine Rolle spielen; vgl. Shik/England 1972.

192 Scannone 1992:51.

193 Vgl. Scannone 1984.

194 Gutierrez 1986.

195 Vgl. Sobrino 1985; Gutierrez 1984.

196 Vgl. Newman 1921, 1985.

und die Geschichte als Offenbarungsgeschichte und Gottespraxis als Liebespraxis und theologisches Wissen als Heilswissen, wird sich die Gültigkeit theologischen Wissens am Beitrag zur Universalisierung von Heilserfahrungen bemessen müssen.[197] Auf diesem Hintergrund kann die Rede von Theologie als scientia practica verstanden werden, die weder dogmatisches Herrschaftswissen (etwa im Sinne einer konzeptiven Bemächtigung der Theopraxis) noch kirchliches Machtwissen (etwa im Sinne der Depotenzierung des Gottesvolkes durch institutionelle Kontrollen) zur Verfügung stellt, sondern "Heilswissen" bereitstellt, das von theopraktischen Quellen gespeist wird und es gestattet, die Rede von "Praxis" mit der Rede von "Wahrheit" zu verschränken - der Kontext der Theologie ("damit das Handeln recht sei...") kann auch kognitiv übersetzt werden: damit das Tun ein wahres sei... Denn "Wahrheit" ist durch Jesus, Kriterium und Quelle diakonischen Handelns, eine personale Kategorie geworden; und "Praxis" ist daher orientierungsverarbeitend, insofern sie handlungsprogrammrealisierend, kritisierbar, vergleichbar mit Satzsystemen innerhalb von Satzsystemen wahrheitsfähig ist. Dabei soll die Komplexität der ("unausschöpfbaren") Erfahrung nicht übersehen werden[198], die ohne Reflexion nichts-sagend ist und nur innerhalb der Theorie theoriefähig gemacht werden kann. Präzise hier liegt auch die Grenze der Theoriefähigkeit.[199]

Die Konstitution der theologischen Reflexion durch Liebes- und Leiderfahrung des Gottesvolkes provoziert eine diakonische Grundlegung der Theologie. Die Begriffe der dogmatischen Theologie bleiben "leer", wenn sie nicht auf empirische Gehalte hin zurückverfolgt werden können, Theopraxis bleibt imaginär[200], wenn sie nicht auf Kommunikationserfahrungen zurückgreifen kann: "In unserer menschlichen Geschichte können wir nirgends Heilsgeschichte von Gott her finden, wenn nicht menschenbefreiende Praxis, schon mit einem autonom-menschlichen Sinn darin, 'vorgegeben' ist: das ist sozusagen der Stoff oder das Medium von Gottes Heilshandeln ohne das Gott 'machtlos' ist. Die menschliche Geschichte, soweit sie Menschen zu einer wahren und guten Menschlichkeit in tiefer Achtung voneinander befreit, ist für Christen ja Gottes Heilshandeln".[201] Allein aus "grammatischen Untersuchungen" kann man sich klarmachen, daß die Semantik der in der Dogmatik verwendeten Begriffe in der Pragmatik zu fundieren sind.[202] Auch für unsere zu verhandelnde Frage bleibt dieser Aspekt kri-

---

[197] Vgl. Song 1989:99-121.

[198] Vgl. Schröer 1974:210ff.

[199] "Die Grenze der Sprache zeigt sich in der Unmöglichkeit die Tatsache zu beschreiben, die einem Satz entspricht" (Wittgenstein 1994:36); vgl. Leilich 1986.

[200] Im Sinne von Füssel 1985.!

[201] Schillebeeckx 1988:68.

[202] Vgl. Schneider 1975; "*Die Praxis* gibt den Worten ihren Sinn" (Wittgenstein 1994:160); dogmatische Sätze haben nur deswegen einen (grammatikalisch ausweisbaren) "Sinn", wenn sie in einem pragmatischen Kontext verankert sind: Bei den umstrittenen Mariendogmen

tisch zu berücksichtigen: Was ist der "locus empiricus" der Rede von Vorherwissen? Daß die Rede von Prädestination und Erwählung lebensorientierenden und handlungsanleitenden Sinn hat, dürfte schwerlich zu bestreiten sein - dahinter stehen Erfahrungen von Heil und Unheil, Handlungsmodelle[203] und Hoffnungen auf die Sanierung frustrierter Solidarität. Diese Erfahrungen bilden die pragmatische Deckung für den semantischen Schck, der über die verwendeten Begriffe ausgestellt wird. Diese Erfahrungen zu orientieren ist die Aufgabe einer dogmatischen Theologie, die dabei selbst als Teil der religiösen Praxis ausgewiesen werden muß. Das Spiel am grünen Tisch ist kein Spiel mit Zeichen, sondern Teil jenes Spiels, dessen Kontext die Schöpfung ist.

(4) Theologische Reflexion ist Teil der religiösen Praxis und als solche ein "Teilnehmersprachspiel"; der Theologe, der über die Frage nach der Vereinbarkeit von göttlichem Vorherwissen und menschlicher Freiheit nachdenkt, ist von dieser Frage mit-betroffen, ist Teil des Gottesvolkes, steht mit seiner Freiheit und seiner Theo-Kommunikation für die Antwortmodelle ein; diese Teilhabe des Theologen an der religiösen Praxis ist die einzige Gewährleistung dafür, daß "Authentizität" und "Relevanz" realisierbare Kategorien der theologischen Reflexion sind. Theologie ist ein Teilnehmersprachspiel, das auf einen "objektiven", einen "Meta"standpunkt verzichten muß. Der Theologe "spielt selbst" mit in den Sprachspielen der Religion. Theologie ist eine Lebensform, deren Kontext die diakonische Theopraxis ist. Die theologische Reflexion "greift in die Praxis ein", entwirft sie neu, hinterfragt sie kritisch, verändert die Regeln, ist als solche HANDELN und Reflexionspraxis, eingebettet in institutionelle und soziale Kontexte. Ausdruck dieser pragmatischen Kontexte ist vor allem auch die Tradition, die als Orientierungsquelle für systematische Reflexion, für "dogmatisches Reflexionshandeln" gilt.

Die theologische Reflexionspraxis, wie sie sich in der dogmatischen Theologie manifestiert, kann nicht scharf von der religiösen Praxis abgetrennt werden; Teil des "Selbstvollzugs der Kirche", Teil der religiösen Lebensform des Christentums ist die theologische Reflexion, die - fides quaerens intellectum - der religiösen Praxis des Gottesvolkes verpflichtet bleibt und zugleich Ausdruck des religiösen Selbstverständnisses der Theologen ist. Die Frage nach dem Vorherwissen Gottes, der Freiheit des Menschen und der Kontingenz der Welt ist zugleich die Frage nach der existentiellen Selbstverortung des Theologen, der sich nicht als "Spielmacher", sondern als "Mitspieler" zu lokalisieren hat: "Theologie hat gegenüber ihren Inhalten ein spezifisches Distanzverringerungsinteresse, gewissermaßen eine konstitutionelle Objektivierungshemmung. Wo der Theologie

---

von 1854 und 1950 könnte man sich beispielsweise fragen, auf welche Erfahrungen diese Sätze verweisen und welcher Orientierungswert diesen Sätzen beizumessen ist.

[203] Man denke an Webers These über die Genesis des Kapitalismus.

vollständige Objektivierung gelingt, erweckt sie ... den Verdacht, sie habe womöglich ihre spezifischen Inhalte vergessen oder aus den Augen verloren. Was immer in diesem Fall zur Philosophie zu sagen ist, für die Theologie muß es als Vorwurf gelten, daß man ihr die Leidensgeschichte der Menschen so wenig anhört bzw. ansieht"[204].

Dabei steht die theologische Reflexionspraxis unter dem grundsätzlichen Relativierungsmoment eines "totaliter aliter": Die theologische Reflexionspraxis muß sich - unbeschadet des eschatologischen Vorbehalts - darüber im klaren sein, daß "Praxis" nicht auf menschliche Praxis reduziert werden kann: "Man kann Heil von Gott her nicht auf menschliche Praxis reduzieren".[205] Das induktiv nützbare Erfahrungspotential ist kritisch zu relativieren, nur "vorletzte Antworten", nur "abgeleitete Fragen" können in der Theologie systematisiert werden; respektiert man die diakonische Theopraxis als Fundament der Theologie, muß man damit zugleich die Unverfügbarkeit dieser Praxis mitreflektieren.[206]

Die Frage nach Vorherwissen, Freiheit und Kontingenz kann nicht "am grünen Tisch" entschieden werden; sie erwächst aus der Glaubenspraxis, und etwaige Antworten sind an der Lebbarkeit in der Glaubenspraxis zu messen; es handelt sich um eine *praktische* Frage, die Orientierung für die Glaubenspraxis einfordert (Beispiel: Wie kann man nach Auschwitz noch guten Gewissens vom "Vorherwissen Gottes" und der "Allgüte Gottes" sprechen?). Eine existentielle Rückbindung der gegebenen Antwortversuche wird deswegen unumgänglich sein; ebenso unverzichtbar erscheint der Blick auf die Tradition, auf den pragmatischen Kontext der theologischen Reflexionskultur. Dieser Blick - aus dem Fenster der Studierstube auf die Universitätskanzeln und Bibliotheken, Kirchenkonferenzen und Häresiedebatten - soll nun im zweiten Abschnitt versucht werden.

Fazit: Theologische Problemstellungen sind nicht "am grünen Tisch" zu entscheiden, in etwaiger Loslösung von der religiösen Praxis. Der Status theologischer Fragen impliziert, daß nicht Tatsachen und nicht Hypothesen über die Beschaffenheit der Welt auf dem Spiel stehen, sondern Modelle religiöser Praxis. "Orientierungswissen" kann nicht am grünen Tisch erzeugt werden.

Die Frage nach Allwissen Gottes, Freiheit des Menschen und Kontingenz der Welt ist, obwohl erkenntnistheoretisch delikat und sprachanalytisch komplex, in der (auch religiösen) Praxis menschlicher Lebensfragen entstanden. Es geht nicht um die Rekombination von Begriffen, um ein Spiel mit Zeichen einer theologischen Semantik. Daher kann es auch nicht "am grünen Tisch" entschieden

---

[204] Metz 1992:126.

[205] Schillebeeckx 1988:70.

[206] Dies macht zugleich das Hoffnungspotential der christlichen Religionen aus: "Der Glaube der Christen ist eine Praxis in Geschichte und Gesellschaft, die sich versteht als solidarische Hoffnung auf den Gott Jesu als den Gott der Lebenden und der Toten, der alle ins Subjektsein vor sein Angesicht ruft" (Metz 1977:70).

werden, obwohl theologische Diskurse angesprochen sind: Das Theodizeeproblem, eine erkenntnistheoretische Diskussion betreffend den Status der "future contingencies" und das Gottesbild stehen auf dem Spiel. Sprachphilosophisch ist den Totalitätsattributen, dem Wissensbegriff, dem Begriff der Ewigkeit und der Zukunft und dem Begriff der menschlichen Freiheit nachzugehen - diese Untersuchungen lassen sich nur in Abhängigkeit von der erfahrenen und beobachteten Praxis anstellen.

B Aspekte der Problemgeschichte

Das "Elend des Historizismus" besteht bekanntlich darin, den Gang der Geschichte als linearen Fortschritt zu deuten, der sich in seinen Gesetzmäßigkeiten rational rekonstruieren ließe - dadurch wird zugleich die Möglichkeit an die Hand gegeben, Herrschaftswissen über "Künftiges" zu gewinnen. Dieser Fehler kann vermieden werden, denn präzise dieses sozialutopisch und szientistisch getränkte Reflexionsmuster wird durch die Unterscheidung einer "potentia Dei ordinata" und einer "potentia Dei absoluta" aufgesprengt. Die Kontingenz Gottes qualifiziert die Kontingenz von Welt und Geschichte. Andererseits legt diese Unterscheidung eine Unverläßlichkeit des göttlichen Heilshandelns nahe, was die neuzeitliche "curiositas" nachhaltig legitimierte. Erst in diesem neugewonnenen Rahmen, der aufgrund der funktionalen Beherrschung von Welt Legitimationsdruck auf die theologischen Orientierungsangebote freisetzte, stellt sich das Theodizeeproblem in verschärfter Form. Das im Lauf der Geistesgeschichte zusammengetragene Problemmaterial bildet die Verständnisvoraussetzungen für den gegenwärtigen, im Teil A skizzierten Problemhorizont.

Dennoch: Eine kursorische Ortung dieses Materials hat nicht nur hermeneutischen (Verstehen, wo wir heute sind) oder bloß belletristischen Wert (Verstehen, was einmal war) - aus der Reflexion über einige historische Problemkonstellationen können systematische Elemente für eine Bearbeitung der zu verhandelnden Frage nach der Vereinbarkeit des göttlichen Wissens mit der menschlichen Freiheit und der Kontingenz irdischen Geschehens gewonnen werden. Gerade eine konsequente Berücksichtigung des zitierten "Kontextprinzips", das nach den Kontextbedingungen, auch von Problemstellungen und Antwortversuchen, fragen läßt, verlangt die Berücksichtigung historischer Eckdaten zur Rekonstruktion eines Begegnungszusammenhangs von Entstehungs- und Geltungsfragen: Die Frage ist, welche Geltung Fragehorizonte und Antwortversuche in ihrem spezifischen Entstehungszusammenhang (z.B. repressive Kirchenpolitik im 13. Jahrhundert) beanspruchen können.

Im folgenden daher die exemplarische Einführung eines Traditionsstrangs, der für die systematische Bewältigung der Fragestellung fruchtbar gemacht werden soll. Im Zentrum dieser Tradition steht Ioannes Duns Scotus (Kapitel 3), dessen Problemkontext durch Aristoteles, Augustinus und Thomas von Aquin vorbereitet wurde (Kapitel 2); entscheidende Kritik hat Scotus durch Ockham erfahren. Der bei Scotus strategisch zentrale Schachzug, die Kontingenz im göttlichen Willen zu verankern, wird richtungsweisend für die Problembehandlung im systematischen Teil C sein.

2. Drei entscheidende Positionen

Den "philosophus" und die "doctores ecclesiae" in ihren Positionen darzustellen, bedarf im Grunde keiner gesonderten Rechtfertigung. Für unsere spezifische Fragestellung kann nur hervorgehoben werden, daß die von Aristoteles aufgeworfene Fragestellung, scheinbar unabhängig vom aristotelischen Problemfeld der Logik künftiger Aussagen, von Augustinus mit gnadentheologischen Versatzstücken versehen und von Thomas von Aquin wiederum regräzisiert wurde, wenn auch auf christlichem Fundament. In diesem Spannungsfeld von Logik und Gnade, von Philosophie und Theologie bewegt sich der Traditionsstrang, an den Ioannes Duns Scotus zu Beginn des 14. Jahrhunderts anknüpft. Seine Position wird von Ockham radikalisiert. Erst in der Diskussion um die "scientia media" in der Barockphilosophie wird die zu verhandelnde Fragestellung wieder aktuell. Scotus stellt insofern einen Höhepunkt der historischen Problementwicklung dar, als er erstmals eine (*theologische*) Alternative zum aristotelischen Kontingenzverständnis entwickelt, zweitens die Rede von "Gott" mit der Rede von "Kontingenz" verschränken kann und drittens die Rede von "Kontingenz" und die Rede von "Freiheit" miteinander verknüpft. Dies stellt einen gewaltigen geistesgeschichtlichen Fortschritt dar, wie die folgenden drei historischen Skizzen, die in Summe ein repräsentatives Fragment des Problemstands zur Zeit des Ioannes Duns Scotus abgeben, zeigen.

2.1 Der aristotelische Hintergrund

Die Frage nach dem zukünftigen Kontingenten stellt sich für Aristoteles nicht auf einer existentiellen Ebene, schon gar nicht im Rahmen einer personalen Mensch-Gott-Beziehung, operiert Aristoteles doch mit einem Gottesbegriff einer "causa sui"[1]: "Um die freien Handlungen des Menschen weiß und kümmert sich der aristotelische Gott nicht; vor allem ist an ein Vorherwissen nicht zu denken. Dazu war der Gott Aristoteles' einerseits viel zu weit entrückt vom Wirken und Leben in der Welt der Dinge, anderseits war die aristotelische Auffassung von der Freiheit, besser: Zufälligkeit der menschlichen Handlungen, durchaus unvereinbar mit der Annahme eines unbedingten Vorauswissens Gottes."[2]

[1] - zu der man nicht beten kann (Heidegger 1957:70).

[2] Kolb 1908:6.

Aristoteles stellt die Frage nach dem Status von Sätzen über zukünftiges Kontingentes im Rahmen seiner wissenschaftstheoretischen Überlegungen.

Der aristotelische Wissenschaftsbegriff bezieht sich nur auf Wahres, Allgemeines und Notwendiges; nur unter diesen Vorzeichen ist Wissenschaftlichkeit möglich; aber nicht nur methodischer Wissenserwerb, sondern Wissenserwerb überhaupt folgt diesen Kriterien: Gewußt wird nur das Wahre, Notwendige und Allgemeine. Zukünftiges und Kontingentes kann deshalb kein Gegenstand des Wissens sein, in Propositionen über künftiges Kontingentes ist die Wahrheit nicht bestimmt, weil sich kein Grund angeben läßt, warum eine Proposition wahr und deren kontradiktorisches Gegenteil falsch sein soll - und "opposita" können nicht zugleich wahr sein.[3]

In der Wissenschaftsgeschichte berühmt und für die Entwicklung der Logik von nachhaltiger Bedeutung[4] ist das neunte Kapitel in Aristoteles' "Peri hermeneias". Diese Stelle wird auch vom Autor der Lectura (Scotus?) in der Distinctio 39 zitiert.[5] Die Diskussion um diese Passagen ist auch in unserem Jahrhundert noch von Interesse.[6] Im folgenden werde ich die Kernstellen der angeführten Passage angeben und, die komplexe Diskussion andeutend, kommentieren. Der Aufbau dieses Kapitels: Aristoteles präsentiert zuerst sein Argument für den Determinismus (Fatalismus), der den Wahrheitsbegriff mit dem Notwendigkeitsbegriff verknüpft (18a34-18b16). In einem zweiten Schritt problematisiert er die deterministischen Konsequenzen, indem er auch auf Alltagsintuitionen rekurriert (19a7-22). Schließlich stellt er seine eigene Lösung vor, die man als Plädoyer für eine mehrwertige Logik gelesen hat (ab 19a23).[7]

> *"Bei dem gegenwärtig Existierenden und bei dem Vergangenen ist also notwendigerweise die Bejahung oder die Verneinung wahr oder falsch; und zwar muß bei Allgemeinem, über welches allgemeine Aussagen getroffen werden, notwendig immer das eine wahr, das andere falsch sein"* 18a29-18a32

Von Anfang an verbindet Aristoteles den Wahrheitsbegriff mit dem Begriff der Notwendigkeit. Aristoteles deutet den Rahmen einer zweiwertigen Logik an. "Allgemeines, über welches allgemeine Aussagen getroffen werden" ("in univer-

---

[3] Vgl. J. Barnes 1992:52-58; I. Düring 1966:87-109. Sätze über zukünftiges Kontingentes sind auch deshalb suspekt, weil ein wichtiges Kriterium von Wißbarkeit, die Angabe einer ursächlichen Herleitung (vgl. Düring, 100f), nicht angewendet werden kann.

[4] Vgl. Kneale 1962:46-54.

[5] "In futuris contingentibus non est veritas determinata" (Lect. d. 39, q. 1; Ed.Vat. VI, p. 481). Zur Diskussion um die Authentizität der Lectura siehe Kapitel 5.

[6] Siehe exemplarisch die Bibliographie, die Celluprica (1977) und Hintikka (1972) geben.

[7] Vgl. Strang 1960.

salibus ut universaliter") ist der klassische Gegenstandsbereich des aristotelischen Wissenschaftsbegriffs. Bereits an dieser Stelle wird das Bivalenzprinzip eingebracht - "in the text itself expressed rather loosely".[8]

"Doch bei dem Einzelnen und Zukünftigen verhält es sich nicht so. Denn wenn jede Bejahung und Verneinung wahr oder falsch ist, dann folgt daraus notwendigerweise, daß jedes zutrifft oder nicht zutrifft. Wenn zum Beispiel jemand sagt, daß etwas sein werde, und ein anderer bestreitet dies, dann muß doch offenbar der eine von ihnen recht haben, wenn jede Bejahung und Verneinung wahr oder falsch ist" 18a34-18a38

Der Anfangssatz ist zweideutig, eine Doppeldeutigkeit, die sich bis zum Schluß hin durchhält und auch die Bandbreite der möglichen Interpretationen ausmacht. Wiederum bringt Aristoteles den Notwendigkeitsoperator ins Spiel und spitzt die Diskussion auf "future contingencies" zu. Dabei appelliert er an eine Intuition aus dem Alltagsleben, daß nämlich bei einem Streit um Zukünftiges doch nicht beide Gesprächspartner recht haben können.

"Beides zugleich kann in diesen Fällen nicht zutreffen. Denn wenn es wahr ist zu sagen, daß etwas weiß oder daß es nicht weiß ist, so muß es [notwendigerweise] weiß oder nicht weiß sein und wenn es weiß oder nicht weiß ist, so ist es wahr, wenn man es bejaht oder es bestreitet. Und wenn dies nicht der Fall ist, dann ist es falsch, und wenn es falsch ist, ist dies nicht der Fall; deshalb ist notwendigerweise entweder die Bejahung oder die Verneinung wahr oder falsch" 18b1-18b5

"Unter solchen Bedingungen..." - "nämlich unter der Bedingung, daß jede Bejahung wahr oder falsch ist. Diese Bedingung hat keine Allgemeingültigkeit, sie findet keine Anwendung bei nicht genauer bestimmten Aussagen"[9]. Aristoteles bringt das Bivalenzprinzip ein.

"Deshalb ist nichts und geschieht nichts durch Glück oder Zufall. Es wird auch nichts durch Glück oder Zufall sein oder nicht sein, sondern alles geschieht aus einer Notwendigkeit heraus und nicht durch Zufall" 18b5-18b8

Den Zufallsbegriff problematisiert Aristoteles, der mit den mythologischen Vorstellungen einer allesumfassenden Moira vertraut ist, nicht weiter. Von der Ebene der Aussagenlogik springt Aristoteles an dieser Stelle auf die Ebene des Determinismusproblems. Unter Determinismus versteht man "die Überzeugung,

---

[8] V. Rijen 1989:104.

[9] Anscombe 1972:213.

daß, wenn A im Zeitpunkt t die Eigenschaft b besitzt, es dann zu jedem Zeitpunkt, der früher ist als t, wahr ist, daß A im Zeitpunkt t die Eigenschaft b hat."[10]

"Ferner: wenn etwas jetzt weiß ist, so war es wahr, vorher zu sagen, daß es weiß sein werde; deshalb war es immer wahr, von allem, was jemals geworden ist, zu sagen: 'es ist oder es wird sein.' Doch wenn es immer wahr war zu sagen: 'es ist oder es wird sein', dann ist es unmöglich, daß solches nicht ist oder nicht sein werde. Aber wenn es nicht möglich ist, daß etwas nicht werde, dann ist es unmöglich, nicht zu werden. Doch wenn etwas unmöglich nicht werden kann, dann muß es notwendigerweise werden"

"Folglich muß notwendigerweise alles werden, was künftig sein wird. Also wird nichts durch Zufall oder durch Glück sein; denn wenn es durch Glück geschähe, geschähe es nicht notwendig." 18b10-18b17

"Die Dialektik schlägt einen ganz in den Bann; obwohl ich mich mit dem Kniff dieses Kapitels vertraut gemacht habe, kann ich diese Stelle nicht lesen, ohne momentan überzeugt zu werden."[11] Aristoteles formuliert ein Argument für den Fatalismus. Er stützt sich dabei auf das Bivalenzprinzip, das besagt, daß eine Aussage entweder wahr oder falsch ist. Zweitens appliziert Aristoteles das Prinzip, daß der Wahrheitswert einer Aussage nicht mit einem Zeitindex versehen ist.

"Nehmen wir als Beispiel eine Seeschlacht: Es würde der Fall eintreten, daß morgen eine Seeschlacht weder stattfinden noch nicht stattfinden wird" 18b24-18b25

Der vorgeführte Fall scheint absurd. Das Beispiel der Seeschlacht ist die berühmte Abbreviation für das Problem von Aussagen über künftig Kontingentes geworden. Daß morgen eine Seeschlacht stattfinden wird, ist Beispiel für ein kontingentes Ereignis, das geschehen oder nicht geschehen kann.[12]

---

[10] Lukasiewicz 1988:4.

[11] Anscombe 1972:215. Ähnlich reagieren W. und M. Kneale: "There is clearly something wrong in this sort of fatalism, and Aristotle does right to reject it; but his solution of the puzzle is not at all clear" (1962:48).

[12] In Hintikkas Deutung restringiert die Interpretation dieses Ereignisses als eines kontingenten den Status der "Seeschlacht": "Ich habe angedeutet, daß Aristoteles das Ereignis der morgigen Seesschlacht für kontingent hält, weil es unter ähnlichen Umständen in der Vergangenheit und Zukunft manchmal wahr und manchmal falsch ist zu sagen, 'eine Seeschlacht wird morgen stattfinden'. Mit anderen Worten, wenn man die Kontingenz der morgigen Seeschlacht bestätigt, kann man nicht mehr von *dieser* bestimmten Seeschlacht sprechen; man spricht dann, wenn auch elliptisch, von dieser oder jener ähnlichen Seeschlacht in der Vergangenheit oder Zukunft" (Hintikka 1972:289).

"Danach wäre es überflüssig, sich zu beraten oder zu verhandeln, mit der Überlegung zum Beispiel: 'Wenn wir dies tun, dann wird dies geschehen, wenn nicht, dann wird es nicht geschehen'" 18b32-18b34

Wenn kontingente Ereignisse einer Notwendigkeit unterliegen, die Aussagen über künftig Kontingentes schon von jeher in ihrem Wahrheitswert bestimmt, dann könnte die Zukunft auch nicht mehr frei gestaltet werden, da die Kausalkette bereits determiniert wäre.

"Es ist offenkundig, daß nicht alles notwendigerweise ist oder wird, sondern manche Dinge 'zufällig', und zwar das eine Mal so, daß die Bejahung um nichts wahrer ist als die Verneinung, das andere Mal aber so, daß die eine Behauptung wahrer ist und die größte Wahrscheinlichkeit für sich hat, jedoch unbeschadet der Möglichkeit, daß auch das Gegenteil eintreten kann und nicht jenes andere" 19a18-19a22

Eine Intuition des alltäglichen Lebens besteht nun darin, daß bestimmte Ereignisse keiner Notwendigkeit unterliegen, die diese Ereignisse erzwingt. Es gibt Ereignisse, die geschehen oder eben nicht geschehen können. Behauptungen über das Eintreten dieser Ereignisse haben eine bestimmte Wahrscheinlichkeit, sind jedoch prinzipiell offen, da prinzipiell auch das Gegenteil des Behaupteten eintreffen kann.

"Das Sein dessen, was ist, wenn es ist, und das Nichtsein dessen, was nicht ist, wenn es nicht ist, ist notwendig. Aber das heißt nicht, daß alles, was ist, notwendig ist und auch nicht, daß das, was nicht ist, notwendig nicht ist. Es ist nämlich nicht dasselbe, [zu sagen] 'Alle Seiende ist notwendig, wenn es ist' und [zu sagen] 'Alles Seiende ist schlechthin mit Notwendigkeit'. Ähnlich verhält es sich im Fall von dem, was nicht ist." 19a23-27

Das ist der Kern der Lösung, die Aristoteles vorschlägt. Die Distinktion, die Aristoteles einführt, ist die Unterscheidung "zwischen der Aussage, daß etwas notwendig ist, wenn es ist, und andererseits der Aussage, daß es haplos notwendig ist"[13]. Aristoteles' Lösung hängt ganz offensichtlich am Notwendigkeitsbegriff, der eventuell in dem Sinn aufzufassen ist, "daß die Himmelskörper und ihre Bewegungen in diesem seinen Sinne notwendig seien".[14] Eine ähnliche Intuition hat ja auch Leibniz vertreten: "Unumquodque, quando est, oportet esse".[15] Lukasiewicz hat diesem Prinzip in seiner Arbeit "Aristotle's Syllogistic.

---

13 Hintikka 1972:272. Im Original griechisches Wort in griechischen Buchstaben.

14 Anscombe 1972:220.

15 Philosophische Schriften, ed. Gerhardt, vol. vi, p. 131 (nach Lukasiewicz 1958, 151).

From the Standpoint of Modern Formal Logic" einen eigenen Abschnitt gewidmet.[16]

> *"Ich meine aber, daß es notwendig ist, daß morgen eine Seeschlacht stattfindet oder nicht stattfindet, aber daß es nicht notwendig ist, daß morgen eine Seeschlacht stattfinde, und ebensowenig, daß sie nicht stattfinde. Nur dies ist notwendig: entweder findet sie statt oder sie findet nicht statt"* 19a30-19a33

Die eben skizzierte Alltagsintuition wird noch einmal mit dem Beispiel der Seeschlacht verdeutlicht. Daß morgen eine Seeschlacht stattfinden wird, ist ein kontingentes Ereignis: Weder ist es notwendig, daß sie stattfindet, noch ist es notwendig, daß sie nicht stattfindet. Daher ist es denn auch heute der Satz, daß eine Seeschlacht stattfinden wird weder wahr noch falsch.[17] Damit wird das Bivalenzprinzip (nach dem eine Aussage entweder wahr oder falsch ist) erschüttert. Im vorliegenden Fall ist es nach Aristoteles lediglich notwendig, daß die Seeschlacht entweder stattfindet oder nicht stattfindet.[18]

Die Problemstellung des Aristoteles hat Jan Lukasiewicz in seiner Rektoratsansprache an der Universität Warschau 1922/23 zum Anlaß genommen, für eine mehrwertige Logik zu plädieren und den Determinismus zu verwerfen.[19] Die Frage, die sich auch im Alltag stellt (das Beispiel: Hans traf Paul gestern mittag auf dem Altstädter Platz), ist simpel - "ob es auch zu jedem früheren Zeitpunkt als gestern mittag schon wahr gewesen ist, daß Hans den Paul gestern mittag auf

---

[16] Lukasiewicz 1958:151ff. Dabei unterscheidet er zwei Notwendigkeitsbegriffe, je nachdem ob sich der Begriff auf Sätze oder Propositionen bezieht. Das Prinzip ist zweideutig: "Its first meaning seems to be akin to syllogistic necessity, which is a necessary connexion not of terms, but of propositions" (151). Diese hypothetische Notwendigkeit wird auf singuläre Sätze über Ereignisse angewandt, die immer mit einer zeitlichen Qualifikation bestückt sind.

[17] "In dem berühmten 9. Kapitel seiner Schrift *De Interpretatione* scheint Aristoteles zu dem Ergebnis zu kommen, der Satz 'Morgen wird eine Seeschlacht stattfinden oder morgen wird keine Seeschlach stattfinden' sei schon heute wahr, und zwar notwendig wahr; hingegen sei weder der Satz 'Morgen wird eine Seeschlacht stattfinden' noch der Satz 'Morgen wird keine Seeschlacht stattfinden', schon heute wahr. Diese Sätze beziehen sich vielmehr auf zukünftige kontingente Ereignisse und deshalb seien sie weder wahr noch falsch. Auch die Stoiker haben Aristoteles so verstanden und seine Auffassung als Anhänger des Determinismus abgelehnt, ebenso verstanden ihn die Epikureer, die freilich ihn und den Indeterminismus verteidigten" (Lukasiewicz 1988:18); diese Auffassung, daß nach Aristoteles Aussagen über zukünftige Ereignisse keinen Wahrheitswert haben, findet sich auch bei Quine 1953.

[18] Entscheidend ist für Aristoteles "dies, daß das 'Entweder p oder nicht-p' immer notwendig ist; und dies ist jene Notwendigkeit, mit der wir vertraut sind" (Anscombe 1972:227).

[19] Lukasiewicz 1988.

dem Altstädter Platz in Warschau treffen würde". Intuitionen, auf die wir rekurrieren könnten, bieten sich nicht an. Auf jeden Fall ist diese Frage die Scheide zwischen Determinismus und Indeterminismus.[20]

Entscheidend dafür, das Argument des Aristoteles als Argument für den Determinismus verwenden zu können, ist der Notwendigkeitsbegriff: "Tatsachen der Vergangenheit und der Gegenwart sind notwendig."[21] Immer wieder setzt Aristoteles, oft stillschweigend, Möglichkeit mit irgendwann zutreffender Wahrheit und Notwendigkeit mit zeitunabhängiger Wahrheit gleich.[22] Sowohl dieser extensionalistische Möglichkeitsbegriff als auch dieser Notwendigkeitsbegriff sind uns fremd: "Wenn p eine gegenwärtige oder vergangene Situation beschreibt, dann ist entweder p notwendig wahr oder -p ist notwendig wahr; und hier hat 'notwendig wahr' eine Bedeutungsnuance, welche uns fremd vorkommt."[23] Zweitens läßt sich Aristoteles' Argument nur dann für den Determinismus verwenden, wenn man den Wahrheitsbegriff in seinem Sinn verwendet: "The argument in chapter 9 is faulty because he thinks of the predicates 'true' and 'false' as applicable to something (probably a sentence) at a certain time. What puzzles him is the fact that we can say, 'It is NOW true that there will be a naval battle tomorrow'. But the 'now' is superfluous"[24]. Kneale weisen auf die Unterscheidung von Wortformationen und Propositionen hin; ausschließlich auf letztere bezieht sich der Wahrheitsbegriff.[25]

Aristoteles präsentiert in seiner Problemskizze zwei kontradiktorische Sätze: "Morgen wird eine Seeschlacht stattfinden" und "Morgen wird keine Seeschlacht stattfinden". "Zwei berühmte Prinzipien, die von Aristoteles formuliert wurden, das Prinzip des ausgeschlossenen Widerspruchs und das Prinzip des ausgeschlossenen Dritten, beziehen sich auf kontradiktorische Sätze."[26] Ersteres

---

[20] Vgl. die Darstellung von Gilbert Ryle, Dilemmas, Kap. 2

[21] Anscombe 1972:229.

[22] Der aristotelische Möglichkeitsbegriff legt nahe, daß sich diese Möglichkeit einmal realisieren kann; vgl. METAPHYSIK H 3, 1047a10-14; vgl. auch TOPIK VI 6, 145b27-30, DE CAELO I 12, 282a 27-30; dazu: Lovejoy 1978:52; Hintikka 1973:93-113; Hintikka 1972:264f, 276.

[23] Anscombe 1972:227. Wittgenstein geht in seinem "Tractatus" übrigens von einem ähnlichen Notwendigkeitsbegriff aus.

[24] Kneale 1962:51.

[25] "The important thing to note is that in all cases the verb 'to be' with 'true' can be eliminated in such a way as to leave a sentence expressing a proposition which entails and is entailed by the proposition expressed by the original sentence" (Kneale 1962:52). Der Präfix "Es ist wahr, daß" fügt keine zusätzliche Information hinzu. Daher kann auch kein Argument für den Determinismus abgeleitet werden. Schließlich habe Aristoteles auch übersehen, daß sich logische Verbindungen auch zwischen nicht-deklarativen Sätzen herstellen lassen.

[26] Lukasiewicz 1988:5; vgl. Kneale 1962:47.

besagt, daß zwei kontradiktorische Sätze nicht zusammen wahr sein können - einer der beiden kontradiktorischen Sätze muß also falsch sein; letzteres (das "tertium non datur") besagt, daß zwei kontradiktorische Sätze nicht zusammen falsch sein können - einer der beiden kontradiktorischen Sätze muß wahr sein. Daß Aristoteles im neunten Kapitel von "Peri hermeneias" die Distinktion zwischen dem "Gesetz vom ausgeschlossenen Dritten" (Ein Satz der Form "p oder nicht p" ist immer wahr) und dem Bivalenzprinzip (Jeder Satz ist entweder wahr oder falsch) eingeführt habe, wird von Hintikka heftig bestritten.[27] Für viele Interpreten ist diese Unterscheidung jedoch zum Fundament ihrer Auslegung geworden.

Einige Interpreten haben Aristoteles nämlich nun so verstanden, daß er zwar an der Notwendigkeit der Wahrheitswerte festgehalten, diese aber in bezug auf Aussagen über zukünftiges Kontingentes nicht für applikabel gehalten hat.[28] Aristoteles scheint einer gängigen Interpretation gemäß das Bivalenzprinzip in Frage gestellt und am Gesetz vom ausgeschlossenen Dritten festgehalten zu haben.[29] Die Entscheidung über den Wahrheitswert futurischer Aussagen würde dann zeitlich verschoben werden[30], das Bivalenzprinzip ließe sich nicht durch-

---

[27] Hintikka 1972:260, 278ff.

[28] Dies ist die "traditionelle Interpretation", der sich Kneale und Lukasiewicz angeschlosssen haben und die von Hintikka angegriffen wird - "die Ansicht, die ich grundsätzlich kritisieren möchte, gipfelt in der Behauptung, daß Aristoteles in *De Interpretatione* die Anwendbarkeit des Gesetzes vom ausgeschlossenen Dritten auf Aussagen, die individuelle zukünftige Ereignisse betreffen, verneint habe" (Hintikka 1972:260).
In diesem Sinn wurde Aristoteles schließlich im scotischen Umfeld zitiert (siehe FN 6); das heißt, da es keine von vornherein feststehende Wahrheit in bezug auf künftige kontingente Ereignisse gibt, kann auch nicht von einer "necessitas" gesprochen werden, die für die Zuschreibung von Wahrheitswerten verlangt ist.

[29] "It is important to make this distinction here for what Aristotle appears to be doing in this chapter is to question the Principle of Bivalence while accepting the Law of Excluded Middle" (Kneale 1962:47).

[30] Vgl. die Darstellung von J.L. Ackrill 1963:132-142. Eine von ihm vorgeschlagene Auslegung: "Aristotle holds that a statement with a truth-value automatically has a necessity-value (if true, necessary; if false, impossible), but he claims that a statement may lack a truth value and acquire one later ... He agrees that true statements mirror facts; but instead of accepting that since every statement is true or false all the facts are already there to be mirrored, he argues that since many future events are not yet determined statements about such events are not yet true or false - though in due course they certainly will be" (140). Aristoteles hält an einer "rather crude realistic correspondence theory of truth" (ibd) fest.
Dieser Deutung hält auch Hintikka durchaus für möglich: "Aristoteles mag angenommen haben, daß die Wahrheit und Unwahrheit einer Aussage (zu einem bestimmten Zeitpunkt) abhänge von ihrer Übereinstimmung oder fehlenden Übereinstimmung mit den Tatsachen, *wie sie in diesem bestimmten Augenblick vorliegen.* Es ist nicht unmöglich, daß Aristoteles'

halten. Jaakko Hintikka hat Aristoteles dahingehend verstanden, "primär eher das Problem der Wahrheit zu jeder Zeit - oder genauer der Wahrheit in der unbegrenzten Vergangenheit - als der Wahrheit in der Zukunft"[31] aufwerfen zu wollen.[32]

Denn der aristotelische Kontingenzbegriff ist ein Verständnis *synchroner Kontingenz.*[33] Jedes Ereignis, das eben in diesem Moment eintrifft, trifft notwendigerweise ein; der kontingente Status dieses Ereignisses bedeutet nur, daß das Gegenteil dieses zu einem anderen Zeitpunkt (nicht zur selben Zeit!) eintreffen kann. "Kontingenz" bedeutet damit letztlich nur Veränderung in der Zeit. Im Fall von zukünftigen Ereignissen scheint unsere Analysekapzität zu begrenzt zu sein, um herausfinden zu können, ob p oder -p eintreffen wird. Das Ereignis, das sich einstellt, trifft im aristotelischen Kontext jedoch mit Notwendigkeit ein - dann müßte es aber auch eine von vornherein feststehende Wahrheit der Aussagen über Zukünftiges geben, sie kann nur von uns nicht bestimmt werden.

Wenn es nun aber "determinata veritas" in bezug auf Propositionen über künftiges Kontingentes gibt, geschieht nichts kontingenterweise, alles ist notwendig bestimmt und der Begriff der moralischen Ordnung bricht auf diese Weise zusammen. Wenn es aber "Wahrheit" in diesem Sinn nicht gibt, kann über künftiges Kontingentes nichts gewußt werden und auch Gott ist damit weder allwissend, noch kann von einer "providentia Dei" gesprochen werden,

---

Version der Korrespondenz-Theorie der Wahrheit eine Theorie der *momentanten* Korrespondenz war" (289f).

Interessant an dieser Deutung ist vor allem der Hinweis auf die Verknüpfung von Erkenntnistheorie und Modallogik, die im vorliegenden Zusammenhang vorliegt. Aristoteles kann den Wahrheitswert und den Notwendigkeitsbegriff nur deswegen verknüpfen, weil der an einer "Abbildtheorie" der Sprache festhält. Das mag auch für Wittgenstein die Motivation sein, mit dem Notwendigkeitsbegriff in der erwähnten Weise zu verfahren.

[31] Hintikka 1972:267. M.a.W.: Aristoteles Grundproblem in diesem Kapitel ist "die Beziehung zeitlich qualifizierter zu zeitlich unqualifizierten Sätzen" (285).

[32] In nuce: Aristoteles hält den Wahrheitswert einer Aussage durchaus für veränderlich: "Was Sätze betrifft, die sich auf individuelle Ereignisse beziehen, gibt es im ganzen aristotelischen Schriftencorpus kein Beispiel, wo ihr Inhalt mit einer objektiven Chronologie verknüpft ist, so daß sie vom Zeitpunkt ihrer Aussage unabhängig sind" (Hintikka 1972:264). Dies hat zur Folge, daß diese Sätze nach Ansicht des Aristoteles ihren Wahrheitswert sehr wohl ändern können.

Aristoteles ringt nach Hintikka in erster Linie damit, "daß er mit der Tatsache Schwierigkeiten hatte, daß eine richtige Prädikation während einer unbegrenzten Zeit in der Vergangenheit richtig gewesen sein muß" (284).

[33] Vgl. Dekker et. al 1994:24f.

Konsequenzen, die es in einem christlichen Kontext selbstredend zu vermeiden gilt.

Resumé: Die Frage nach Allwissen, Freiheit und Kontingenz ist seit Aristoteles auch in den Rahmen einer logischen Untersuchung über den Status von Sätzen über Futurisch-Kontingentes einzubetten. Der Status ist mittels der beiden - sprachphilosophisch verstandenen - Parameter "Wahrheit" und "Notwendigkeit" zu bestimmen. Von da aus läßt sich eine Rede von "Determinismus" und "Fatalismus" entfalten.

2.2 Augustinus

Die aristotelischen Überlegungen zum Status von Aussagen über zukünftig Kontingentes scheinen Augustinus nicht beeinflußt zu haben. Er nennt die einschlägigen Stellen von "Peri hermeneias" kein einziges Mal. Sein Anknüpfungspunkt ist denn auch weniger die modallogische Problematik von Wahrheit und Notwendigkeit, als das existentielle Problem des Fatalismus, das er Ciceros "De fato" entnimmt.[34] Im Frühchristentum hat ja der scharfe Kritiker des Christentums, Celsus, das Christentum aufgrund der fatalistischen Konsequenzen kritisiert, die Jesu Vorauswissen von seinem eigenen Verrat aufwirft.[35] Auf diese Polemik hatte Origines mit seiner Schrift "Contra Celsum" reagiert[36], worin er zwischen Vorherwissen und kausaler Vorherbestimmung unterschied. Diese Distinktion kommt auch im augustinischen Denken zum Tragen.

Augustinus, der als "Erzvater der Prädestinationslehre"[37] bekannt geworden ist, also weniger aufgrund seiner Ausführungen zum göttlichen Vorauswissen, hat in seiner Denkentwicklung gerade in dieser Frage große Umbrüche erlebt. Von einer antimanichäischen Stoßrichtung ausgehend, die dann im Straßengraben des Pelagianismus zu enden drohte, wendet er sich hin zu einer Lehre der unbedingten Prädestination, die unabhängig vom Wollen und Handeln des Menschen erfolgt. In diesem Zusammenhang soll jedoch nur die Frage nach dem göttlichen Vorherwissen und der menschlichen Freiheit interessieren.

---

[34] Cicero, De fato, v.a. 21 und 37; explizite Replik auf Cicero in "De civitate", Liber 5, c. 9 (siehe unten); vgl. José Oroz Reta 1981.

[35] Vgl. Craig 1988:59.

[36] Origines, "Contra Celsum", v.a. 2.18-20.

[37] G. Kraus 1977:20.

Zunächst behandelt Augustinus die Frage nach Prädestination und Providenz im Rahmen der Theodizeeproblematik auf antimanichäischem Hintergrund. Das einschlägige Hauptwerk der

Frühzeit ist die Schrift "De libero arbitrio", das als die pragmatische Fortsetzung seines Werkes "Die Ordnung" angesehen werden kann. In der "Ordnung" hatte er bereits die Frage nach der Vorsehung auf dem Hintergrund des Mysteriums des Bösen gestellt[38] und "schwierige Fragen" aufgeworfen - etwa, "wieso Gott, Der selbst nichts Böses tut und allmächtig ist, so viel Böses tun läßt; zu welchem Zweck Er überhaupt die Welt erschuf, Der sie von Sich aus gar nicht brauchte; ob das Böse immer war, oder mit der Zeit begann, und wenn es immer war, ob es unter der Bedingung Gottes stand; und wenn es so war, ob auch diese Welt immer war, in welcher das Böse durch göttliche Ordnung gezähmt wurde; wenn aber diese Welt einmal zu sein begonnen hat, wie war es dann vorher: wurde da das Böse unter der Macht Gottes gehalten; was für eine Notwendigkeit war, eine Welt zu schaffen, in der das Böse, das ja bereits Gottes Macht bändigte, zur Strafe der Seelen mitaufgenommen wurde."[39] Deutlich klingt der manichäische Hintergrund dieses Fragens an, auch wenn die angebotenen Lösungswege einer Vermittlung von "Ordnung" und dem "malum" noch sehr unausgereift erscheinen.[40]

---

[38] "Denkt man also darüber nach, so fühlt man sich fast gezwungen zu glauben, daß sich entweder die göttliche Vorsehung nicht bis auf das Letzte und Tiefste dieser Welt ausdehnt, oder daß tatsächlich alles Schlechte mit dem Willen Gottes vor sich geht" ("Quamobrem illud quasi necessarium iis quibus talia sunt curae, credendum dimittitur aut divinam providentiam non usque in haec ultima et ima pertendi, aut certe mala omnia Dei voluntate committi" (De ordine, l. 1, c.I, 1); wenn man dieses Dilemma konstruiert, neigt man nach Augustinus eher noch dazu, die Vorsehung zu vernachlässigen, aber auch das ist gottlos, wenn man sich die wunderbare Schöpfung ansieht: "O großer Gott, wer könnte verneinen, daß Du alles mit Hilfe der Ordnung leitest? Wie hält sie alles!" ("Quis neget, Deus magne, inquit, te cuncta ordine administrare? Quam se omnia tenent!" (De ord. l. 1, c. V, 14)

[39] "Quomodo Deus et nihil mali faciat, et si omnipotens, et tanta mala fiant; et cui bono mundum fecerit, qui non erat indigus; et utrum semper fuerit malum, an tempore coeperit; et, si semper fuit, utrum sub conditione Dei fuerit; et, si fuit, utrum etiam iste mundus semper fuerit, in quo illud malum divino ordine dominaretur; si autem hic mundus aliquando esse coepit, quomodo antequam esset, potestate Dei malum tenebatur; et quid opus erat mundum fabricari, quo malum quod jam Dei potestas frenabat, ad poenas animarum includeretur?" (De ord., l.2, c.XVI, 46).

[40] Etwa in der Formulierung: "Gott liebt das Böse nicht, und zwar aus dem Grund allein, weil es nicht in der Ordnung ist, daß Gott das Böse liebt. Und die Ordnung liebt er deshalb so sehr, weil er durch sie das Böse nicht liebt" (18). Letztlich rettet sich Augustinus mit Verweis auf das undurchschaubare, doch wunderbare Wirken Gottes, womit sich selbst Mysterien wie das Leben der Sünder unter Gottes Vorsehung behandeln lassen: "Obgleich das ganze Leben der Toren durch sie selbst kaum folgerichtig, noch im geringsten

"De libero arbitrio", 388 in Rom begonnen und in einer kontenplativen Stimmung niedergeschrieben, ein subtil und definitiv ausgearbeitetes Werk[41] in drei Büchern, ist antimanichäisch orientiert und stellt die Frage nach dem Ursprung des Bösen[42], das einzig dem Menschen anzulasten ist.[43] Da der freie Wille jedoch von Gott kommt, drängt sich natürlich sofort die Befürchtung auf, daß Gott, der uns den freien Willen gegeben hat deshalb doch Urheber unserer Sünden sei - "et metuendum est ne hoc modo Deus etiam malefactorum nostrorum auctor existimetur"[44]. Daher lautet die Fragestellung im zweiten Buch: Warum hat uns Gott unter diesen Umständen den freien Willen gegeben? ("... quare dederit Deus homini liberum voluntatis arbitrium: quod utique si non accepisset, peccare non potest?"[45]. Ist der freie Wille des Menschen überhaupt ein Gut?

Augustinus, der in diesem Dialog den Evadius belehrt, läßt keinen Zweifel daran, daß der Wille ein Gut sei[46], und zwar ein "mittleres Gut", weil er gut und

---

geordnet ist, wird es dennoch von der göttlichen Vorsehung in die notwendige Ordnung der Dinge miteingeschlossen und durch ein unaussprechliches und ewiges Gesetz gleichsam auf einen festgesetzten Bereich beschränkt, über den es nicht hinausdarf"(47).

41 Auch der späte Augustinus sah sich nicht veranlaßt, Inhalte dieser Schrift später zu verwerfen - vgl. Retractationes, c. IX.

42 p. 3; "Cum adhuc Romae demoraremur, voluimus disputando quaerere unde sit malum" (Retractationes, c. IX, 1). Die Antwort ist klar: "malum non exortum nisi ex libero voluntatis arbitrio" (ibd). Von dieser Prämisse aus hat Augustinus, der Gott mit dem Bösen in keiner Weise (nicht kausal, nicht im Sinne eines Gegenprinzips) verbinden kann, zu operieren.

43 Das Böse (bei Augustinus gekoppelt an den "libido"- und den "cupiditas"-Begriff) rührt vom freien Willen des Menschen her ("nulla res alia mentem cupiditatis comitem faciat, quam propria voluntas et liberum arbitrium" (I, c. XI, 21). Dies sei deshalb so, weil die Struktur der Sünde in der Abwendung von den göttlichen und wahrhaft bleibenden Dingen besteht und diese Abwendung durch den freien Willen zustandekomme ("omnia peccata hoc uno genere contineri, eum quisque avertitur a divinis vereque manentibus, et ad mutabilia atque incerta convertitur ... Nisi enim fallor, ut ratio tractata monstravit, id facemus ex libero voluntatis arbitrio"; I, c. XVI, 35).

44 De libero arbitrio I, c. XVI, 35.

45 Ibd., II, c.I, 1.

46 Der Mensch als Mensch ist ein Gut, weil er rechtschaffen leben kann - und dazu ist der freie Wille conditio sine qua non ("Homo enim ipse in quantum homo est, aliquod bonum est; quia recte vivere, cum vult, potest ... Si enim homo aliquod bonum est, et non posset, nisi cum vellet, recte facere, debuit habere liberam voluntatem, sine qua recte facere non posset"; II, c.1, 2f). Der Mensch ist also nur unter der Rücksicht seines freien Willens ein Gut, weshalb der freie Wille erst recht ein Gut sein muß. Außerdem angesichts der Schönheit der Schöpfung und deren wunderbarer Ordnung: "Was wäre es also für eine Verkehrtheit, etwas so Geringes und Niedriges wie unsere Haare bereits zu den Gütern zu zählen und Gott als ihren Spender zu nennen, aber über den freien Willen Zweifel zu hegen, ohne den auch der unsittlichste Mensch seiner Überzeugung nach nicht richtig

schlecht gebraucht werden kann (im Gegensatz zu "großen Gütern", die nur gut gebraucht werden können - wie zum Beispiel Tugenden - und im Gegensatz zu den kleinsten Gütern, ohne die ein rechtes Leben durchaus möglich ist - wie zum Beispiel einer ansehnlichen äußeren Gestalt). Damit klärt sich auch die Frage nach dem Ursprung des Bösen ein wenig: Die Abwendung von Gott stammt nicht aus Gott, sondern aus dem freien Willen des Menschen. Das heißt, Gesetzmäßigkeiten können nicht zur Anwendung kommen, wie dies in rerum natura der Fall ist, was auf eine Problemstellung hinweist[47]:

> "Dann quält es mich ja auch so unbeschreiblich, wie es zugehen kann, daß Gott auf der einen Seite alles künftige Geschehen vorausweiß, während wir ungeachtet dessen sündigen sollen. Denn wenn man sagte, es könne etwas anderes kommen, als Gott es vorher bereits weiß, würde man in wahnsinnigster Gottlosigkeit das Vorauswissen Gottes in Frage stellen. Da nun Gott im voraus wußte, daß der erste Mensch sündigen würde, was jeder zugeben wird, der mit mir vom Vorwissen Gottes um alles Zukünftige überzeugt ist: obwohl das also feststeht, behaupte ich gewiß nicht, Gott habe etwa den Menschen nicht geschaffen ... aber das sage ich: da Gott ja vorauswußte, daß der Mensch sündigen werde, mußte doch notwendigerweise das eintreten, was Gott als zukünftiges Geschehen vorauswußte. Wie kann da der Wille noch ein freier sein, wo die Notwendigkeit so unausweichlich scheint?"[48]

---

leben kann! Ich bitte dich, sag mir also geradeheraus, was dir besser in uns erscheint: etwas, ohne das man recht leben kann, oder etwas, ohne das man nicht recht leben kann" ("Quae igitur ista est tanta perversitas, capillos nostros quamvis inter exigua et omnino objectissima tamen inter bona numerare, nec invenire cui auctori tribuantur nisi bonorum omnium conditori Deo, quia et maxima et minima bona ab illo sunt, a quo est omne bonum, et dubitare de libera voluntate sine qua recte vivi non posse concedunt, etiam qui pessime vivunt? Et certe nunc respondeo, quaeso, quid tibi meliud esse videatur in nobis, sine quo recte vivi potest, an sine quo recte vivi non potest" (De lib.arb. 2, c. XVIII, 49).

47 Augustinus setzt sich daher in diesem Zusammenhang auch mit der Ordnung der Natur auseinander, die sich klar von der Ordnung der Freiheit unterscheidet: In der Natur ist alles durch Notwendigkeit bestimmt, von einem Stein zu sagen, er sündige, ist nicht bloß dümmer als der Stein selbst, sondern geradezu irrsinnig ("Hinc est quod lapidem si quis dicat peccare quod pondere suo tendit in infima, non dicam ipso lapide stolidior, sed profecto demens judicatur"; III, c.I, 2). In der Handlungsordnung des Menschen aber wird es problematisch: Wie kann das Vorauswissen Gottes mit den freien, bösen Handlungen des Menschen zusammengebracht werden ("... ineffabiliter me movet, quomodo fieri possit ut et Deus praescius sit omnium futurorum, et nos nulla necessitate peccamus"; III, c. II, 4).

48 "Quae cum ita sint, ineffatibiliter me movet, quomodo fieri posset ut et Deus praescius sit omnium futurorum, et nos nulla necessitate peccemus. Quisquis enim dixerit aliter evenire posse aliquid quam Deus ante praescivit, praescientiam Dei destruere insanissima impietate molitur. Quapropter, si praescivit Deus peccaturum esse primum hominem, quod

William Rowe faßt das Argument in sechs Punkten zusammen[49]:

(1) Gott weiß alle künftigen Ereignisse voraus.
(2) Also, wenn ein Mensch sündigen wird, weiß Gott voraus, daß er sündigen wird.
(3) Was immer Gott vorausweiß, muß notwendigerweise geschehen.
(4) Also, wenn Gott vorausweiß, daß ein Mensch sündigen wird, muß dieser notwendigerweise sündigen.
(5) Aber wenn dieser Mensch notwendigerweise sündigen muß, ist keine willentliche Wahl in seinem Sündigen.
(6) Daher hat dieser Mensch keinen freien Willen.[50]

Wie geht Augustinus nun mit dieser - existentiellen - Schwierigkeit um? Zunächst gibt er einen spirituellen Rat[51] und rekonstruiert dann noch einmal die

---

necesse est concedat mihi quisquis mecum omnium futurorum praescium fatetur Deum; si ergo ita est, non dico non eum faceret, bonum enim fecit, nec obesse quidquam Deo posset peccatum ejus quem bonum ipse fecit: imo in quo faciendo bonitatem suam ostenderat, ostendit etiam in puniendo justitiam et in liberando misericordiam: non itaque dico, non eum faceret; sed hoc dico, quoniam peccaturum esse praesciverat, necesse erat id fieri, quod futurum esse praesciebat Deus. Quomodo est igitur voluntas libera ubi tam inevitabilis apparet necessitas?" (De lib.arb. 3, c. II, 4).

49 W.L. Rowe 1964-5:356f; Plantinga (1986:235-269) faßt das Problem in vier Punkten zusammen:
(a) Wenn Gott vorausweiß, daß S A tun wird, dann muß es der Fall sein, daß S A tun wird.
(b) Wenn es der Fall sein *muss*, daß S A tun wird, dann steht es nicht mehr in der Macht von S, A nicht zu tun.
(c) Wenn es aber nicht in der Macht von S ist, A nicht zu tun, dann ist S in bezug auf A nicht frei.
Also (d) Wenn Gott vorausweiß, daß S A tun wird, dann ist S in bezug auf A nicht frei.

50 Eine andere Rekonstruktion, Rowe kritisierend, bietet J. Hopkins (1977:115):
- Wenn Gott vorausweiß, daß ein Mensch sündigen wird, ist es notwendig, daß dieser Mensch sündigt.
- Wenn es notwendig ist, daß der Mensch sündigt, dann sündigt der Mensch nicht willentlich, sondern aufgrund einer Notwendigkeit.
- Entweder Gott weiß nicht alle künftigen Ereignisse im vorhinein, oder der Mensch sündigt nicht willentlich, sondern aufgrund einer Notwendigkeit.
Der Vorteil dieser Rekonstruktion liegt in der Dilemmaform, die die Aporie, auf die Augustinus zu stoßen scheint, deutlich zum Ausdruck bringt.

51 Augustinus stellt fest, daß die "Mehrzahl der Menschen nur deshalb von dieser Frage gequält werden, weil sie nicht gewissenhaft genug forschen und beim Entschuldigen ihrer Sünden schneller sind als beim Bekennen" ("Verumtamen maximam partem hominum ista quaestione torqueri non ob aliud crediderim, nisi quia non pie quaerunt, velocioresque sunt ad excusationem, quam ad confessionem peccatorum suorum" (l.III, c. II, 4). Zugleich warnt Augustinus davor, sich "billig" unter das Schicksal der Sterne zu stellen.

Problemstellung von allmächtigem göttlichem Vorauswissen und menschlicher Freiheit.[52] Die Frage spitzt sich nun zu: Gott weiß alles Künftige voraus, der Mensch in seiner Freiheit sündigt. Liegt dann nicht aber doch eine Notwendigkeit vor, die jede Rede von Freiheit unsinnig erscheinen läßt? Stehen wir nicht in einem Dilemma, entweder das umfassende Vorwissen Gottes zu streichen oder das Sündigen als aus einer Notwendigkeit herauskommend zu verstehen?

In seinem Lösungsweg kann Augustinus die subtile, mit aristotelischer Terminologie (Kausalitätsmodell) angereicherte Problemlage des Mittelalters unberücksichtigt lassen: Gottes Vorauswissen beläßt die Freiheit des Menschen, ebenso wie das Wissen des Menschen um die Handlungsabsichten eines Anderen nicht dessen Handlungsfreiheit einschränkt, Gott kennt unseren Willen im voraus, aber es wäre kein Wille, wenn er nicht in unsere Gewalt gegeben wäre, und Gott weiß auch im voraus um diese, unsere Gewalt. "So wie das Vorherwissen Gottes dir nicht den Willen zur Glückseligkeit nimmt, sobald du anfängst selig zu werden, weil er sich heute bereits deiner künftigen Glückseligkeit sicher ist: ebenso wird auch ein sündiger Wille, wenn er sich einmal in dir äußern sollte, nicht deshalb aufhören, dein Wille zu bleiben, weil Gott auch ihn als künftig bereits vorausweiß"[53]. Wir haben also "keine Ver-

---

52 "Was dich beunruhigt und wundert, ist wohl der Umstand, daß Gott zwar alles Zukünftige vorausweiß, wir aber weder im Gegensatz hierzu, noch dem widersprechend, ohne genötigt zu sein, aus unsrem Willen heraus sündigen. Wenn nämlich Gott vorwissend sei, daß der Mensch sündigen werde, sagst du, dann sei es unvermeidlich, daß er sündigt: in diesem Falle aber liege dem Sündigen keine Willensentscheidung, sondern vielmehr eine unausweichliche und unabänderliche Notwendigkeit zugrunde. Nach dieser Überlegung fürchtest du offenbar, daß man folgerichtig das umfassende Vorwissen Gottes einfach leugnen muß, oder, wenn wir es nicht leugnen können, daß wir eingestehen, es werde nicht mit dem Willen, sondern aus Notwendigkeit gesündigt".

("Certe enim hoc te movet, et hoc miraris, quomodo non sint contraria et repugnantia, ut et Deus praescius sit omnium futurorum, et nos non necessitate, sed voluntate peccamus. Si enim praescius est Deus, inquis, peccaturum esse hominem, necesse est, ut peccet: si autem necesse est, non ergo est in peccando voluntatis arbitrium, sed potius inevitabilis et fixa necessitas. Qua ratiocinatione hoc videlicet ne conficiatur times, ut aut Deus futurorum omnium praescius impie negetur, aut si hoc negare non possumus, fateamur non voluntate, sed necessitate peccari" (III, c.III, 6).

53 "Sicut autem voluntatem beatitudinis, cum esse coeperis beatus, non tibi aufert praescientia Dei quae hodieque de tua futura beatitudine certa est: sic etiam voluntas culpabilis, si quae in te futura est, non propterea voluntas non erit, quoniam Deus eam futuram esse praescivit" (De lib.arb. 3, c. III, 7).

Zusatz: "Sieh dir doch, bitte, nur an, welche Blindheit dazu gehört, wenn jemand sagt: Da Gott meinen zukünftigen Willen vorherweiß, und daher alles so zugehen muß, wie Er es weiß, ist es nötig, daß ich das will, was Gott weiß; sobald es aber nötig ist, schaltet mein Wille aus, und ich muß das wollen, was sein muß" ("Attende enim, quaeso, quantita caecitate dicatur, si praescivit Deus futuram voluntatem meam, quoniam nihil aliter potest

anlassung, die beiden Tatsachen zu leugnen, daß Gott das Vorauswissen über alles Zukünftige besitzt, und wir trotzdem nach unsrem eigenen Willen wollen"[54]. Durch Gottes Vorwissen wird diese Handlungsgewalt uns nicht entzogen, sondern in ihrer Arbitrarität erst zementiert und ermöglicht.[55]

Augustinus rekurriert in seiner Lösung auf den Unterschied zwischen "Vorauswissen" und "Bewirken" ("Prädestinieren").[56] Diesen Unterschied hat er auch in seinem etwa 416 entstandenen Kommentar zum Johannesevangelium betont. Im Zusammenhang mit der Frage, warum denn die Juden nicht an Jesus Christus glauben konnten (laut Jesaja mit Notwendigkeit nicht, womit wieder die leidige Frage nach der Kausalität menschlichen Wollens auftritt), verweist er wiederum auf ihren freien Abfall von Gott und auf die Unterscheidung von "praevidere" (etwas vorauswissen) und "facere" (etwas tun).[57] Diese Unterschei-

---

fieri quam praescivit, necesse est ut velim quod ille praescivit: si autem necesse est, non jam voluntate, sed necessitate id me velle aftendum est" (ibd., 8). Was Augustinus an argumentativer Schärfe vermissen läßt, macht er an existentieller Verve wett. Die argumentative Präzision wird erst auf aristotelischem Hintergrund (explizite Problematik des Notwendigkeitsoperators) möglich.

54 "Ita fit ut et Deus non negemus esse praescium omnium futurorum, et nos tamen velimus quod volumus" (De lib.arb. 3, c. III, 8).

55 "Ita fit ut et Deum non negemus esse praescium omnium futurorum, et nos tamen velimus quod volumus. Cum enim sit praescius voluntatis nostrae, cujus est praescius ipsa erit. Voluntas ergo erit, quia voluntatis est praescius. Nec voluntas esse poterit, si in potestate non erit. Ergo et potestatis est praescius. Non igitur per ejus praescientiam mihi potestas adimitur, quae propterea mihi certior aderit, quia ille cujus praescientia non fallitur, adfuturam mihi esse praescivit" (III. c. III, 8). Das Vorauswissen Gottes depotenziert nicht den Menschen, sondern garantiert seinen Handlungsspielraum.

56 So kann Augustinus auch Gnaden- und Gerichtstheologie unterbringen: Gott erwählt Erlöste aufgrund seiner Barmherzigkeit und verurteilt die Sünder im vorhinein aufgrund seiner Gerechtigkeit; Rechenschaft von Gott fordern kann der Mensch nicht und das Böse der Sünder wird von Gott ja nur vorausgewußt, nicht bewirkt: "Wir wollen vielmehr in Wahrheit bekennen, daß, so wie vor Seiner Vorwissenheit nichts Zukünftiges verborgen liegt, auch vor Seiner Gerechtigkeit keine Sünde ihrer Verurteilung entgehen kann, weil sie mit Willen begangen und niemals durch ein Vorwissen erzwungen wird"(127). "Augustinus läßt keinen Zweifel darüber, daß die Sünde ein Gegenstand des göttlichen Vorauswissens ist; nur beinhaltet dieses Wissen weder ein Wollen, noch ein Wirken Gottes: Gott schafft die Sünde nicht; er läßt sie höchstens zu und lenkt sie unter Umständen zum Guten" (Anonymus 1972:227). Gott bewirkt aber sehr wohl das Gute der Erlösten. In den späteren Werken des Augustinus wird sich zeigen, daß damit zwar das Problem von "Vorherwissen" und "Freiheit" ansatzweise zu lösen ist, die Frage nach dem Zusammendenken von menschlicher Freiheit und göttlicher Gnade aber noch offenbleibt.

57 "... respondemus, Dominum prasecium futurorum per Prophetam praedixisee infidelitatem Judaeorum; praedixisse tamen, non fecisse ... Fecerunt ergo peccatum Judaei, quod eos non compulit facere, cui peccatum non placet" (In Ioan., Tract. LIII, 4). Augustinus verschärft die Frage noch, mit Hinweis auf die erwähnte Jesajastelle (Höret, ja, höret, doch

dung zwischen "Vorauswissen" und "Vorherbestimmen" ist ja auch Höhepunkt der Auseinandersetzung um Gottschalk von Orbais.[58]

In seinem Spätwerk rückt Augustinus inhaltlich von diesen gewonnenen Positionen nicht ab; festzuhalten bleibt sein existentielles Ringen mit diesen Fragen ("Ursprung des Bösen"), die seine manichäische Zeit begleiteten; das augustinische Anliegen ist ein theologisches, kein philosophisches. Nach der Auseinandersetzung mit den Manichäern beschäftigt ihn die Position des Pelagianus; gegen diesen richtet sich die Schrift "De gratia et libero arbitrio", gegen die Semipelagianer das Spätwerk "De Praedestinatione Sanctorum". In beiden Schriften weist Augustinus auf den Unterschied zwischen "Vorherbestimmung" und "Vorherwissen" hin, der gerade in der ungleichen Behandlung von "Vorherwissen des Guten" und "Vorherwissen des Bösen" zum Tragen kommt[59], am freien Willen hält Augustinus weiterhin fest[60], auch wenn er - gegen die Häretiker - deutlichst darauf hinweist, daß die Initiative zum Heil von Gott (der göttlichen Gnade) ausgeht und nicht vom menschlichen Willen, der der Gnade erst nachfolgt.[61] Das vertraute Dilemma zwischen Freiheit und Gnade[62] bildet

---

verstehet nicht! Sehet, ja sehet, doch erkennet nicht!...Jes.6,9f) - handelt es sich hier nicht um ursächliches Eingreifen Gottes? Augustinus bedient sich wiederum der Vereinbarkeit von Vorauswissen und Sünde: Die Juden konnten nicht glauben, weil Jesaja es vorausgesagt hatte: und Jesaja hatte es vorausgesagt, weil Gott es vorhergewußt hatte; warum die Juden aber nicht glauben konnten, liegt daran, weil sie nicht wollten ("*Non poterant credere*, quia hoc Isaias propheta praedixit: hoc autem Propheta praedixit, quia Deus hoc futurum esse praescivit. Quare autem non poterant ... respondeo, quia nolebant"; In Ioan., Tract. LIII, 6).

58 Vgl. Abschnitt A. Die lehramtlichen Aussagen in der Auseinandersetzung mit Gottschalk (in Mainz, Quiercy, Valence) waren ja nachhaltig vom augustinischen Hintergrund geprägt.

59 Gott erwählt die Erlösten aufgrund seiner Barmherzigkeit, er verwirft die Bösen aufgrund seiner Gerechtigkeit, obwohl er das Böse der Ungerechten nicht bewirkt; vgl. "De Praedestinatione Sanctorum", c.10.19: "praedestinatio est, quae sine praescientia non potest esse: potest autem esse sine praedestinatione praescientia. Praedestinatione quippe Deus ea praescivit, quae fuerat ipse facturus: unde dictum est, fecit quae futura sunt (*Isai. XLV, sec. LXX*). Praescire autem potens est etiam quae ipse non facit; sicut quaecumque peccata: quia etsi sunt quaedam, quae ita peccata sunt, ut poenae sint etiam peccatorum, unde dictum est, tradidit illos deus in reprobam mentem ut faciant quae non conveniunt (*Rom. 1, 28*); non ibi peccatum Dei est, sed iudicium".

60 "De gratia et libero arbitrio", c. 2.2: "Revelavit autem nobis per Scripturas suas sanctas, esse homine liberum voluntatis arbitrium"; als biblische Belegstellen führt Augustinus u.a. Joh 15:22 und Röm 1:18-20 an.

61 Der Erwerb der Gnade ist also eine notwendige Heilsbedingung für den Menschen; die Gnade kann freilich nicht verdient werden. Ein Theologoumenon, das Luther massiv aufgegriffen hat.

den Ausgangspunkt dieser Arbeiten, die nun weniger schöpfungstheologisch (Frage nach dem Ursprung des Bösen, wie sie Augustinus in seiner postmanichäischen Zeit stellte)[63] motiviert, sondern mehr soteriologisch (Frage nach Erwählung und Verurteilung) geprägt sind.

Dennoch findet sich noch eine schöpfungstheologisch aufgerollte Diskussion von göttlichem Vorherwissen und menschlicher Freiheit im augustinischen Spätwerk. Im "Gottesstaat" (5. Buch, Kapitel 9-11) setzt sich Augustinus noch einmal mit Cicero auseinander, der ja an der Existenz Gottes festhielt, aber das göttliche Vorauswissen leugnete, was Augustinus strikt ablehnte, "denn Gott bekennen und zugleich leugnen, daß er das Künftige vorherwisse, ist offenkundiger Wahnsinn"[64]. Augustinus rekonstruiert die Befürchtungen Ciceros, der die Willensfreiheit des Menschen nicht demolieren möchte, sich aber nicht in

---

62 "De gratia et libero arbitrio", c1.1: "Sed quoniam sunt quidam, qui sic gratiam Dei defendunt, ut negent hominis liberum arbitrium; aut quando gratia defenditur, negari existiment liberum arbitrium".

63 Diese Frage beschäftigt Augustinus freilich auch in seinen "Confessiones": Augustinus bedrückte die Frage, woher denn sein böses Wollen komme. An der Freiheit seines Willens selbst hegte er, der den umfassenden Zweifel Descartes in gewisser, wenn auch nicht kühl-methodischer Weise vorwegnahm, keine Zweifel: "Daß ich einen Willen hatte, wußte ich so gewiß, wie daß ich lebte. So war ich denn auch ganz gewiß, daß, wenn ich etwas wollte oder nicht wollte, kein anderer als ich selbst es wollte und nicht wollte, und mehr und mehr leuchtete es mir ein, daß hier die Ursache meiner Sünde liegen mußte" ("Sublevabat enim me in lucem tuam quod tam me sciebam habere voluntatem, quam me vivere itaque cum aliquid vellem aut nollem, non alium quam me velle ac nolle certissimus eram, et ibi esse causam peccati mei jam jamque animadvertebam"; Conf. 7, c. III, 5).
In seinen "Confessiones" bringt Augustinus übrigens auch einen Punkt ein, der bei seiner Diskussion des Vorherwissens keine Rolle gespielt hatte (im Gegensatz etwa zur Position des Thomas von Aquin), das Verhältnis von Zeit und Ewigkeit. In den berühmten Passagen über das Wesen der Zeit drückt Augustinus die unfaßbare Differenz zwischen menschlicher Zeitlichkeit und göttlicher Ewigkeit aus (2, c. IX sqq), die ja "über aller Zeit" steht; von da aus ergibt sich dann ein Anknüpfungspunkt für einen Umgang mit dem Zukünftigen, wie ihn Thomas verfolgt, der das futurum qua futurum aus göttlicher Perspektive schlicht leugnet: "Du gehst auch nicht zeitlich den Zeiten vorauf, sonst würdest du nicht allen Zeiten voraufgehen. Sondern du gehst allem Vergangenen vorauf in der Erhabenheit der immer gegenwärtigen Ewigkeit und überragst auch alles Zukünftige, denn zukünftig ist es, und wenn es gekommen ist, wird's schon vergangen sein" ("Nec tu tempore tempora praecedis, alioquin non omnia tempora praecederes. Sed praecedis omnia praeterita celsitudine semper praesentis aeternitatis, et superas omnia futura, quia illa futura sunt, et cum venerint, praeterita erunt" (Conf. 11, c. XIII, 16); vgl. auch Augustinus' Brief an Simplicianus, wo diese Argumentation wiederholt wird ("De diversis quaestionibus ad Simplicianum", 2.2.2.27-36).

64 "Nam et confiteri esse Deum et negare praescium futurorum, apertissima insania est" (De civ. Dei., 5, c. IX, 1). "Denn wer nicht alles Zukünftige vorausweiß, ist bestimmt kein Gott" ("Qui enim non est praescius omnium futurorum, non est utique Deus"; ibd., 4).

der Lage sieht, dies mit einem umfassenden göttlichen Vorherwissen zu vereinbaren.[65] Wiederum antwortet Augustinus auf dieses Dilemma zwischen Freiheit und Vorauswissen zunächst spirituell und nicht "philosophisch": "Ein frommes Gemüt aber entscheidet sich für beides, bekennt beides und hält in kindlichem Glauben beides fest."[66] Dann argumentiert Augustinus vom Notwendigkeitsbegriff her, den er gegen die Stoiker einbringt, die einen Widerspruch zwischen dem freien Willen des Menschen und dessen Einbettung in eine Notwendigkeit sahen: "Definiert man aber Notwendigkeit derart, daß man sagt, notwendig sei, was so oder so sein oder geschehen müsse, so sehe ich nicht, warum wir fürchten sollten, diese Notwendigkeit könne unsere Willensfreiheit aufheben. Denn wir unterwerfen das Leben Gottes oder sein Vorherwissen nicht der Notwendigkeit, wenn wir sagen, es sei notwendig, daß Gott immer lebe und alles vorherwisse, wie auch seine Macht nicht dadurch verringert wird, wenn man sagt, er könne nicht sterben oder sich irren".[67] Gott kann vieles präzise

---

65 "Wenn alles Zukünftige vorausgewußt wird, so kommt es in der Ordnung, in welcher es künftig eintretend vorausgewußt ist. Wenn es in dieser Ordnung kommt, gibt es für Gottes Vorherwissen eine feste Ordnung der Dinge. Wo aber eine feste Ordnung der Dinge ist, da ist auch eine feste Ordnung der Ursachen, denn nichts kann geschehen, wenn nicht eine bewirkende Ursache voraufgeht. Gibt es jedoch eine feste Ordnung der Ursachen, wodurch alles und jedes bewirkt wird, dann geschieht auch alles und jedes schicksalhaft. Ist das aber der Fall, so ist nichts in unserer Macht und gibt es keine Willensfreiheit" ("Si praescita sunt omnia futura, hoc ordine venient, quo ventura esse praescita sunt: et si hoc ordine venient, certus est ordo rerum praescient Deo: et si certus est ordo rerum, certus est ordo causarum; non enim aliquid fieri potest, quod non aliqua efficiens causa praecesserit; si autem certus est ordo causarum, quo fit omne quod fit, *fato*, inquit, *fiunt omnia quae fiunt*. Quod si ita est, nihil est in nostra potestate, nullumque est arbitrium voluntatis" (De civ. Dei 5, c. IX, 2).

66 "Religiosus autem animus utrumque eligit, utrumque confitetur, et fiede pietatis utrumque confirmat" (ibd).

67 "Si autem illa definitur esse necessitas, secundum quam dicimus necesse esse ut ita sit aliquid vel ita fiat; nescio cur eam timeamus, ne nobis libertatem auferat voluntatis. Neque enim et vitam Dei et praescientiam Dei sub necessitate ponimus, si dicamus necesse esse Deum semper vivere, et cuncta praescire: sicut nec potestas ejus minuitur, cum dicitur mori fallique non posse" (De civ. Dei 5, c. X, 1). So kann Augustinus zwischen "Ordnung" und "freiem Willen" auch eine Vereinbarkeit konstatieren, indem er den freien Willen des Menschen in die göttliche Ordnung integriert: "Es ist aber keine notwendige Folgerung, daß, wenn für Gott die Ordnung der Ursachen feststeht, darum nichts mehr unserm freien Willen überlassen bleibe. Ist doch unser Wollen in der Ordnung der Ursachen mit einbegriffen, die für Gott feststeht und von seinem Vorherwissen umfaßt wird, denn auch menschliches Wollen ist Ursache menschlicher Handlungen. So konnte ihm, der die Ursachen aller Dinge vorherwußte, sicherlich unter diesen Ursachen auch unser Wollen nicht verborgen bleiben, das, wie er vorauswußte, Ursache unserer Handlungen ist" ("Non est autem consequens ut, si Deus est omnium ordo causarum, ideo nihil sit in nostrae voluntatis arbitrio. Et ipsae quippe nostrae voluntates in causarum ordine sunt, qui certus

deswegen nicht zugeschrieben werden, weil er allmächtig ist. Aber "der böse Wille ist nicht von ihm, da er wider die Natur ist, die von ihm ist"[68]. Wiederum kommt Augustinus auf die Formel: Der böse Wille ist dem Menschen anzulasten, der gute Wille ist Gott zu verdanken, der alles durch seine umfassende und für uns geheimnisvolle Vorsehung lenkt[69] und so auch erst die Freiheit des menschlichen Willens konstituiert und garantiert.

Zusammenfassend:

> "God's forknowledge that Adam freely choose ... guarantees that Adam would freely choose ... It is necessary that whatever God foreknows should come to pass, but this necessity is not antithetical to human liberty. For though it is necessary that whatever God foreknows should happen, what is going to happen does not happen of necessity. What is going to happen is causally indeterminate and therefore free."[70]

Diese Gnadentheologie ist freilich nicht ohne Ambivalenzen, da die Gnadengewalt Gottes tatsächlich irresistible Züge annimmt und die Rede von der "Freiheit des Willens" zur Worthülse zu verkommen droht. In ihrer detaillierten und endgültigen Form sind die Kernpunkte der augustinischen Prädestinationslehre "absolute Gratuität, Infallibilität, Partikularität und Mysterium"[71]. Die Problemlage des Augustinus kann deshalb nicht mit der scotistischen Problemlage verglichen werden, weil die Frage "utrum Deus habeat determinatam scientiam" für Augustinus nicht problematisch ist.[72]

Resumé: Nach Augustinus ist die Rede von Allwissen, Freiheit und Kontingenz untrennbar mit der Gnadentheologie und der Prädestinationslehre

---

est Deus ejusque praescientia continetur; quoniam et humane voluntates humanorum operum causae sunt. Atque ita qui omnes rerum causas praescivit, profecto in eis causis etiam nostras voluntates ignorare non potuit, quas nostrorum operum causas esse praescivit"; De civ. Dei 5, c. IX, 3).

68 "Male quippe voluntates ab illo non sunt; quoniam contra naturam sunt, quae ab illo est" (De civ. Dei 5, c. IX, 4).

69 Vgl. "De civ", l. 5, c. 11.

70 Craig 1988:73. M.a.W.: Die göttliche Vorherbestimmung ist die göttliche Vorhersicht seiner heilsschaffenden Taten für seine Auserwählten. Damit ist auch der Erbsündenproblematik - der Sündenfall ist einzig Adam und damit "dem Menschen" anzulasten - theologisch beizukommen.

71 G. Kraus 1977:35; vgl. auch ibd., 35-44 - an dieser Stelle findet sich eine Entfaltung der einzelnen Wesensmerkmale.

72 Die Kritik an Augustinus wird sich - Punkte, die gerade Scotus sehr wichtig sind - auf die Entwertung der menschlichen Freiheit und auf das verzerrte Gottesbild konzentrieren, die Geschichte werde pessimistisch depraviert, die Menschheit zu einer infralapsarischen massa damnata, die Souveränität Gottes zu einer theozentrischen Richtergewalt entstellt (vgl. G. Kraus 1977:47-58).

verknüpft und als existentielle Fragestellung, die das Verhältnis des einzelnen Menschen zu Gott betrifft, bestimmt. Die totalitarisierende Rede von Gott ("ALL"wissen, "ALL"macht) führt im Denken Augustins zu einer Abwertung der menschlichen Freiheit. Darin scheint eine Grundaporie der Frage zu liegen.

2.3 Thomas von Aquin

"If a theological fatalist is someone who believes that God's foreknowledge of future events is incompatible with contingency and human freedom, then Thomas Aquinas was a theological fatalist"[73]. Thomas von Aquins Denken wurde in der weiteren Folge von der Franziskanerschule gerade unter dem Verdacht des Nezessitarismus bekämpft: Wenn die erste Ursache - wie bei Thomas, der hier Aristoteles folgt - notwendig ist, müssen auch die Zweitursachen notwendig sein. Der Freiheitsbegriff wird der entscheidende Punkt sein, an dem die Differenzen der Ansätze von Thomas und Scotus am deutlichsten zutagetreten.[74]

Freilich, Thomas selbst hat dies anders gesehen, vor allem hat der Freiheitsbegriff in seinem Denken einen anderen systematischen Stellenwert. Der Freiheitsbegriff ist es denn auch, der Scotus und Thomas am schärfsten von einander trennt. Der Topos der Willensfreiheit ist freilich auf dem Boden des griechischen Denkens, auf dem Thomas steht, nicht zu erhalten.

Grundsätzlich geht Thomas von der Voraussetzung aus, daß alles in Gottes Hand liegt und daß es keinen Zufall im Sinne eines der göttlichen Providenz entzogenen Geschehens gäbe.[75]

Die Diskussion um das göttliche Vorherwissen und die menschliche Freiheit entfaltet Thomas auf erkenntnistheoretischer Ebene: Gott erkennt nicht nur Seiendes, sondern auch das, was nicht ist[76] - und zwar "nicht nur die Begriffs-

---

[73] Craig 1988:99.

[74] Vgl. Seeberg 1900:642.

[75] Davies 1993:158f.

[76] ScG, I, c. 66. "Die Erkenntnis des Göttlichen Verstandes wird zu den anderen Dingen wie die Erkenntnis des Künstlers zu den Kunstgebilden in Beziehung gesetzt, da er durch Sein Wissen Ursache der Dinge ist" ("Cognitio divini intellectus comparatur ad res alias sicut cognitio artificis ad artificiata: cum per suam scientiam sit causa rerum"). Gottes Erkenntnis ist von allen Dingen Erkenntnis durch die Ursache: Indem Er nämlich Sich erkennt, der die Ursache von allem ist, erkennt Er all das andere gleichsam als seine Wirkungen (ibd., c. 49) Gott erkennt zudem das, was er erkennt, aufgrund seiner

begrenzungen, sondern auch die Aussagbarkeiten"[77]. Zudem weist Gottes Verstehen keine Aufeinanderfolge auf, ebensowenig wie sein Sein.[78] Daher erkennt Gott auch (noch) Nichtseiendes. Eben dies wird das Kernargument des Thomas von Aquin: Für Gott erscheint immer das Ganze auf einmal zugleich, sein Status der Ewigkeit ist radikal verschieden vom Status der Zeitlichkeit.[79] Gestützt auf Eccl 23,29 und Jer 1,5 kann Thomas zu dem Schluß kommen, daß Gott die Nichtseienden erkennt, "insoweit sie auf irgendwelche Weise Sein haben"[80].

Nun ist der Boden bereitet, um die Frage nach der Erkenntnis Gottes von den zukünftigen Einzeldingen zu stellen. Auf biblischer Grundlage (Weis 8,8; Eccl 39,24; Jes 48,5) ist die Antwort vorgegeben: Gott steht außerhalb der Zeit, er hat alles im Blick, für ihn gibt es nichts Zukünftiges[81]. Das menschliche Erkennen

---

Wesenheit, zu der schließlich alles, was ist, in einem bestimmten Ähnlichkeitsverhältnis steht.

77 "Intellectus autem divinus cognoscit ad modum cognoscentis *quod quid est* non solum definitiones, sed etiam enuntiabilia" (ScG I, c. 66).

78 ScG I, c. 44.

79 ScG I, c 15; vgl. Kenny 1986:38f; Lewis (1988), Burrell (1984a). Tatsächlich ist Thomas' Verständnis von Ewigkeit nicht bloß negativ als Verneinung von Zeitlichkeit, sondern weist eine spezifische neue Qualität auf: "What eternity adds to timelessness is the 'perfect possession all at once of limitless life'. Aquinas makes Boethius' celebrated formula his own, and in doing so explicates it: the 'perfect poessession' in question is the identity of the divine subject with its to-be, the absence of any composition whatsoever, and hence a perfect at-one-ness with itself" (Burrell 1984a:393). Gottes Leben, der Status der Ewigkeit schließen mehr ein, als aktuelles Existieren.

Das wirft das Problem des Verhältnisses von (zeitlicher) Schöpfung und (ewigem) Gott auf, die ja eine gemeinsame Geschichte haben sollen (STh I, q 8). Für Gott ist alles, was in der Zeit geschieht, irgendwie gegenwärtig. Dieses Verhältnis ist jedoch vage und diffus und wird von Thomas mit Bildern (z.B. des erhöhten Beobachters: STh I, q. 14, a 13) veranschaulicht.

80 "isc igitur non entia cognoscit Deus inquantum aliquo modo habent esse" (ScG I, c. 66). Dies wirft natürlich den Einwand auf, daß Gott dann Erkenntnis von Nichtseindem habe und somit Nichtseiendes Gegenstand des göttlichen Wissens wäre (ScG, c. 63): Wiederum rekurriert Thomas auf die radikale Differenz der göttlichen Erkenntnis, für den es nichts Zukünftiges gibt, weil die Differenz zwischen Gegenwart, Vergangenheit und Zukunft in bezug auf die scientia Dei verschwimmt.

Diese Frage wird in De Ver. q. 2, a. 12 noch mit Berufung auf Aristoteles ("Nihil enim potest sciri nisi verum") gestellt und mit demselben Argument zurückgewiesen.

81 Gottes Vorherwissen ist eben deshalb absolut, weil er "sub specie aeternitatis" auf die Ereignisse der Welt hinabblickt (und zwar nicht im Modus der Sukzessivität, sondern simultan): "Deus autem cognoscit omnia contingentia non solum prout sunt in suis causis, sed etiam prout unumquodque eorum est actu in seipso. Et licet contingentia fiant in actu successive, non tamen Deus successive cognoscit contingentia, prout sunt in suo esse, sicut nos, sed simul; quia ejus cognitio mensuratur aeternitate, sicut et suum esse, aeternitas autem tota simul existens ambit totum tempus..." (S.Th. I, qu. XIV, art. XIII, in corp.).

ist demgegenüber benachteiligt[82]: Auch wenn es das Phänomen der prophetischen Träume gibt, können wir Menschen Zukünftiges qua Einzelnes nicht erkennen. Allerdings ist es möglich, Zukünftiges auf allgemeine Weise zu erkennen[83] bzw. insofern es sich um Kausalketten handelt.[84] Eine Kenntnis der Zukunft in sich selbst bleibt ausschließlich Gott vorbehalten, wir können nur aufgrund ursächlicher Zusammenhänge auf Zukünftiges schließen - und auch dann nur in einem vagen, allgemeinen Sinn.

Auf diesen Unterschied zwischen menschlichem und göttlichem Erkennen weist Thomas immer wieder hin.[85] Es ist ein Irrtum, zu glauben, daß das göttliche Wissen genauso funktioniere wie das menschliche. In diesem Punkt stützt sich Thomas ganz offensichtlich auf Boethius[86], der als Übersetzer von "Peri hermeneias" mit der Problemlage von menschlicher Freiheit und göttlichem Vorherwissen vertraut ist und im 5. Buch von "De Consolatione Philosophiae" zu einer Diskussion übergeht.[87] Die Lösung des Boethius besteht erstens darin, daß göttliches und menschliches Wissen und Erkennen radikal verschieden sind[88], zweitens im Hinweis auf den Status Gottes, der ewig ist[89], drittens auf die Unterscheidung von Vorherwissen und Vorherbestimmen.[90]

---

[82] Die Frage "utrum intellectus noster cognoscat futura" wirft Thomas in der qu. 86, art. 4 der STh I auf.

[83] "Respondeo dicendum, quod de cognitione futurorum eodem modo distinguendum est, sicut de cognitione contingentium. Nam ipsa futura, ut sub tempore cadunt, sunt singularia, quae intellectus humanus non cognoscit nisi per reflexionem ... Rationes autem futurorum possunt esse universales et intellectu perceptibiles, et de eis etiam possunt esse scientiae" (STh I, qu. 86, a. 4).

[84] "Sed prout sunt in suis causis, cognosci possunt etiam a nobis" (ibd.).

[85] Vgl. De Veritate, qu. 2, a12.

[86] Vgl. Davies 1993:159ff.

[87] Vgl. T.M. Huber 1976; E. Gegenschatz 1966; Craig 1988:79-98.
In "De consolatione philosphiae" argumentiert Boethius für die Willensfreiheit der Menschen und eine waltende Vorsehung und formuliert das Problem in bekannter Weise: "Wenn Gott das All durchschaut und auf keine Weise irren kann, so muß daraus notwendig hervorgehen, daß die Vorsehung voraussieht, was künftig sein wird" ("si cuncta prospicit deus neque falli ullo modo potest, evenire necesse est, quod providentia futurum esse praeviderit", l.5, III 4f). Wenn Gott auch Absichten und Willensentscheidungen des Menschen im voraus weiß, kann es keine Freiheit mehr geben.

[88] Dabei bezieht sich Boethius auf die Abhängigkeit des Erkannten vom Erkennenden: "Alles nämlich, was erkannt wird, wird nicht aus einer ihm innewohnenden Kraft erkannt, sondern gemäß der Fähigkeit des Erkennenden" ("omne enim quod cognoscitur non secundum sui vim, sed secundum cognoscentium potius comprehenditur facultatem" (De consol. l. 5, IV, 61-63). Gottes Erkennen und menschliches Erkennen sind radikal verschieden.

[89] Scharfe Kritik an dieser Konzeption von Ewigkeit, die gleichsam kritikimmunisierend eingesetzt wird, üben Swinburne 1977:220f; vgl. auch Kretzmann/Stump 1981.

Der für Thomas entscheidende Punkt: Ohne göttliches Vorherwissen gäbe es keine Providenz. Auch wenn die Rede vom radikal spezifischen Wissen Gottes den Anschein der Kritikimmunität hat, behandelt Thomas die Fragen auf hohem Niveau; er geht auf Einwände ein, die das Dilemma zwischen göttlichem Vorherwissen und menschlicher Freiheit aufspannen: In "De Veritate" stellt sich Thomas elf Argumenten, die gegen eine scientia Dei von den futura contingentia sprechen; die wichtigsten:

- Nach den 2. Analytiken des Aristoteles wird nur Wahres gewußt. Zukünftiges ist aber nicht wahr.[91]
- Wenn die sogenannten kontingenten Ereignisse nicht notwendig geschehen, dann ist Gottes Wissen fehlbar, was nicht der Fall sein kann.
- Alles von Gott Gewußte ist notwendig.
- Gottes Wissen ist sicherst und feststehend, also kann es sich nur auf Notwendiges beziehen.
- Zukünftige Dinge sind noch nicht, also haben sie auch keine Wahrheit.

Dies wird auch der Lösungsansatz des Thomas von Aquin sein, der im Rekurs auf die Ewigkeit Gottes auf die Hinfälligkeit der Unterscheidung von Vergangenheit, Gegenwart und Zukunft hinweisen wird. Gott muß nach Boethius notwendigerweise seiner selbst mächtig immer als ein Gegenwärtiges in sich verweilen und die Unendlichkeit der beweglichen Zeit als eine Gegenwart vor sich haben ("necesse est et sui compos praesens sibi semper adsistere et infinitatem mobilis temporis habere praesentem" (De consol. l. 5, VI, 23-25). Daher verharrt auch Gottes Wissen in der Einfachheit seiner Gegenwärtigkeit ("scientia ... eius omnem temporis supergressa motionem in suae manet simplicitate praesentiae", ibd. 51-53). Gottes Wissen ist alles gleichermaßen gegenwärtig, weshalb es besser ist, von "Vorsehung" ("providentia") als von "Vorhersehen" ("praevidentia") zu sprechen.

[90] Die göttliche Vorkenntnis der Natur verändert diese nicht ("haec divina praenotio naturam rerum proprietatemque non mutat taliaque apud se praesentia spectat, qualia in tempore olim futura provenient" (De consol. l. 5, VI, 65-68). Auch das menschliche Schauen verleiht dem Geschauten keine Notwendigkeit, Wissen und Wirken sind voneinander zu unterscheiden. Konsequent unterscheidet Boethius auch zwischen einer "einfachen" und einer "bedingten" Notwendigkeit ("necessitas simplex"-"necessitas conditionis"; ibd. 84ff). Die bedingte Notwendigkeit bezieht sich gleichsam auf ein framework: Wenn ich schreite, ist es notwendig, daß ich gehe; es ist aber keineswegs notwendig, daß ich schreite, sondern meine eigene Entscheidung. So kann Boethius sagen, daß dasselbe Geschehen in bezug auf Gott "notwendig" geschieht, in bezug auf das Geschehende aber von der Notwendigkeit abgesehen werden kann.

[91] Deutlichst übernimmt Thomas die Position des Aristoteles von "De Interpretatione". Das zeigt sich auch in seinem Aristoteleskommentar: l 13: "Sed in singularibus et futuris est quaedam dissimilitudo. Nam in praeteritis et praesentibus necesse est quod altera oppositarum determinate sit vera et altera falsa in quacumque materia. Sed in singularibus quae sunt de futuro hoc non est necesse, quod una determinate sit vera et altera falsa." (31).

- Das Medium Gottes ist nicht geeignet für die Erkenntnis von Kontingentem.

Gottes Wissen ist also von vornherein feststehend, vollkommen, unveränderlich und erkennt die kontingenten Einzelnen als Einzelne.[92] Das framework des göttlichen Erkennens unterscheidet sich fundamental von den Bedingungen des menschlichen Erkennens - die Zeitlichkeit ist für das menschliche Erkennen eines Gegenstands als Gegenstand konstitutiv - "für Thomas ... gehört die Zeitlichkeit nur zu den Bedingungen, wie wir ein Objekt erfassen und uns darüber verständigen (modus intelligendi sive significandi), nicht zu der gemeinten Sache selbst (res significata)."[93]

Eine Illustration, die Thomas verwendet, ist das Bild einer Prozession von Menschen, die auf einer Straße gehen: Jeder sieht seinen Vordermann und vielleicht den Nachfolger, aber keiner ist fähig, die ganze Prozession mit einem Blick zu sehen; nun können wir uns einen Beobachter vorstellen, der von einem Turm aus die Prozession beobachtet und von seinem Standort aus das Ganze im Blick hat und so einen Überblick über die Reihenfolge der Prozedierenden hat[94]. Gottes Ewigkeit koexistiert mit der Gesamtheit der Zeit, das Künftige koexistiert

---

92 In nuce: "Gott weiß alles, nicht nur was in Wirklichkeit ist, sondern auch, was sowohl in Seinem Vermögen wie in dem Vermögen des Geschöpfes liegt. Unter diesem aber gibt es manche für uns ungewisse Ereignisse der Zukunft. Also folgt daraus, daß Gott die ungewissen Ereignisse der Zukunft erkennt ... Wenn auch das Ungewisse sich in Wirklichkeit nacheinander ereignet, so erkennt doch Gott das Ungewisse nicht nacheinander, wie es im Ereignis gegeben ist, so wie wir es erkennen, sondern zugleich. Denn Seine Erkenntnis wird von der Ewigkeit gemessen, wie auch sein Sein", Ewigkeit umgreift jede Zeit, "daher ist alles Zeitliche von Ewigkeit her Gott gegenwärtig, nicht allein deshalb weil Er die Wesensbilder der Dinge bei sich gegenwärtig hat, wie einige sagen; sondern weil Sein Blick von Ewigkeit her auf alle Dinge gerichtet ist, sofern sie in ihrer eigenen Gegenwärtigkeit stehen" ("Deus sciat omnia non solum quae actu sunt, sed etiam quae sunt in potentia sua vel creaturae, horum autem quaedam sunt contingentia nobis futura, sequitur quod Deus contingentia futura cognoscat ... et licet contingentia fiant in actu successive, non tamen Deus successive cognoscit contingentia, prout sunt in suo esse, sicut nos, sed simul; quia ejus cognitio mensuratur aeternitate, sicut etiam suum esse ... unde omnia quae sunt in tempore, sunt Deo ab aeterno praesentia, non solum ea ratione qua habet rationes rerum apud se praesentes, ut quidam dicunt, sed quia ejus intuitus fertur ab aterno supra omnia prout sunt in sua praesentialitate" (STh I, q14, a13). Thomas integriert hier den Bonaventura zugeschriebenen Ansatz von den göttlichen Ideen, durch die Gott alles gegenwärtig ist. Scotus wird beide Positionen als Gegenpositionen zu seiner eigenen betrachten.

93 Liske 1985:522.

94 "Sicut ille qui vadit per viam non videt illos, qui post eum veniunt; sed ille qui ab aliqua altitudine totam viam intuetur, simul videt omnes transeuntes per viam" (ibd.).

damit ebenfalls mit der aternitas Dei. Bittere Kritik an diesem Konzept hat - neben Burell[95] - A. Kenny geübt:

> "The whole concept of a timeless eternity, the whole of which is simultaneous with every part of time, seems to be radically incoherent. For simultaneity as ordinarily understood is a transitive relation. If A happens at the same time as B, and B happens at the same time as C, then A happens at the same time as C. If the BBC programme and the ITV programme both start when Big Ben strikes ten, then they both start at the same time. But, on St. Thomas' view, my typing of this paper is simultaneous with the whole of eternity. Again, on this view, the great fire of Rome is simultaneous with the whole of eternity. Therefore, while I type these very words, Nero fiddles heartlessly on."[96]

Thomas würde wahrscheinlich darauf hinweisen, daß dieses Argument den vom menschlichen Erkennen radikal verschiedenen Status des göttlichen Erkennens mißdeutet. Es scheint zudem unplausibel, dem versierten Logiker Thomas derart augenscheinliche Inkonsistenzen vorzuwerfen.[97] Durch die Unterscheidung von "futurum qua futurum" und "futurum qua scitum a Deo" kann Thomas am Begriff des futurum selbst in bezug auf eine Rede von Gott festhalten, wobei Gottes Wissen von den zukünftigen kontingenten Ereignissen aber notwendig und nicht kontingent ist, gemäß dem Prinzip "Quidquid recipitur, ad modum recipientis recipitur...".

Dennoch hält Thomas an der Kontingenz der Welt fest, indem er sie ursächlich an den Zweitursachen festmacht: Gott als notwendige Erstursache wirkt notwendig, die kontingenten Zweitursachen wirken kontingent (und damit: bewirken Kontingentes)[98]. Die Qualität des göttlichen Wissens hebt die

---

95 Burrells Kritik: Thomas skizziere das göttliche Erkennen als rezeptives Erkennen, das von den Objekten abhänge und Gott damit in eine Abhängigkeitsbeziehung zum Geschöpflichen bringe (Burrell 1984b:336).

96 Kenny 1969:264.

97 "Thomas stellt so oft unter Beweis, daß er die grundlegenden logischen Gesetze richtig zu gebrauchen weiß ..., daß wir ihm kaum unterstellen dürfen, ihm sei dieser Widerspruch einfach entgangen" (Liske 1985:529).

98 Sent I, d38, q.1, a. 5 ("utrum scientia Dei sit contingentium"): "Quandoque enim sunt causae multae ordinatae, effectus ultimus non sequitur causam primam in necessitate et contingentia sed causam proximam; quia virtus causae primae recipitur in causa secunda secundum modum causae secundae. Effectus enim ille non procedit a causa prima nisi secundum quod virtus causae primae recipitur in secunda causa". Thomas führt dann als Beispiel das Blühen eines Baumes an, dessen causa remota die Sonnenbewegung ist, dessen causa proxima aber die "virtus generativa" des Baumes sei. Das faktische Blühen oder Nichtblühen könne aber von der genannten causa proxima bereits behindert werden, auch wenn die Sonnenbewegung unverändert sei - "similiter etiam scientia Dei est

Kontingenz der Dinge nicht auf: "Gottes Wissenschaft wäre nicht wahr und vollkommen, wenn die Dinge sich nicht auf die Weise ereigneten, wie Gott erkennt, daß sie sich ereignen. Da Gott aber Erkenner des ganzen Seins ist, dessen Ursache Er ist, erkennt Er jedwede Wirkung nicht nur in sich, sondern auch in der Zuordnung auf alle beliebigen von ihren Ursachen. Die Zuordnung der Sein- und Nichtseinkönnenden zu ihren nächsten Ursachen aber ist, daß sie sein- und nichtseinkönnendermaßen aus ihnen hervorgehen. Gott erkennt mithin, daß einiges sich ereignet - und zwar sein- und nichtseinkönnendermaßen ereignet. So hebt mithin die Gewißheit und Wahrheit der Göttlichen Wissenschaft das Sein- und Nichtseinkönnen der Dinge nicht auf"[99].

Thomas wurde - aristotelisches Erbe? - wegen seines ungeschichtlichen Gottesbegriffs und seiner kausalistischen Vorsehungslehre kritisiert, aufgrund seines "Schwankens zwischen Determinismus und Indeterminismus"[100]. Auch Scotus ordnet sich in die Reihe der Thomaskritiker ein und entwickelt eine systematische Gegenposition.

Resumé: Thomas von Aquin vertritt die These von der Vereinbarkeit von göttlichem Allwissen, Kontingenz der Welt und menschlicher Freiheit, indem er (a) göttliches Erkennen von menschlichem Erkennen scharf abgrenzt, (b) Ewigkeit von Zeitlichkeit qualitativ unterscheidet, (c) die Rede von "Kontingenz" über eine Zweiursachenlehre festmacht. Die Disproportionalität von "göttlichem Allwissen" und "menschlicher Freiheit" einerseits und die genuin theologische Hinordung von "Welt" auf eine soteriologische Heilswelt andererseits sind in einem theologischen Antwortmodell zu berücksichtigen, und diese Rede ist auf necessitaristische Elemente zu prüfen.

---

invariabilis causa omnium". Gottes Status entspricht also dem der invarianten Sonnenbewegung, die sämtliche andere Bewegung erst ermöglicht. Die Wirkungen Gottes kommen also immer mittels Zweitursachen zustande - vgl. De Verit. qu.2, a.14, in corp.

99 "Scientia Dei vera non esset et perfecta si non hoc modo res evenirunt sicut Deus eas evenire cognoscit. Deus autem, cum sit cognitor totius esse, cuius est principium, cognoscit unumquemque effectum non solum in se, sed etiam in ordine ad quaslibet suas causas. Ordo autem contingentium ad suas causas proximas est ut contingenter ex eis proveniant. Cognoscit igitur Deus aliqua evenire et contingenter evenire. Sic igitur divinae scientiae certitudo et veritas rerum contingentiam non tollit" (ScG I, c, 67). Daher steht fest, " daß Gott von den kontingenten Einzeldingen von ewig her unfehlbares Wissen gehabt hat, und daß sie dennoch nicht aufhören, kontingent zu sein" ("... patere potest quod contingentium singularium ab aterno Deus infallibilem scientiam habuit, nec tamen contingentia esse desistunt" (ScG, c. 67).

100 G. Kraus 1977:87f: Die Absolutheit des göttlichen Willens als die Erstursache einerseits und die Freiheit des menschlichen Willens als Zweitursache andererseits lassen eine Kluft zwischen philosophischem System und psychologischem Anspruch entstehen, der auch als krypto-semipelagianisch interpretiert wurde.

3. Ioannes Duns Scotus

Die Gestalt des Ioannes Duns Scotus mag für die Debatte um göttliches Allwissen, menschliche Freiheit und Kontingenz der Welt insofern zentral sein, als er (a) den Freiheitsbegriff in die Mitte seines Denkens stellt, (b) die Rede von Kontingenz in der Rede von Gott begründet, (c) den Status dieser Frage im Rahmen eines Verständnisses von Theologie als einer praktischen Wissenschaft verortet. Die systematischen Konsequenzen und die methodische Durchführung lassen Scotus in den Kontext von "Theologie als Lebensform" und "Theologie als Grammatik" einordnen. Zudem erreicht die Diskussion um unsere Fragestellung im 13./14. Jahrhundert von der Reichhaltigkeit und Subtilität der Argumentation her einen argumentativen Höhepunkt. Aus diesen Gründen wird es sich rechtfertigen lassen, daß der Position des Ioannes Duns Scotus im Rahmen der historischen Charakterisierung der breiteste Raum zugestanden wird - vor allem auch deswegen, weil die abschließende systematische Betrachtung auf skotische/skotistische Inhalte Bezug nimmt.

3.1 Rahmenbedingungen

Die Frage nach Allwissen, Freiheit und Kontingenz kann an einer Schnittstelle zwischen Philosophie und Theologie verortet werden. Dies trifft auch auf das Denken des Johannes Duns Scotus zu. Johannes Duns Scotus wird als "christlicher Philosoph" bezeichnet. "Christliche Philosophie" möchte ich in diesem Zusammenhang als eine historische Größe verstehen, insofern dieser Begriff auf den Problemhorizont[1], die wissenschaftliche Praxis[2] und den methodi-

[1] Stichwort: "Philosophical Theology" (A. Wolter): "Es läßt sich nämlich geschichtswissenschaftlich beweisen, daß eine ganze Reihe von Vorstellungen und Begriffen, die seitens der Philosophie schon seit Jahrhunderten in Anspruch genommen werden, eindeutig der christlichen Offenbarung entstammt, also keinen philosophischen Ursprung hat" (im Rahmen der Rekonstruktion von Gilsons Diskussionsbeitrag in den großen

schen Spielraum[3] der antiken und mittelalterlichen Geisteswelt bezogen wird. Die Erkenntnisvoraussetzungen und philosophischen Standards der mittelalterlichen Geisteswelt haben an Gültigkeit eingebüßt. Unter dieser Rücksicht kann der christliche Philosoph Scotus als "Theologe" behandelt werden[4] und ist in den Kontext theologischer Auseinandersetzungen einzureihen[5].

Die Skizzierung seines Umgangs mit der Problemstellung soll in zwei Schritten erfolgen: Zunächst sollen die historischen (3.1.1) und biographischen Rahmenbedingungen (3.1.2) skizziert werden, um in einem zweiten Schritt Scotus' syste-

---

Auseinandersetzungen um den Begriff "Christliche Philosophie" in den ersten Jahrzehnten unseres Jahrhunderts; H. Schmidinger 1990:31).

2 "In der Antike hingegen <im Unterschied zu den neuzeitlichen Rahmenbedingungen philosophischer Betätigung, C.S.> und ebenso im Mittelalter ist die Rolle der Schule außerordentlich groß und vorherrschend ... die Ausgangspunkte, die Fragestellung und die wesentlichen Themen sind gemeinsam" (P. Delhaye 1960:11). Die Verwendung von Autoritätsargumenten, die Reglementierung philosophischer Arbeit - die Struktur von Sentenzenkommentaren zum Beispiel - und eine Kontrolle der Lehrinhalte (Verurteilungen von Paris 1277!) sind einige der Konsequenzen.

3 "Damit eine Philosophie wahrhaft christlich genannt werden könne, darf das Übernatürliche zwar nicht als konstitutives Element im Wahrheitsbestand dieser Philosophie vorkommen, was widersprüchlich wäre, muß aber als konstituierendes Element bei der Erarbeitung dieser Philosophie gegenwärtig sein ... Die christliche Philosophie ist nur eine der Arten innerhalb der Gattung Philosophie und begreift in ihrem Umfange jene Philosophien, die das, was sie waren, nur deshalb waren, weil es eine christliche Religion gegeben hat, deren Einfluß sie sich freiwillig öffneten" (E. Gilson 1990:40), daher kann gesagt werden: "Der Glaube bestimmt die Erkenntnishaltung des christlichen Philosophen. Der christliche Philosoph sucht in der Philosophie nicht die Befriedigung seiner weltanschaulichen Bedürfnisse, seine Weltanschauung ist vielmehr der Glaube, der ihm eine alles umspannende Sicht vermittelt" (P. Böhner/E. Gilson 1937:3). Daß diese Arbeitsbedingungen im neuzeitlichen Forschungsrahmen nicht mehr eingelöst werden können, dürfte unbestreitbar sein.

4 "Like the majority of the great thinkers of the late thirteenth and early fourteenth centuries, Scotus was a professional theologian rather than a philosopher" (Wolter 1990:2). "In seiner Gesamtheit ... ist das Werk des Duns Scotus das Werk eines Theologen. Man hätte ihn wahrscheinlich dadurch selbst in Erstaunen versetzt, daß man ihn unter die 'Philosophen' einreiht" (Gilson 1959:654).

5 Diskutieren ließe sich diese Zuordnung auch auf breiterer Basis: "die historischen Forschungen neigen mehr und mehr dazu, diese Philosophien wieder in die Theologien einzugliedern, in denen sie sowieso enthalten sind" (E. Gilson, Die historisch-kritischen Untersuchungen und die Zukunft der Scholastik, in: Scholastica ratione historico critica instauranda. Acta congressus scholastici internationalis Romae anno sancto MCML celebrati, Rom 1951; zitiert nach: P. Delhaye 1960:10), denn: "Es hieße, die Weisheit des Christentums verstümmeln, wollte man systematisch ihren theologischen Aspekt ausschließen" (P. Delhaye 1960:10). Illustrierend dazu: "D'où pourra donc procéder cette caractéristique <la caractéristique de la philosophie du philosophe chrétien; C.S.>? Des mystères proprement surnaturels: Trinité, Incarnation rédemptrice, Grace, Sacrements..." (B. Romeyer 1934:17f). Eben diese Fragen bilden auch den Rahmen für die Diskussion, die in dieser Arbeit skizziert wird.

matische Position herauszuarbeiten (3.2), wobei Handschriften der Überlieferung der Pariser Vorlesung ("Reportatio Magna", d. 38-40), die "Ordinatio" der Editio Vaticana (d. 39, 40) und die "Lectura" der Editio Vaticana (d. 39) berücksichtigt werden sollen. Abschließend soll Kritik an Scotus, vor allem die Position des William Ockham referiert werden (3.3).

3.1.1 Zur geschichtlichen Situation

Reinhold Seeberg macht die mutige Bemerkung, daß "jeder Blütezeit der Theologie ... eine juristische Orthodoxie der Hierarchen" folge.[6] In bezug auf Scotus darf vielleicht die Vermutung gewagt werden, daß derlei autoritäre Eingriffe auch vor theologischen Blütezeiten anzutreffen sind.[7] Diese Situation findet man im Fall des Duns Scotus vor, dessen Denken sich nach den Verurteilungen von Paris (1270, 1277) an die strikteren Rahmenbedingungen des Wissenschaftsbetriebs zu halten hatte.

Zum Hintergrund: Bereits 1270 war es anläßlich der Wahl des Rektors zu Auseinandersetzungen an der Pariser Artistenfakultät gekommen, die bis zur Spaltung führten. Den Keil der Zwietracht hatte der radikale Aristotelismus, angeführt von Siger von Brabant, in die akademisch-weltanschauliche Einmütigkeit getrieben. Bonaventura, der eine zentrale Rolle in den Streitereien spielte, sah sich gezwungen, Predigten gegen den Aristotelismus, der die Idee einer unabhängigen Philosophie vertrat[8], zu halten. 1275, also nach dem Tod von Thomas von Aquin, dessen Autorität den Aristotelismus bis zu gewissem Grad noch geschützt hatte[9], beginnen die Streitereien wieder von neuem. Die Aristoteliker

---

[6] Seeberg 1900:53. Parallelitäten zur Moderne zieht Gilson (1959): "Um 1300 befand sich ein Theologe im Hinblick auf das Dekret von 1277 fast in derselben Lage wie die Theologen unserer Zeit nach Verurteilung des Modernismus. Das Dekret des Stefan Tempier war tatsächlich eine Aufforderung zur Einhaltung der Tradition" (665).

[7] Dies möge eine Auseinandersetzung mit Scotus im 20. Jahrhundert rechtfertigen: "Wir sind heute der Zeit des Duns Scotus insofern näher, als auch sein kurzes Dasein ... in die Zeit nach einem Umbruch mit ihren Massregelungen, doktrinären Leichen und einer neuen Gewissheit, die noch, oder bereits, nach Unsicherheit roch, hineinfiel. Es ist gut, sich dessen zu erinnern" (Bajsic, StSc 5:149).

[8] Daher: "Avec le XIIIe, l'age des synthèses serait définitivement passé" (P. Vignaux 1987:180). Dieses spannungsreiche Verhältnis hielt sich bis zum Übergang vom 13. zum 14. Jahrhundert - "die Philosophie dieser Jahrzehnte ... war ... ein Fortschritt durch die schärfere Ausgliederung der Gegensätze, die in herrschenden Ansichten und autoritativen Texten lagen. Jetzt wurden die Alternativen mit schneidender Klarheit enthüllt; die Zeit des Harmonisierens war vorbei" (K. Flasch 1986:427).

[9] Das Denken des Aquinaten wurde nach den Verurteilungen von 1277 zum Teil heftig abgelehnt und kurzfristig bekämpft: "La condamnation de 1277 compromit pour longtemps

erkühnen sich, eine Zeitlang durch die bischöfliche Zensur gebremst, zentrale Inhalte des Christentums, wie die Identität des Leibes Christi während der Grabesruhe (Substanztheorie!), in Frage zu stellen. Albert der Große wird um eine Stellungnahme gebeten, der Konflikt eskaliert, 1276 wird ein Dekret der Pariser Artistenfakultät erlassen, das den Unterricht in privaten Räumen verbietet; Siger und seine Mitstreiter sollen vor ein Inquisitionsgericht gebracht werden. Bald nach Beginn des Jahres 1277 wird der Bischof von Paris, Stephan Tempier, von Papst Johannes XXI. gebeten, bezüglich der Pariser Fakultätsunruhen Nachforschungen anzustellen. Die vom Bischof daraufhin einberufene Theologenkommission von 16 Mitgliedern arbeitet extrem schnell (und wohl entsprechend oberflächlich), und schon am 7. März erläßt Stephan Tempier sein aufsehenerregendes Dekret, das 219 Sätze verurteilt.[10]

Dieses Dekret, das als "Reaktion des Augustinismus gegen den Aristotelismus" bezeichnet wurde[11] ("das Etikett *lateinischer Averroismus*, von Ernest Renan in Umlauf gebracht ... kennzeichnet die verurteilten Theorien zu einseitig"[12]), wie auch die erste Verurteilung von 1270 haben Konsequenzen für unsere Fragestellung: "After the Parisian condemnations of 1270 and 1277 that stressed that God was not in any sense necessitated to create the world but did so freely motivated only by his own goodness and liberality, Christian theologians laid greater emphasis on the fact that the world and all that is in it are basically contingent"[13].

1277 werden u.a. Sätze über die Notwendigkeit des Geschehens in der Natur[14], die Gnadenlehre[15] und auch das göttliche Vorauswissen von Künftigem[16] etc.

---

l'essor du thomisme naissant, en jetant la suspicion ou meme l'interdit sur plusieurs thèses professées par Thomas d'Aquin" (Steenberghen 1968:73); in dieser Atmosphäre wuchs Ioannes Duns Scotus auf - Bettoni (1968:101).

10 Zur Thematik: F. Steenberghen (1977:442-457); F. Copleston (1976:191-202). Bei Grabmann (1931:8ff) findet sich eine Zusammenfassung der verurteilten Sätze.

11 F. Steenberghen (1977:454f). Darüber hinaus geht es nach Steenberghen (1968) um den Konflikt zwischen Christentum und Heidentum, den Konflikt zwischen Philosophie und Theologie, der sich in der Rivalität zwischen der theologischen Fakultät und der Artistenfakultät widerspiegelt. Daher warnte der Heilige Stuhl vor den paganen Einflüssen in Paris (Chauvet 1968:78).

12 K. Flasch 1989:57.

13 A. Wolter 1990:285.

14 "Quod nichil fit a casu, sed omnia de necessitate eveniunt, et, quod omnia futura, que erunt, de necessitate erunt, et que non erunt, impossibile est esse, et quod nichil fit contingenter, considerando omnes causas" (in: K. Flasch 1989:117). Diese - inhaltlich auf die Adressaten kaum zutreffende - Verurteilung (weder Aristoteles noch die radikalen Aristoteliker Siger von Brabant und sein Mitstreiter Boethius von Dacien lehrten einen derart gefaßten Naturdeterminismus) ist gerade im Hinblick auf das Thema des göttlichen Vorherwissens relevant. Da diese Problemlage nicht so ohne weiteres vom Tisch gewischt werden kann, kommt es wohl nicht von ungefähr, daß Scotus die Behandlung der Frage, ob es überhaupt Kontingentes in der Welt gäbe, explizit thematisiert und positiv beantwortet ("quomodo

verurteilt. Thematisch kann sich die Rede vom göttlichen Vorherwissen diesem polemischen Umfeld von Exposition und Verurteilung wohl kaum entziehen.

Dazu kommt, daß Scotus, der stark von Avicenna und Aristoteles beeinflußt war (einerseits), sich gegen Thomas von Aquin, auch durch seine starke Akzentuierung der göttlichen und menschlichen Freiheit, absetzte (andererseits), und so aufgrund seiner systematischen Herkunft und Position im Spannungsfeld der Auseinandersetzungen, die zur spektakulären Verurteilung von 1277 geführt hatten, stand.[17] Bei dem hier behandelten Material wirkt sich das natürlich besonders krass aus. Das Jahr 1277 bedeutete für die mittelalterliche Geistesgeschichte sicherlich eine Zäsur, wenn auch keine unbedingt konstruktive[18]. Zersplitterung und inhaltliche Verwirrung herrschten nach diesem Einschnitt auch deswegen, weil der Bischof zwar einen Syllabus von Thesen verurteilt, aber keinen zeitgemäßen (und orthodoxen) systematischen Gegenentwurf motiviert

---

contingentia sit in rebus ... Contingentia in rebus est evidens et manifesta ... Contingentia in rebus est propter causationem Dei contingentem" <Ed.Vat. Bd. VI, Ord., App. A. pp. 414f>).

[15] "Quod felicitas non potest a Deo immitti inmediate" und "Quod dicere Deum dare felicitatem uni, et non alii, est sine ratione et figmentum" (in: K. Flasch 1989:119), zwei Sätze die sich geradewegs gegen die augustinische Gnadenlehre richten, sie sogar als Fiktion (figmentum) bezeichnen. Auch diese Frage nach der beatificatio wird von Scotus in der dist. 40 in der Reportatio Magna behandelt.

[16] "Quod causa prima non habet scientiam futurorum contingentium. Prima ratio, quia futura continentia non sunt entia. Secunda, quia futura contingentia sunt particularia; Deus autem cognoscit virtute intellectiva, que non potest particulare cognoscere" (in: Flasch 1989:139). Dieser Satz kann auf aristotelischem Hintergrund, daß Wissen zwar auch über singuläre Sachverhalte möglich ist, sich aber auf diese unter den kriteriologisch entscheidenden Rücksichten der Allgemeinheit und der Notwendigkeit beziehen muß, verstanden werden (Wissen gibt es eben nur vom Allgemeinen und Notwendigen, wie schon aus Aristoteles' Wissenschaftsbegriff hervorgeht). Das Kontingente und Einzelne wird von den Sinnen erfaßt (nicht Wissen, sondern Sinneserkenntnis) und eben diese - weil defizient - hat Gott nicht. Auffallend ist bei dieser These, daß Bischof Tempier die Begründungen der Proponenten dieses verurteilten Satzes präziser als sonst referiert, als handle es sich um eine besonders delikate Frage (die exakt den ersten vier Fragen in den Distinctiones 38 und 39 der Reportatio Magna entspricht).

[17] Andererseits konnten die Verurteilungen von Paris den Aristotelismus nicht zur Gänze auslöschen: "Meme la grande condamnation de 1277, expréssement dirigée contre les erreurs philosophiques et notamment contre celles de l'aristotélisme, ne modifiera pas radicalement la situation et n'ébranlera pas sérieusement la position d'Aristote: jusqu'à la fin du moyen age, toutes les grandes synthèses théologiques ... seront pétries de doctrines aristotéliciennes. Et ce sera aussi le cas pour le scotisme" (Steenberghen 1968:68).

[18] "The year 1277 was a catalyst. Like all upheavals, it cleared neither the air nor the men's minds. Instead of a new era of a now clearly defined body of admissable theological and philosophical doctrines there was flux. Controversy and considerable confusion were the aftermath" (G. Leff 1975:240).

hatte - und der Augustinismus war als systematische Position nach den Auseinandersetzungen um Gottschalk und nach den neuaufgekommenen Autonomiebestrebungen (Beginn einer anthropologischen Wende durch die Rezeption der antiken Wissenschaften) tatsächlich obsolet. Scotus steht damit gewissermaßen an einem Neuanfang[19]:

"Obwohl also die Reaktion auf die Ausbreitung der nichtchristlichen Philosophie die Form eines Zurückgehens auf die Lehre der 'Heiligen' annahm, war es intelligenten Leuten nur schwer möglich, sich auf die Wiederholung der Ansichten früherer Theologen zu beschränken. Wer meinte, der von Thomas von Aquin entwickelte Gedankengang biete unverantwortliche Zugeständnisse an Aristoteles und sei im allgemeinen eine Vermischung christlichen Glaubens mit unchristlichem Rationalismus, mußte seine eigene Harmonisierung der christlichen Theologie mit der philosophischen Reflexion ausarbeiten. Der größte unter solchen Denkern war der Franziskaner Johannes Duns Scotus."[20]

3.1.2 Bemerkungen zu Leben, Denken, Werk

Johannes Duns Scotus, 1993 selig gesprochen, wurde dem Thomas von Aquin gegenübergestellt wie der kritische Kant dem dogmatischen Leibniz[21], Diderot fand nur spöttische Worte für die komplizierten Wortbildungen des Johannes Duns Scotus[22]. Der "doctor subtilis" genannte schottische Denker, dessen

---

19 "With Duns Scotus (d. 1308), a new point was reached" (G. Leff, ibd). Ähnlich Martin Grabmann: "Am Schlusse der klassischen Zeit, wegen seines gewaltigen Genies noch zu ihr gehörend, aber schon an der Grenzmark einer neuen Zeit" (Grabmann 1974:85).

20 F. Copleston (1976:202). Denn "jetzt mußte man von vorn anfangen und unterscheiden.: Was hatten die Philosophen wirklich bewiesen? Welche ihrer Beweise hielten so eindeutig einer unerbittlichen Kritik stand, daß das religiöse Bewußtsein sich mit ihnen arrangieren mußte? Was von den Versöhnungsversuchen des 13. Jahrhunderts erwies sich als haltbar? Die Autorität der aristotelisch-averroistischen Philosophie rational zu erschüttern war nach 1277 eine christliche Mission: seltsame Verschlingung von Aufklärung und Gegenaufklärung in der Generation des Duns Scotus..." (K. Flasch 1989:72f). Schließlich kam es zu einer "Präzisierung der Vernunftstandards <und so> konnten die Denker des 14. Jahrhunderts nicht bei den Vagheiten stehenbleiben, welche die 'Synthese' des Thomas von Aquino ermöglicht hatten" (Flasch 1986:429).

21 P. Vignaux (1987:180); Chauvet (1968:99). Während Thomas' Denken 'organisch' genannt werden könnte, philosophiert Scotus mit dem Seziermesser (Grabmann 1974:88). Scotus - ähnlich wie Kant - besticht vor allem durch seine Neuheit (Steenberghen 1968:65).

22 Nach Seeberg (1900:52); ähnlich bissig auch Renan (Gilson 1959:647). Peter Simons hat bei dem Kongreß der Europäischen Gesellschaft für Analytische Philosophie (26.-28. April 1993) die Rede von der "haecceitas", die er (irrigerweise) Scotus zuschrieb, als "ad-hoc"-Hypothese gebrandmarkt, die zwar komplex gebaut, aber Zeichen für eine schlechte Theorie

Lebensdaten umstritten sind[23], war ob seiner Scharfsinnigkeit besonders geachtet.[24] Seine Theologie ist bereits durch "linguistic turn" und "pragmatische Wende"[25] gekennzeichnet.

Das im Vergleich zu seinem nur etwa 43 Jahre währenden Leben (noch dazu unter denkbar anstrengenden Bedingungen) gewaltige Corpus Scotisticum seiner Werke[26] wurde in der Geschichte seiner Sichtung, Prüfung und Edition tendenziell in Richtung realistischer Einschätzung der menschlichen Schaffenskraft reduziert[27]. Aufgrund der umstrittenen Authentizitätslage[28] ist der Rückgriff auf Handschriften gerade im Falle des Duns Scotus sehr hilfreich.

Zur inhaltlichen Einordnung des Corpus Scotisticum: Der theologische Diskurs im 13. und 14. Jahrhundert ist durch die Auseinandersetzungen zwischen den Franziskanern, die in Oxford dominierten und den Thomisten, die in Paris das Sagen hatten, geprägt. Mächtiger Proponent der Franziskanerschule ist Robert Grossesteste, der die empirische Forschung begrüßte und ein ausgesprochen naturwissenschaftliches Interesse zeigte. Dieses Interesse für die Erfahrung verbindet sich in der Oxforder Schule, als deren Fortsetzer Scotus gesehen werden kann[29], mit der Ablehnung des averroistischen Intellektualismus[30], mit dem Gedanken vom Primat des Willens und der Konzeption der Theologie als einer praktischen Wissenschaft. Dem Status der Theologie soll nun in aller Kürze nachgegangen werden.

---

sei (Vortragsmitschrift). Die Interpreten siedeln das Denken des "doctor subtilis" an der Schwelle von Subtilität zu Hyperkomplexität an.

[23] Seeberg (1900), Eichinger (1994), Richter (1988), Balic (1965), Wolter (1990), Harris (1927).

[24] In einem Satz: "Duns Scotus ist ein schwieriger Autor" (Gilson 1959:8).

[25] Vgl. V. Richter (1992), 645.

[26] Vgl. Richter (1992:641).

[27] Die Werke "Grammatica speculativa", "Theoremata" und "De rerum principio" wurden als unecht aus dem Corpus Scotisticum ausgeschieden. Dennoch sind diesbezüglich auch Zuwächse zu vermerken, "die Gewinnliste wurde beinahe sensationell durch K. Balic erweitert", der nun die Anzahl der authentischen Sentenzenkommentare Scotus' (zwei) zu vergrößern beanspruchte (V. Richter 1988:12). Zum Prozeß der Sichtung der authentischen Werke - vgl. Eichinger (1994:6-27).

[28] Forscher um und nach Vladimir Richter kritisieren die offizielle Editio Vaticana unter der Rücksicht der Authentizität (Richter 1988, 1992, 1993, Rodler 1992, Eichinger 1994). Als Grundfehler der Herausgeber der Editio Vaticana wird von Richter (1988) die Auszeichnung der Assisi-Handschrift angesehen (Ed.Vat. I, Präf). Weiters argumentiert Richter gegen die Annahme einer "Lectura Cantabrigiensis" (Ed.Vat. IV, 1* - 46*), die sich bereits aus biographischen Gründen schwer unterbringen läßt (Richter 1988:85, Eichinger 1994:23ff). Dies wirft ein neues Licht auf die Sichtung der Werkgeschichte der Opera des Ioannes Duns Scotus.

[29] Grabmann 1974:86f.

[30] Grabmann 1931:16.

Erstens: Die Theologie ist von der Philosophie scharf zu unterscheiden. Im Prolog seines Oxforder Sentenzenkommentars[31] fragt Scotus, "utrum homini pro statu isto sit necessarium aliquam doctrinam supernaturaliter inspirari". Präzise an dieser Frage verläuft die Trennlinie zwischen Philosophen und Theologen: "In dieser Frage scheint es einen Streit zwischen den Philosophen und Theologen zu geben. Die Philosophen nämlich vertreten die Vollkommenheit der Natur und leugnen eine übernatürliche Vollendung. Die Theologen dagegen erkennen die Unvollkommenheit der Natur sowie die Notwendigkeit der Gnade und der übernatürlichen Vollendung."[32] Der Philosoph ist gezwungen, nezessitaristisch zu denken und die Rede von "Welt" unter Kausalprinzipien zu stellen; die Rede von "Freiheit", die ja erst von Gott ermöglicht wird, kann nur vom Theologen geführt werden, für den sich das Universum als Werk eines freien Willens, in dem freier Willen waltet, darbietet.[33] "Die ganze Auseinandersetzung zwischen Theologie und Philosophie entzündet sich also im Grunde nur an der Fundamentalthese der letzteren, daß dasjenige, was in seinem Wesen notwendig *ist*, unmittelbar notwendig *handelt* und wiederum nur Notwendiges hervorbringt".[34] Der Nachweis der Irrigkeit des philosophischen Denkens, das auf eine Selbstbegründung der Welt abzielt, wird über erkenntnistheoretische Überlegungen erbracht: "Für jedes Wesen, das aufgrund von Erkenntnis handelt, ist eine klare Erkenntnis seines Zieles notwendig ... Der Mensch aber kann aus seinem natürlichen Vermögen

---

[31] Zitation nach der kritischen Textstudie von V. Richter (1989). Verwendete Kennziffern beziehen sich auf diesen Text.

[32] "In ista quaestione videtur esse controversia inter philosophos et theologos. Tenent enim philosophi perfectionem naturae et negant perfectionem supernaturalem. Theologi vero cognoscunt defectum naturae et necessitatem gratiae et perfectionem supernaturalem" (Prol. qu. 1, 3).

Der Philosoph sucht die Welt aus der Welt selbst zu begründen und die Welt so zu beschreiben, wie sie ist; Quelle von Erkenntnis ist die Natur. "Dem Theologen geht es vor allem um eine Erkenntnis, die das Wort Gottes ausdrücklich geoffenbart hat in der Absicht, den Menschen zu seinem Heil zu führen" (Gilson 1959:654). Das Universum des Theologen und das Universum des Philosophen sind also fundamental verschieden: Der Philosoph denkt in Kategorien von Notwendigkeit und Verursachung, der Theologe in Kategorien von Freiheit und Entscheidung. Damit ist auch eine Verortung unserer Fragestellung möglich.

[33] In der d. 8 (n. 251) der Ordinatio kann Scotus auf einen Grundfehler der Philosophen verweisen, der in der Setzung eines Notwendigkeitsmoments in die Beziehung Geschöpf-Schöpfer besteht. "La filosfía ha incurrido, al respecto, en un *Error* fundamental y en una *Ignorancia* capital.

El error ha consistido en considerar la relación de Dios a las cosas como de *causalidad natural o necesaria*" (Solaguren, StSc 2:299) - zur Unterscheidung zwischen Philosophie und Theologie bei Scotus siehe vor allem pp. 299-304.

[34] Bannach 1975:155. Thomas von Aquin muß daher in den Augen des Duns Scotus ein Philosoph bleiben, der nicht zur Theologie vorstoßen kann, weil er in nezessitaristischem Rahmen denkt.

sein Ziel nicht klar erkennen."[35] Das Unternehmen der Erkenntnistheorie kann eben nicht ohne offenbarungstheologische Inhalte geführt werden. Die zweite Einschränkung: "Jedes aufgrund von Erkenntnis um eines Zieles willen handelnde Wesen braucht eine Erkenntnis darüber, auf welche Weise das Ziel zu erreichen ist, auch eine Erkenntnis aller Mittel, die zum Erreichen des Zieles notwendig sind, und drittens eine Erkenntnis, daß alle diese Mittel hinreichend sind ... Diese drei aber vermag der Mensch in seinem gegenwärtigen Leben auf natürliche Weise nicht zu erkennen".[36] Interessanterweise ist der Hauptargumentationspunkt, warum der philosophischen Vernunft Grenzen gesetzt sind, die Freiheit Gottes, der nicht unter einen Notwendigkeitsbegriff subsumiert werden kann.

Der Primat der göttlichen Selbstmitteilung ergibt sich aus der Inkalkulabilität des göttlichen Willens, der die Glückseligkeit schenkt oder verwehrt. Hierin sind bereits Züge des biblischen Gottesbildes verarbeitet, das sich nachhaltig vom Gott der (griechischen) Philosophen unterscheidet: "Denn darin irrten diejenigen Philosophen, die annahmen, daß alles, was von Gott unmittelbar kommt, von ihm mit Notwendigkeit kommt."[37] Der Freiheitsbegriff, zentral im Denken Scotus', hat auch für das Selbstverständnis der Rede von Gott nachhaltige Konsequenzen. "Gott" und "Freiheit" sind zusammenzudenken: Wie Gott nur als absolut freier Gott vorgestellt werden kann, ist die Freiheit des Menschen nur von Gott her zu ermöglichen. Denn die Freiheit des Willens liegt darin, sich über die Naturgesetzmäßigkeit (z.B. Selbstvervollkommnung) hinwegheben zu können.[38] Der freie, rationale Wille (der in Übereinstimmung mit der ratio agiert) kann jedes

---

35 "Omni agenti per cognitionem necessaria est distincta cognitio sui finis ... Sed homo non potest scire ex naturalibus finem suum distincte" (Prol. qu 1, 6).

36 "Omni agenti propter finem necessaria est cognitio qualiter finis acquiratur, et etiam cognitio omnium quae sunt ad finem necessaria, et tertio quod ista omnia sufficiunt ... Sed haec tria non potest viator naturaliter cognoscere" (Prol. qu. 1, 8).

37 "In hoc errabant philosophi, ponentes omnia quae sunt a Deo immediate, esse ab eo necessario" (Prol. qu. 1, 8).

38 Vgl. Seeberg (1990:90) - "diese Freiheit über sich selbst und über den natürlichen Kausalzusammenhang, in dem der Mensch steht, bedingt den Wert des Menschen und seine Stellung in der Welt" (ibd); vgl. Wolter (1990:17-19, 163-180): Der freie Wille, der dem Menschen zukommt, ist in der kreatürlichen Welt, wo alles Geschehen einem gesetzmäßigen "agere" folgt, einzigartig. Der freie menschliche Wille hat eine angeborene Neigung, das Gute zu lieben und das Böse zu hassen, ist aber nicht gezwungen, dieser Neigung zu folgen. Zudem hat Scotus die "natura" nicht derart gedacht, daß sie in erster Linie und vor allem ihr eigenes Wohl suchen würde, was altruistisches Handeln ausschließt. Scotus kennt diese Bewegung des Willens, die er "affectio commodi" nennt, das Streben nach Selbstvervollkommnung. Die zweite, edlere Bewegkraft des Willens ist die 'affectio justitiae', die den Menschen Objekte um ihrer selbst willen und in altruistischer Weise Gott und den Nächsten lieben läßt. Das Prinzip des Willens ist ein vom Prinzip Natur unterschiedenes Vermögen, das den Menschen gewissermaßen - kantisch - in zwei Welten leben läßt. So arbeitet Wolter den Unterschied zwischen dem Willen als "rational potency" und "desire" scharf heraus.

Ding als "bonum honestum" lieben, wodurch erst Freundschaft und Wohlwollen möglich werden. Daß Scotus mit seiner Unterscheidung von "potentia ordinata" und "potentia absoluta"[39] auch der absoluten Freiheit Gottes unantastbaren Vorrang in seinem Denken einräumte[40], wird sich gerade auch in der Frage nach dem Vorherwissen Gottes zeigen: Die Freiheit Gottes und die Freiheit des Menschen sind zusammenzudenken. Allerdings spielt Scotus die Freiheit Gottes nicht gegen die Freiheit des Menschen aus. Die Freiheit Gottes ist der Ermöglichungsgrund für die Freiheit des Menschen.[41] Die Kontingenz des Willens des Schöpfers ist

---

[39] Vgl. Ed.Vat. Ord., q. 44: "Von Gott, der fähig ist, gemäß jenen richtigen Gesetzen, insofern sie von ihm vorher festgesetzt worden sind, zu handeln, sagt man daher, daß er dem geordneten Vermögen gemäß handelt; soweit er aber vieles zu tun vermag, was nicht jenen schon im voraus festgelegten Gesetzen entspricht, sondern an jenen vorbei, nennt man seine Macht absolut: Weil Gott nämlich Beliebiges tun kann, das keinen Widerspruch einschließt und auf jede Weise handeln kann, die keinen Widerspruch einschließt (und derlei Weisen gibt es viele andere), deshalb sagt man dann, daß er seinem absoluten Vermögen entsprechend handelt" ("Deus ergo, agere potens secundum illas rectas leges ut praefixae sunt ab eo, dicitur agere secundum potentiam ordinatam; ut autem potest multa agere quae non sunt secundum illas leges iam praefixas, sed praeter illas, dicitur eius potentia absoluta: quia enim Deus quodlibet potest agere quod non includit contradictionem, et omni modo potest agere qui non includit contradictionem (et tales sunt multi modi alii), ideo dicitur tunc agere secundum potentiam absolutam" <[7],p. 365f>). Daß Gott dabei nichts Widersprüchliches tun kann, steht nicht in Widerspruch zu seiner Macht: Denn widersprüchlich handeln heißt, überhaupt nicht handeln; vgl. auch Seeberg (1900:164ff).

[40] Die Prädestinationsfrage kommt in der eben zitierten Dist. 44 der Ordinatio - auch unter Anspielung auf die Quaestio, die uns in dieser Arbeit beschäftigt - wieder zum Tragen: "... ich sage, daß manche allgemeine Gesetze, die richtig vorschreiben, vom göttlichen Willen vorher festgesetzt sind, und zwar nicht vom göttlichen Intellekt, soweit er dem Akt des göttlichen Willens vorausgeht, wie es in der Dist. 38 steht, sondern, wenn der Intellekt dem göttlichen Willen ein solches Gesetz, z.B. 'jeder, der zur göttlichen Anschauung berufen ist, muß vorher begnadet werden', vorlegt, und falls es seinem Willen gefällt - welcher frei ist -, ist es ein richtiges Gesetz, und ebenso verhält es sich bei anderen Gesetzen" ("Dico quod leges aliquae generales, recte dicantes, praefixae sunt a voluntate divina et non quidem ab intellectu divino ut praecedit actum voluntatis divinae, ut dictum est ... sed quando intellectus offert voluntati divinae talem legem, puta quod 'omnis glorificandus, prius est gratificandus', si placet voluntati suae - quae libera est - est recta lex, et ita est de aliis legibus" <[6], p. 365>). Der göttliche Wille ist also die unüberhebbare maßgebliche Größe, die letztendlich Gesetze festsetzt und über das menschliche Schicksal entscheidet.

[41] "So dient bei Scotus der Begriff der potentia absoluta nicht dazu, die Rationalität und Ordnung des geschaffenen Seins in Frage zu stellen, sondern im Gegenteil den Grund für die Vielfalt des Seienden hinsichtlich seines Ordnungsgehaltes und seiner rechtlichen Struktur schon in seinem Ursprung zu finden" (Bannach 1975:15). Das Hauptargument des Papstes gegen diese Formel von der Freiheit Gottes wird ein formaler Einwand vom philosophischen (und dogmatisierten) Gottesverständnis sein: Wenn Gott anders handeln könnte, als er vorherbestimmt hat, dann ist er veränderlich (ibd.,21). Scotus betont demgegenüber den Primat der Gratuität und Kontingenz des göttlichen Heilshandelns, das gänzlich "geschenkt" ist. Blumenberg wird darauf hinweisen, daß die bei Scotus vorbereitete und durch Ockham

der Ermöglichungsgrund für die Kontingenz der Welt und die Transformation von blinder Kontingenz in willentliches Wirken.

Zweitens: Die Theologie ist eine praktische Wissenschaft. Diese These vertritt Scotus gegen Heinrich von Ghent[42], gegen Gottfried von Fontaine[43] und gegen Thomas von Aquin.[44] Die Theologie handelt "von dem, was allein dem göttlichen Intellekt natürlicherweise bekannt ist, also von dem, was allein von Gott natürlicherweise bekannt ist."[45] Die Theologie handelt nicht von Gott unter einer besonderen Rücksicht, sonst könnte es noch eine der Theologie übergeordnete Wissenschaft geben. Damit wird wiederum der Primat der Offenbarung zementiert. Die Theologie ist eine praktische Wissenschaft. Scotus definiert "Praxis" als jenen Bereich, auf den sich die praktische Erkenntnis erstreckt[46] und damit als "Akt eines vom Intellekt verschiedenen Vermögens", der "der Tätigkeit des Intellekts nachfolgt und darauf ausgerichtet ist, der rechten Einsicht gemäß hervorgebracht zu werden, damit er recht ist."[47] Die praktische Erkenntnis ist also von der spekulativen Erkenntnis zu unterscheiden, das praktische Handlungsvermögen ist vom Intellekt verschieden, jedoch mit dem Intellekt verknüpft, der eine quasi-beratende Funktion ausübt und die Handlungsoptionen vorstellt, in bezug auf welche der Wille dann seine Entscheidungen trifft. Die Rationalität der praktischen Vernunft wird über die Rede von "ratio recta" verschärft.[48] Die praktische Entscheidung, die Teil der Praxis ist, zielt "auf begründbares Handeln" ab.[49]

---

radikalisierte Lehre von der absoluten Gratuität der Schöpfung und der absoluten Freiheit des Schöpfers in den Legitimationsprozeß der Neuzeit führen wird, die die schwindende Rationalitätspotenz des Menschen (Fähigkeit, "Welt" zu rekonstruieren und zu prognostizieren) zu retten versucht: "Die Gratuität der Schöpfung schließt aus, daß sich an ihre Struktur der Anspruch der Angemessenheit an die Bedürfnisse der Vernunft stellen läßt" (Blumenberg 1966:110).

42 Prol. qu. 3, 16.

43 Prol. qu. 3, 27.

44 Prol. qu. 3, 30.

45 "Theologia est de his quae sunt soli intellectui divino naturaliter cognita, igitur est de soli Deo naturaliter noto" (Prolog, qu. 2, 7, nach Edition Richter 1989).

46 Dies ist auch der Spielort der menschlichen Freiheit: "La liberté ne peut se manifester que dans l'action, donc la volonté, substrat de l'action, est la faculté la plus parfaite.
Plus encore, selon Duns Scot, toute activité humaine, praxis, est identifiée avec l'action de la volonté" (Galkowski StSc 5:390). Der Wille bleibt freilich auf den Intellekt angewiesen: "La volonté ne peut pas agir sans connaissance intellectuelle, mais le choix et la décision sont des actes de la volonté seule" (ibd., 392).

47 "praxis ad quam cognitio practica extenditur est actus alterius potentiae quam intellectus, posterior intellectione, natus elici conformiter rationi rectae ad hoc ut sit rectus" (Prologus qu.3, 3); nach Edition Richter (1992:869ff).

48 Scotus stützt sich dabei auf die 'Nikomachische Ethik' (VI 1139a 22-25), wo dargelegt wird, "daß die rechte Wahl notwendig die rechte Einsicht erfordert. Und dies ist nicht nur wahr für die Wahl im strengen Sinne, sondern gleichermaßen für jedes rechte Wollen, weil

Praktischer und spekulativer Intellekt unterscheiden sich durch das Ziel.[50] Das Ziel ist freilich nicht ein spekulatives, denn für Scotus ist klar, "daß man über das erkannte Ziel und über das, was zum Ziel führt, in dieser Weise nicht sprechen könnte, wenn nicht die gesamte Erkenntnis für den geschaffenen Intellekt praktisch wäre."[51] Denn das Ziel ist die liebende Hingabe, nicht die spekulative Schau. Und der menschliche Glaube als Erkenntnisprinzip des Geoffenbarten ist ein praktischer, nicht ein spekulativer Akt.

Zusammengefaßt in Scotus' eindrucksvollen Worten: "Weder ist der Glaube ein spekulativer Habitus noch das Glauben ein spekulativer Akt noch die Gotteschau, die dem Glauben folgt, eine spekulative, sondern eine praktische. Denn die Gottesschau muß von ihrem Wesen her der liebenden Hingabe entsprechen und natürlicherweise früher im geschaffenen Intellekt angelegt sein, damit die rechte liebende Hingabe dieser entsprechend hervorgebracht wird."[52] Daher ist die Theologie praktisch, insofern sie sich "mit dem rechten Gebrauch der Vernunft zur Lenkung des Willens"[53] auseinandersetzt. Und das Kriterium für die "rectitudo" des Vernunftgebrauchs bemißt sich am letzten Ziel, näherhin an der liebenden Hingabe an Gott und der von Gott geschenkten Glückseligkeit.

Resumé: Die Frage nach dem göttlichen Vorherwissen ist nach Scotus eine *praktische* Frage, die auf der Ebene der Mensch-Gott-Beziehung zu denken ist. Zweitens ist diese Frage eine *theologische* Frage, die die Rede von "Gott" und die Rede von "Freiheit" zusammenführt sowie offenbarungstheologische Prinzipien, eine *theologische* Sicht des Universums, in Kategorien von Freiheit und Entscheidung.

---

dieses die rechte Einsicht erfordert, der gemäß es hervorgebracht werden soll. Jede Praxis aber muß, damit sie recht sei, der rechten Einsicht gemäß hervorgebracht werden" ("... quod electio recta necessario requirit rationem rectam. Quod non tantum est verum de electione stricte sumpta, sed pari ratione de qualibet volitione recta, quia ipsa requirit rationem rectam cui conformiter eliciatur" (Prol. qu.3, 5).

49 Kraml 1984:128.

50 "Intellectus speculativus et practicus differunt fine" (8), gemäß Aristoteles (III De anima 433a, 14-15).

51 "Dico quod non posset ita tractari de fine cognito et de his quae sunt ad finem, quin ipsa tota cognitio esset practica intellectui creato" (Prol. qu. 3, 28).

52 "Fides non est habitus speculativus nec credere est actus speculativus nec visio sequens credere est visio speculativa, sed practica. Nata est enim ista visio esse conformis fruitioni et prius naturaliter haberi in intellectu creato ut fruitio recta illi conformiter eliciatur" (Prol. qu. 3, 41).

53 Kraml 1984:130.

3.2 Zur Frage des göttlichen Vorherwissens

Die Frage nach dem göttlichen Vorherwissen wird an verschiedenen Stellen des Corpus Scotisticum behandelt.[54] Die Textgeschichte weist Brüche auf[55], die im

---

[54] Die Reportatio Magna (RM) weist an dieser Stelle vier Handschriften auf: Balliol [Ba], folia 166v-169r; Merton [M], folia 171r-174r; Turin [T], folia 103vb-105ra; Wien [V], folia 113rb-115ra. Wenn nicht explizit einzelne Handschriften genannt werden, sondern nach "RM" zitiert wird, ist davon auszugehen, daß sich derselbe Text in allen vier Handschriften findet. Die Lehre vom göttlichen Vorherwissen findet sich in den distinctiones 38-40. Es handelt sich um 5 quaestiones:

Dist. 38: a) Hat Gott ein von vornherein feststehendes Wissen von den zukünftigen kontingenten Ereignissen? b) Hat Gott ein sicheres und unfehlbares Wissen von den zukünftigen kontingenten Ereignissen?

Dist. 39: c) Ist Gottes Wissen von den zukünftigen kontingenten Ereignissen unwandelbar? d) Ist Gottes Wissen von den zukünftigen kontingenten Ereignissen notwendig?

Dist. 40: e) Ist es möglich, einen Prädestinierten zu verdammen?

Demgegenüber finden sich in der "Lectura" in der Dist. 39 fünf Quaestiones (RM a-d; sowie die Frage: Ist das Wissen Gottes mit der Kontingenz der Dinge vereinbar?) und eine quaestion unica in der Dist. 40 (RM e). In der "Ordinatio" treten alle in der "Lectura" gesammelten quaestiones an den entsprechenden Stellen (Dist. 39, 40) auf, wenn auch als "refined version" (Wolter 1990:285).

[55] Zwei Hinweise:

a) Die Dist. 39 der RM hat kein Corpus, die Behandlung der in dieser Dist. aufgeworfenen quaestiones findet sich erst in der Dist. 40.

b) Die Editoren der "Editio Vaticana" (vgl. "Annotationes", Ed. Vat. Bd. IV, 26*-30*) halten die Textstellen zur Lehre vom göttlichen Vorherwissen für nicht authentisch von Scotus stammend, und zwar aufgrund des Hinweises in der von den Editoren textkritisch ausgezeichneten "Assisi-Handschrift", daß Scotus den für diese quaestiones vorgesehenen Raum in der "Ordinatio" leergelassen habe, um seinen definitiven Text später einzufügen. Alle wichtigen Manuskripte enthalten diese Textteile. Daher haben die Editoren der "Editio Vaticana" geschlossen, daß diese Textteile von einem kompetenten, mit den Schriften des Scotus vertrauten und überdies mit privaten Quellen ausgestatteten Redakteur stammen, der diese Quellen nach Scotus' Tod zu einem "Apographen" verarbeitet habe: "Unde concludendum est distinctionem 39 compositam esse a primo recensore qui Duns Scoti privatos fontes (non tantummodo *Lecturam* et *Reportationem*, verum varias credulas et quaternos) bene noverat, quique post eius mortem Ordinationis primum exemplar seu apographum paraverat, in quo primo haec quaestio apparuit et a quo omnes codices immediate vel mediate dependent" (Ed. Vat., loc. cit., 29*). Dieser "Apograph", kritisch ediert, findet sich im Appendix der "Ordinatio"-Edition.

Dazu ist nicht nur zu bemerken, daß die Vermehrung von historisch fragwürdigen "ad-hoc-"Hypothesen verdächtig ist und die Auszeichnung einer einzigen Handschrift anfechtbar ist, sondern auch, daß Scotus auf die Dist. 39 in seinen Schriften anspielt. Diesen Einwand lassen die Editoren seltsamerweise nicht gelten: "Quod igitur Doctor Subtilis aliquando alleget distinctionem 39 ... nihil aliud significat nisi quod ipse prae oculis tenebat textum iam exaratum *Lecturae* et *Reportationis* et in animo habebat illa folia alba aliquando tandem replere" (loc. cit., 30*). Scotus habe also auf Stellen angespielt, die er "in mente" schon

Rahmen dieser Arbeit nur am Rande behandelt werden können. Scotus interessiert sich zunächst und zuerst für die epistemologische Ebene ("Welchen Status hat das göttliche Wissen?") und stellt die Frage nach der determinatio, certitudo, immutabilitas und necessitas des göttlichen Wissens in bezug auf künftige kontingente Ereignisse.

Seine Hauptgesprächspartner sind Aristoteles, Bonaventura und Thomas von Aquin. Augustinus wird von Scotus als Autorität zugunsten der Determiniertheit und der Unfehlbarkeit des göttlichen Wissens angeführt.[56] Damit ist von Anfang an klar, daß das Problem, dem sich Scotus stellt, ein existentielles ist, was auch durch die Verbindung der Frage nach dem göttlichen Vorherwissen mit göttlicher Erwählung oder Verwerfung unterstrichen ist.[57] Es geht Scotus nicht um die Frage, *ob* das göttliche Wissen unfehlbar, von vornherein feststehend und sicher ist, sondern WIE das möglich sein kann. Am Status des göttlichen Wissens wird

---

konzipiert hatte. Eine genaue Untersuchung dieser Problematik kann im Rahmen dieser Arbeit nicht geleistet werden. Allerdings motiviert die unsichere Textlage dazu, auf Handschriftenmaterial zurückzugreifen (Ba, M, T, V) und auf diese Weise verläßlicher "authentisches Material" zu destillieren. Dieser Rückgriff auf die Handschriften der RM, die nicht im Druck vorliegt, kann auch dadurch motiviert werden, daß die RM als eines der Hauptwerke des Ioannes Duns Scotus (Pelster 1946:260; Balic 1965:16) in der Textkritik hoch geschätzt wird, weil sie Aufschlüsse über redaktionell wenig verwässertes scotisches Denken bietet; und zwar entweder als ursprüngliche Reportataredaktion, die also zeitlich am nächsten bei Scotus ist (These Richter 1988:85) oder als sonstiger glaubwürdiger Zeuge, dessen Status unklar ist ("Known as Reportatio I A this longer 'examined report' of the 'lectura Doctoris subtilis in universitate parisiensi' unquestionably deserves to be treated with special respect as a primary or reliable source of Scotus' own thought in contrast to the other þreportsþ of lectures on Bk. I ... This 'report' also seems to be the source of a great many of the embellishments added later to the original 'liber Scoti', and cited as þtextus interpolatiþ in the critical apparatus of the Vatican edition of the *Ordinatio*" (Wolter/McCord Adams 1982:248f). Für unsere Thematik kann an dieser Stelle allerdings festgestellt werden, daß sich die Hauptargumentationslinien von Scotus sowohl in der RM, als auch in der Ordinatio und der Lectura finden; daher werden Detailfragen der Authentizitätsdebatte nicht zentral berücksichtigt; zu diesbezüglichen Eindrücken siehe weiter unten.

[56] Die Stellen, auf die Scotus sich bezieht: De Trinitate XV, c. 13, n. 22; Super Ioannem, Tract. 53, n. 4; De Civitate Dei X, c. 12, 5-6 (in: *Lectura* d. 39, 29; RM d. 38, qq. 1, 2).

[57] Außerdem durch den Verweis auf biblische Worte (Hebr 4:13 als Argument für die Vereinbarkeit von göttlichem Wissen und Kontingenz der Dinge; *Lectura* d. 39, q. 5, 17). Zum scotistischen Gottesbegriff: "Indem ich also Gott als Ursache des Weltzusammenhangs denke, denke ich nicht eine unendliche abstrakte Kraft, sondern ich denke den persönlichen freien und allmächtigen Willen oder ich denke den freien Herrn der Welt, der eine Welt mit freien Subjekten gesetzt hat und erhält" (Seeberg 1900:156).

nicht ernsthaft gezweifelt.[58] Dennoch nimmt Scotus (pagan-)philosophische Problemstellungen ernst:

Aristoteles (Peri Hermeneias I c. 9, 18a28-19b5) wird von ihm mit der These von der Unbestimmtheit des Wahrheitswerts von Aussagen über künftige kontingente Ereignisse zitiert.[59] Dies tangiert die Frage nach dem logischen Status von Propositionen über künftiges Kontingentes, ein Problem, das in einem augustinischen Text nicht auftreten hätte können. Gegenüber Aristoteles hält Scotus die Wahrheitswertfähigkeit von Aussagen über Futurisch-Kontingentes hoch, wenn auch in einem spezifischen Sinn, der von der Zuschreibung von Wahrheitswerten in bezug auf Aussagen über Vergangenes oder Zukünftiges zu unterscheiden ist: "Dico quod non eodem modo veritas est determinata in futuris sicut in praeteritis et praesentibus."[60] Von der Rede von "Determiniertheit" ist die Rede von "Notwendigkeit" zu trennen: Während im Fall von Aussagen über Vergangenes und Gegenwärtiges die determinatio für einen bestimmten Augenblick dergestalt ist, daß es nicht im Vermögen der Ursachen liegt, eine gegenteilige Wirkung hervorzubringen, da sich die Ursächlichkeit nur auf einen bestimmten (gegenwärtigen oder vergangenen) Augenblick bezieht, in dem die Ursache die Wirkung notwendig hervorgebracht hat. Im Fall von Zukünftigem ist dies ganz anders, "da im Augenblick, für den das Zukünftige gesetzt ist, (zugleich) sein Gegenteil gesetzt werden kann."[61] Diese Setzung geschieht aber nicht notwendigerweise.[62]

---

58 "Conclusio quod Deus habet determinatam et infallibilem notitiam contingentium futurorum. Sed quomodo ... in hoc est difficultas" (RM V, d. 38, q. 2). Die Schwierigkeit liegt nicht in der Entscheidungsfindung der Fragenbeantwortung, sondern in der Begründungsfindung zur gegebenen Antwort.

59 "'De futuris contingentibus non est determinata veritas', ergo nec determinata cognitio vel scientia" (RM: V, BA, M). In der Formulierung der "Lectura": "... non est veritas determinata; igitur nec scibilitas, quae requirit determinatam veritatem" (d. 39, q. 1).

60 RM, d. 38, ad arg.princ. primae quaest.
Aus der These, daß der Wahrheitswert futurisch kontingenter Aussagen von vornherein feststeht, folgt nicht, daß die Zukunft *notwendigerweise* vorherbestimmt ist. Es sind drei Bedeutungsvarianten von "determinatus" zu unterscheiden: a) Aussagen über die Vergangenheit sind nicht nur determiniert hinsichtlich der Wahrheit, sondern auch hinsichtlich der Notwendigkeit; b) Bezüglich Aussagen über Gegenwärtiges gilt, daß eine von zwei kontradiktorischen Propositionen definitiv zutreffend ist; c) Was Aussagen über Künftiges angeht, zielt die Rede von "determiniert" immer noch auf die Möglichkeit einer der beiden kontradiktorischen Propositionen ab: Gott kann wollen, daß die Zukunft anders ist, als es die vorgeschlagene Proposition behauptet; dann wäre der umgekehrte Wahrheitswert zutreffend. Dies liegt auch in der Natur göttlichen Wollens: "...eodem actu quo vult A fore pro instanti aeternitatis, in eodem potest velle A non fore" (*Lectura*, d. 39, 69); vgl. Dekker et al. (1994:152).

61 "...quia pro instante pro quo ponitur futurum potest poni oppositum illius" (RM: T, d. 38, ad arg.princ. primae quaest).

Daraus - damit trennt Scotus Erkenntnisordnung und Seinsordnung - folgt aber nicht, daß, wenn das futurum contingens nicht von vornherein in bezug auf das Sein feststeht, es nicht von vornherein in bezug auf die Kenntnis von diesem futurisch Kontingenten feststehend sei. Im Gegenteil: "Est determinata notitia eius."[63] Die Rede von der Determiniertheit - damit wird zugleich die Trennung von "Vorherwissen" und "Vorherbestimmen" angedeutet - ist auf zwei Ebenen, ontologisch und epistemologisch zu führen und entsprechend zu unterscheiden.

Bonaventura hat das Problem des göttlichen Vorherwissens mit dem Hinweis auf die Ideen im göttlichen Geist gelöst - diese (neuplatonisch motivierten) Ideen führen dem göttlichen Geist die kontingenten Objekte, deren Existenzbedingungen und alle nur erdenklichen Kausalzusammenhänge vor und können, weil sie dem Intellekt innewohnen, mit Unfehlbarkeit vom göttlichen Intellekt erkannt werden. Mit der Unterscheidung zwischen "cognitio obiecti" und "condicio obiecti" gelingt es Bonaventura, trotz des göttlichen Vorherwissens den kontingenten Charakter der Dinge nicht aufzuheben.[64]

Dagegen wendet Scotus ein, daß dies dann zu necessitaristischen Konsequenzen führen würde: Ideen repräsentieren das, was sie repräsentieren, auf natürliche Weise, weil sie in Gott vor jedem Willensakt sind (und also dem Prinzip der Natur und nicht dem Prinzip des Willens zuzuordnen sind); in der Folge wäre alles von Gott Erkannte auf natürliche Weise erkannt und damit notwendig, weil eben das Prinzip der Natur streng vom Prinzip des Willens zu unterscheiden ist, wo die Kategorien von Kausalität und Notwendigkeit durch die Kategorien von Freiheit und Entscheidung ersetzt werden: "Im Reiche der Natur ist alles Dauer, Beständigkeit, Notwendigkeit. Im Reiche des Willens ist alles Leben, Werden,

---

62 "...non necessario ponitur in effectum ab aliqua causa aliqua pars contradictionis futuri contingentis" (RM: dist. 38, ibd.).

63 RM, ibd.

64 Die prägnante Formulierung der Reportatio Magna: Gott hat von vornherein feststehendes und unfehlbares Wissen von den künftigen kontingenten Ereignissen "propter certam repraesentationem idearum quas Deus habet de omnibus" (Ba, M, T, V: d. 38, q. 2); etwas später im - nicht konzinn komponierten Text - findet sich eine weitere Anspielung auf diese Ansicht: "Alia opinio dicit quod Deus habet certitudinem et infallibilitatem futurorum contingentium propter certam repraesentationem idearum per quas Deus videt omnes condiciones rerum et omnes compositiones earum" (ibd.); siehe Bonaventura Sent. I, d. 35 & d. 39 a.2, q.3.

Die Position Bonaventuras wird von Scotus folgendermaßen rekonstruiert: "Infallibilitas est in scientia Dei propter ideas in mente divina, quae non tantum ostendunt intellectui divino ipsa obiecta contingentia, sed omnem connexionem causarum propinquarum et remotarum ad huiusmodi effectus et omnem condicionem exsistentiae huiusmodi entium, - et cui intellectui hae insunt, infallibiliter cognoscit; non tamen tollit hoc contingentiam entium, quia cognitio obiecti non tollit condicionem obiecti" (LECTURA, d. 39, 18).

Bewegung, Nichtnotwendigkeit."[65] Das bedeutet aber weiters, daß Gott, da er notwendig das erkennt, was er erkennt, nicht dessen Gegenteil erkennen kann, was wiederum dazu führt, daß das Gegenteil des von Gott Erkannten nicht geschehen *kann*. Dies muß aber deswegen falsch sein, weil kein künftiges Ereignis in sich notwendig sein kann.[66] Außerdem sei die Vorstellung von Ideen im göttlichen Geist nicht vereinbar mit der Rede von der "cognitio simplex", die Gott von den Dingen habe.[67] Damit ist der Lösungsvorschlag Bonaventuras zurückgewiesen.

Thomas wird in zweierlei Hinsicht diskutiert und angegriffen: Zum einen seine Argumentation für die certitudo des göttlichen Vorherwissens (a), zum anderen seine Argumentation für die Vereinbarung von göttlichem Vorherwissen und Kontingenz der Dinge (b).

ad (a): Zukünftiges Kontingentes kann auf zweierlei Weise betrachtet werden: "in seipso" oder "in sua causa". Nur wenn es in einem ursächlichen Zusammenhang betrachtet wird, ist es kontingent und zukünftig, denn in sich selbst betrachtet, ist es immer schon auf eine Möglichkeit hin bestimmt. Gott kennt die künftigen kontingenten Dinge nun aber nicht bloß über ihre Ursache und eingebettet in einen Kausalzusammenhang, sondern er kennt sie, so wie sie sind, in ihnen selbst ("in seipsis"). Daher erkennt er sie nicht als kontingent, sondern bereits eindeutig bestimmt. Daher wiederum ist sein Wissen unfehlbar und sicher. Und zwar des-

---

[65] Gilson 1959:595. Der Gott, der Neues schafft und stets in seinem schöpferischen Wirken gegenwärtig ist, durchzieht das scotische Denken. Das heuristische Ideenmodell Bonaventuras (Präkonzeption von allem Geschehen in den göttlichen Ideen) lehnt er auch deswegen ab, weil dadurch sowohl die Freiheit Gottes als auch die Freiheit der Geschöpfe, die Scotus in ihrer Einzigartigkeit zu berücksichtigen sucht, eingeschränkt würde: "An der Singularität der Dinge innerhalb dieser Schöpfung, ihrer jeweiligen Besonderheit und Kontingenz wie Heinrich von Ghent lebhaft interessiert, läßt Scotus die göttlichen Ideen nicht mehr den Einzeldingen vorausgehen, sondern macht sie zu einer Reflexion des göttlichen Intellekts über die intuitiv erkannten Einzeldinge, betont er ständig, daß Gott immerfort Neues hervorbringt, weil sein Wille in seiner schöpferischen Spontaneität durch die Erkenntnisse des göttlichen Intellekts nicht zum Handeln determiniert wird" (Bannach 1975:181). Wenn Gott nämlich jetzt alles gegenwärtig wäre, könnte er nichts Neues hervorbringen; damit wäre zwar eine philosophische Hürde genommen (Gottesbegriff), aber eine theologische Tür (Gottesbeziehung) ins Schloß gefallen.

[66] In den Worten der RM: "Quia quidquid repraesentat idea, naturaliter repraesentat quia est in Deo ante omnem actum voluntatis, ergo omne cognitum a Deo erit cognitum mere naturaliter et per consequens necessario cognosceret illud, ergo non potest cognoscere oppositum eius quod cognoscit nec per consequens posset oppositum evenire. Hoc falsum est quia nullus eventus futurorum necessario est" (d. 38, al.op. T); ähnlich, etwas komplizierter formuliert findet sich dieses Argument in der *Lectura* (d. 39, 21).

[67] Dieses Argument findet sich lediglich in der *Lectura* (d. 39, 19).

wegen, weil der Ewigkeit Gottes alles zugleich gegenwärtig ist in seiner aktualen Existenz.[68]

Scotus wendet dagegen ein, daß die Unermeßlichkeit Gottes nur der Existenzgrund für Existierendes ist.[69] Das Zukünftige gerade qua Zukünftiges existiert zum gegenwärtigen Zeitpunkt nicht, die göttliche Ewigkeit erstreckt sich aber entsprechend der göttlichen Omnipräsenz, die sich nicht auf nichtexistente Orte erstreckt, auch nicht auf das nichtexistierende Zukünftige.[70] Zweitens könnte Gott, wenn ihm alles in seiner Aktualexistenz gegenwärtig wäre, nichts Neues erschaffen, weil alles schon erschaffen wäre.[71]

ad (b): Thomas vertritt die These[72], daß die Erstursache notwendig wirkt (weil "Gott" und "Kontingenz" nicht zusammengedacht werden können) und die Zweitursachen kontingent wirken. Dies wird durch ein Autoritätsargument des Boethius abgestützt.[73]. Die Antwort auf diesen Versuch, die ontologische Minderwertigkeit des Kontingenten mit der epistemologischen Absolutheit Gottes zusammenzubringen, ist denkbar einfach: Wenn die Erstursache notwendig kausal wirkt, wirken auch die Zweitursachen notwendig.[74] Es kann damit also keine Kontingenz (in) der Welt geben.[75] Wenn es also Kontingentes in der Welt geben soll, müssen

---

[68] Thomas, Sth I, q.14, a.13, in corp; weiters Sent I d. 38 q.1 a.5, in corp; Sent I d.38 q.4 in corp.; ScG I c.66,67; De Ver. q.2 a.12 in corp.
Die Rekonstruktion durch Scotus findet sich in *Lectura* (d. 39, 23, 32), RM (d. 38, q. 2).

[69] "Immensitas divina non est ratio exsistendi nisi in loco existente" (*Lectura* d. 39, 27).

[70] RM, d. 38, al.op., T: "Ita infinita est immensitas Dei omnibus locis sicut eternitas omnibus partibus temporis. Et tamen si immensitas Dei excederet loca in infinitum, numquam per immensitatem esset praesens vel coexistens loco potentiali".

[71] "Si omnia futura essent praesentia Deo secundum eorum actualem exsistentiam, impossibile esset Deo causare aliquid de novo" (*Lectura*, d. 39, 28).

[72] Sent I d. 38 q.1 a.5 in corp; Sth I q. 14 a. 13 ad 1; ScG I c. 67.

[73] "Respondebo namque idem futurum, cum ad divinam notionem refertur, necessarium, - cum vero in sua natura perpenditur, liberum prorsus atque absolutum videri" (De Cons. V prosa 6).

[74] Zur Verdeutlichung: Ghisalberti StSc 5, 155.

[75] "Si primo causa necessario causat et movet causam sibi proximam, et necessariam habet habitudinem ad illam, igitur illa secunda causa necessario movet hoc quod movet et causat, quia causa secunda non movet nisi in quantum movetur a prima" (*Lectura* d. 39, 35).
Scotus' Lehre von der Glückseligkeit, die der Mensch nicht notwendigerweise anstrebt, ist an eine ähnliche Argumentationskette geknüpft: Wenn die nächsten Ziele frei sind, muß auch das letzte Ziel frei sein. Nach Thomas strebt der Mensch notwendigerweise nach der beatitudo, bei Scotus ist dies - zur Rettung der menschlichen Freiheit - nicht der Fall (vgl. Ordinatio d. 1, q.2). Eines der Hauptargumente dafür, daß der Mensch nicht gezwungen ist, Glückseligkeit anzustreben, liegt darin, daß der Wille sich überhaupt enthalten kann, zu wollen "by removing the object from the consideration of the intellect" (Roberts StSc 5,

"Erstursache" und "Kontingenz" zusammengedacht werden. Die Erstursache wird so zu denken sein müssen, daß sie auch anderes hätte hervorbringen können. Diese systematische Leistung muß erst erbracht werden, was für Scotus, der die Freiheit Gottes und die Freiheit des Menschen zusammendenken will, unabdingbar ist.[76]

Die Beantwortung der Frage nach der Vereinbarkeit des göttlichen Wissens mit der Kontingenz der Dinge hängt von der Beantwortung dreier weiterer Fragen ab:

(1) Ist es eine Tatsache, daß es Kontingentes gibt?

(2) Wenn "ja", was ist die erste Ursache dieser Kontingenz?

(3) Wenn "Gott", wie ist das möglich?

ad (1): Genauso wie ein zweifacher Notwendigkeitsbegriff[77] (der Begriff einer Notwendigkeit der Unwandelbarkeit <Gott> und der Begriff einer Notwendigkeit der Unvermeidbarkeit, die eben für zukünftige Ereignisse charakteristisch ist, die vom notwendigen Wirken gewisser natürlicher Ursachen abhängig sind, wobei die Naturordnung wiederum durch den freien Schöpferwillen Gottes eingerichtet wurde) herausdifferenziert werden kann, können auch zwei Typen von Kontingenz unterschieden werden[78]: Eine, die charakteristisch ist im Fall von wandelbaren Größen, die anders sein können als sie sind; davon zu unterscheiden ist die Kontingenz der Vermeidbarkeit, die gerade in bezug auf Willensentscheidungen zum Tragen kommt. Kontingentes im Sinne des zweiten Kontingenztyps ist - im Gegensatz zur Kontingenz im ersten Fall, die an die Notwendigkeit natürlicher Ursachen gebunden bleiben kann - in keiner Weise notwendig in sich selbst. Es

---

325). "Darum bleibt die Freiheit auch, wenn man keine Möglichkeit zur Wahl hat" (Paskai StSc 5, 404).

[76] Freilich: Menschliche Freiheit wird nicht als "Gegen-Freiheit" zur göttlichen libertas entworfen, etwa in dem Sinne, daß der Mensch gegenüber der göttlichen Kausalität eine eigene Kausalität ausüben könnte. Die Freiheit des Menschen besteht im Grunde genommen nur darin, daß sie auch, wenn Gott eben anders gewollt hätte, anders ausfallen hätte können; "nicht eigentlich an eine subjektive Freiheit, sondern an ein objektives Andersseinkönnen denkt Duns, indem er hier von dem Kontingenten in der Welt, insofern es von Gott kausiert wird, redet" (Seeberg 1900:154).

[77] "... duplex necessitas; quaedam enim est necessitas immutabilitatis et quaedam inevitabilitatis..." (V, dist. 40).

[78] "Una mutabilitatis, qua aliquid in se potest aliter se habere, ut se habent mobilia et corruptibilia ista. Alia est contingentia evitabilitatis, cuius eventus et esse potest vitari et esse impediri, cuiusmodi sunt omnes actus voluntatis libere causati" (V, dist. 40); vgl. Immarrone (StSc 5, 464f).

ist natürlich dieser Typus von Kontingenz, der im Zusammenhang mit der Fragestellung nach dem göttlichen Vorauswissen interessiert.

Das Bestehen von Kontingenz überhaupt leugnen zu wollen ist eine Torheit, die Bestrafung verdient, bis der Bestrafte einsieht, daß die Bestrafung eine kontingente Angelegenheit ist, ein Argumentationstypus, den Avicenna verwendet hat[79]. Auch Aristoteles selbst, auf den sich Scotus an den zitierten Stellen der Wiener Handschrift (dist. 39) beruft, habe nur Argumente a posteriori vorgebracht[80]. Die Antwort auf die gestellte Frage lautet also: "Ja".

ad (2): Scotus' Antwort: Der erste Grund für das Bestehen von Kontingenz ist im göttlichen Willen zu suchen, denn - im Falle einer notwendigen Kausalbeziehung zwischen dem göttlichen Willen und den Dingen - wäre nichts Kontingentes im Universum, es gäbe keine Zweitursachen im Universum (aufgrund der Kausalreihe, die - einmal notwendig eröffnet - notwendig fortgesetzt wird), es gäbe kein malum in den Dingen (denn ein malum besteht nur aufgrund von Defektivität und Defizienz, was durch notwendiges Schaffen Gottes gerade ausgeschlossen wird) - was zu behaupten natürlich absurd ist.[81] Der göttliche Intellekt kommt als erster Grund des Kontingenten nicht in Frage, weil der Akt des Intellekts, der dem Willensakt vorausgeht bloß natürlich ist, sich also im Rahmen der Naturnotwendigkeiten bewegt und so nicht konstitutiv für Kontingentes sein kann[82]. Der

---

[79] "Et contra hoc [sc. contingentiam C.S.] negantes esset procedendum cum tormentis et cum igne et huiusmodi, et tam debent fustigari quousque fateantur quod possunt non tormentari, et ita dicere quod contingenter tormentantur et non necessario, sicut fecit Avicenna contra negantes..." (V, dist. 40).

[80] "Philosophus etiam ponit contingentiam esse in rebus; non probavit hoc a priori sed a posteriori" (V, dist. 40).

[81] "... dico quod prima ratio contingentiae est in voluntate divino vel actu eius comparata ad alia a se. Quod probo quia si necessario se haberet in causando alia a se: nihil esset contingens in universo, nulla etiam causa secunda esset in universo, tertio non esset malum in rebus; quae sunt absurda" (V, dist. 40). "Es gibt in der Welt zufällig verursachende Erscheinungen. Da nun jede causa secunda kausiert in quantum movetur a prima, so muss die erste Ursache in kontingenter Weise wirksam sein ... Nun ist es unzweifelhaft, dass vieles, was in der Welt geschieht, hätte nicht oder anders geschehen können. Dieser Satz wird von Duns nie bewiesen, sondern als einfaches Axiom aufgestellt. Da nun alles in der Welt von dem ersten Verursachenden abhängt, so muss dieses als in kontingenter Weise wirksam gedacht werden. Kontingent wirkt aber nur der Wille, denn alles andere, wie etwa die Erkenntnis, wirkt natürlich d.h. notwendig" (Seeberg 1900:153).

[82] "Intellectus divinus non potest esse prima ratio contingentiae quia intellectus et actus eius, ut praecedit voluntatem et actum eius, est mere naturalis, et effectus contingens non habet reduci in causam mere naturalem, sicut nec econverso" (V, dist. 40).

"Como la esencia divina es necessaria y sólo objeto natural de las potencias divinas, no puede encontrarse en ella, en su razón propísima de naturalidad y necesidad, el principio de una communicación contingente. Si un ser necessario explicara las cosas con su necesidad, las cosas procederían necesariamente de él ... Sólo la voluntad divina, en cuanto que se

göttliche Intellekt stellt dem göttlichen Willen die potentiellen Ereignisse nur vor, der Wille entscheidet sich dann frei für eine der Möglichkeiten, gewissermaßen beraten durch den Intellekt. Diese Entscheidungen des göttlichen Willens sind nicht notwendig, sondern kontingent.[83] Die Antwort auf die gestellte Frage lautet also: "Gott".

ad (3): Es geht nun um das "Quomodo", wie ist Gottes Freiheit zu verstehen? Scotus geht den Weg über die Analogie mit dem menschlichen Willen, der in bezug auf menschliche Handlungen auch nicht als notwendige Kausalursache wirkt, sondern Kontingentes kontingent zu entscheiden vermag. Im Sinne der "via eminentiae" geht es dann um die Eliminierung all dessen, was betreffend das menschliche Wollen imperfekt und perfektionsbedürftig ist[84]. Die Antwort auf die gestellte Frage lautet also: So wie der menschliche Wille als Ursache für Kontingenz wirken kann, wird auch der göttliche Wille - unter Berücksichtigung der menschlichen Unvollkommenheit und der göttlichen Perfektion - der erste Grund für das Bestehen von Kontingenz (in) der Welt sein.

Auf diesem Hintergrund kann Scotus zu seiner Problemlösung kommen.[85] Gott verfügt über eine unfehlbare und von vornherein feststehende Kenntnis der

---

confunde realmente con la misma esencia de Dios, puede explicar que esa esencia venga a ser - contingentemente, de un modo libre y totalmente gratuito - terminó inmediato de la operación de los seres creados" (De Armellada StSc 5, 145).

83 Nach dem göttlichen Willensakt, der eine Entscheidung darüber, was geschehen wird, getroffen hat, erkennt der göttliche Intellekt mit Notwendigkeit, und zwar im Sinne einer "necessitas consequentiae", nicht einer "necessitas consequentis"; das bedeutet, daß nicht die Erkenntnis Gottes das Geschehen notwendig macht, sondern die Erkenntnis erscheint notwendig in der Konsequenz der göttlichen Willensbestimmung.

84 "Hic dico quod assumendo quae sunt perfectionis voluntate in voluntate nostra respectu sui actus et dimittendo quae est imperfectionis in ea, transferendo ea quae sunt perfectionis in ea ad divina..." (V, dist. 40).

85 *Lectura* d. 39, 38ff; RM d. 38, op. auct.
Textgeschichtlich ist die Einschätzung der Lectura umstritten (vgl. Modric 1983, 1990 in Auseinandersetzung mit Richter 1988): Die Standardauffassung - jüngst vertreten in Dekker at al. 1994 - besagt, daß die Lectura dem Oxforder Denken zuzuordnen und zeitlich also vor der Pariser Reportatio anzusiedeln sei. In diesem Punkt zeigt sich, daß die Lectura wesentlich zögerlicher auftritt, während die Antwort in der RM sehr entschieden ausfällt: "Die scotistische Auffassung kommt hier viel ausführlicher und umfassender zum Ausdruck als im Opus Oxoniense" (H. Schwamm 1934:40; bestärkt durch Wolter 1990:291) - "die Grundzüge der Lösung sind im wesentlichen offensichtlich die gleichen wie im Opus Oxoniense, aber die Ausführung unterscheidet sich doch beträchtlich" (Schwamm 1934:42f) - zur Struktur im Opus Oxoniense: W. Pannenberg 1954:90-103. Eine Gegenauffassung neigt dazu, als Basis für das Opus Oxoniense die RM anzunehmen und die Lectura als eine abbreviatio der Ordinatio aufzufassen, sodaß die Lectura textgeschichtlich am Ende kommen würde, während die RM deutlich näher bei Scotus anzusiedeln sei (vgl. Richter

zukünftigen kontingenten Ereignisse, und zwar nicht nur "in generali", sondern auch "in speciali". Gott kennt von Ewigkeit her alle potentiellen Ereignisse. Dieses Wissen ist feststehend, weil wir in Gott keine Mutabilität, auch nicht in bezug auf "neues Wissen" annehmen dürfen. Die Kontingenz von Ereignissen hängt aber vom göttlichen Willen ab; daher kann alles Wissen, das - unabhängig von der voluntas divina oder lediglich aus den Gliedern einer complexio contingens her - dem göttlichen Intellekt zukommt, nicht ausreichen, um kontingente Wahrheiten zu erkennen. Der göttliche Wille bestimmt die Kontingenz, da der göttliche Intellekt die Entscheidungsmöglichkeiten "neutral und indifferent"[86] präsentiert, sodaß der göttliche Wille entscheidet, welche der offerierten Möglichkeiten wahr sein soll.[87] Das Prinzip des Willens ist das für Scotus zentrale.[88] Aufgrunddessen wurde Scotus der Vorwurf gemacht, Willen und Intellekt voneinander zu isolieren, anstatt sie in lebendiger Einheit zusammenzuführen.[89] Die

---

1988:40). Diese Position scheint gerade auf dem Hintergrund des vorliegenden Textproblems plausibel, könnte Scotus doch noch Anhänger einer eindeutigen Option gewesen sein, was sich bei seinen Epigonen verwischte. Denn die Vermehrung der Hauptargumente, die Anreicherung des Textes mit Material, das für den inhaltlichen Duktus sekundär ist, sind typische Merkmale der *Überlieferungsgeschichte* eines Textes. Die Auflösung eindeutiger inhaltlicher Optionen zugunsten einer unsicheren und argumentativ verzweigten Position kann mit gutem Recht als Fortentwicklung des Textes vom Autor gesehen werden.

86 "Ergo intellectus divinus ... est indifferens sive de se neuter" (RM, d. 38, op.auct.); Wolter übersetzt ins Englische: "The intellect ... sees this as indifferent and existentially neutral" (289). Man kann dies aber auch von der anderen Seite her sehen: "Gottes Intellekt hat kein anderes Objekt als seine Willensbestimmung. Diese ist unwandelbar und inimpedibel. Daher ist Gottes Erkenntnis der Welt schlechthin sicher und gewiß" (Seeberg 1900:159).

87 Die Art und Weise aber, wie nun aber der intellectus divinus die vom Willen bestimmte kontingente Wahrheit erkennen kann, kann auf zweifache Weise - von vornherein feststehend und unfehlbar - erkannt werden ("dupliciter potest intelligi intellectum cognoscere illam veritatem determinate et infallibiliter" (RM d. 38, op.auct.): Einerseits kann sich diese Kenntnis auf die unfehlbare "determinatio voluntatis divinae" stützen, andererseits kann die essentia divina dem intellectus als ratio cognoscendi dienen, jene kontingente Wahrheit zu erkennen. Der erste - dem Heinrich von Ghent (Quodl. VIII, q.1) zuzuschreibende - Lösungsansatz wird verworfen, obwohl diese Auslegung in der Lectura noch als durchaus akzeptabel hingestellt wurde (*Lectura* d. 39, 65 - die zweite Lösung wird hier nur als "forte melius" bezeichnet); verworfen deshalb, weil so ein "discursus" in Gott impliziert wäre und der göttliche Intellekt sein Wissen dann vom Willen erhalten und durch den Willen bewegt werden würde. Daher die Option für den zweiten Weg.

88 Scotus' Theorie des Willens läßt sich folgendermaßen zusammenfassen:
"1. The will is not a natural agent.
2. Acts of the will are in the power of the will.
3. The intellect and the object of knowledge are partial subordinate causes of acts of the will" (Roberts, StSc 5, 317).

89 Grabmann 1974:90. Auf einer anderen systemischen Ebene, kohärent mit der Trennung von Intellekt und Willen, liegt bei Scotus die Unterscheidung zwischen Willen und Natur. Es

Auszeichnung des göttlichen Willens und die systemische Auszeichnung der göttlichen Freiheit können Scotus aus systemischen Gründen nur dazu bringen, menschliche Freiheit und Kontingenz der Welt in Zusammenhang mit der göttlichen Freiheit zu bringen.

Ereignisse und Dinge sind kontingent, weil sie vom freien Schöpferwillen Gottes abhängen, nicht aber von irgendwelchen notwendigen Emanationsvorgängen, die im göttlichen Wesen oder seiner Natur verankert sind[90]. Die Dinge sind kontingent, weil sie von Gott kontingent erschaffen werden.[91] Der

---

handelt sich um zwei verschiedene Prinzipien, die scharf von einander zu trennen sind: "Die Wärme wärmt, das ist eine Tatsache, und kein Mittelglied schiebt sich zwischen diese Wirkung und ihre Ursache; der Wille will, das ist eine andere Tatsache, und diese zweite Beziehung ist nicht weniger unmittelbar als die vorausgehende. Nur die erste ist eine Naturbeziehung, die zweite ist eine Freiheitsbeziehung. Für die Tatsache, daß der göttliche Wille das gewollt hat, ist kein anderer Grund anzugeben, als daß der Wille der Wille ist" (Gilson 1959:287); dies wird von László Paskai (StSc 5) verschärft: "In seinem [i.e. Scotus' C.S.] System ist *die Freiheit eine unmittelbare Tatsache der Erfahrung*, sie ist auf nichts anderes zurückzuführen" (403).

Gewissermaßen bedeutet dies das "Ende der Kette der Begründungen", ein Motiv, das wir auch von Wittgenstein (PU 217) her kennen. Eine andere Parallele zwischen Scotus und Wittgenstein besteht diesbezüglich in der Ethikbegründung: "Schlick sagt, es gab in der theologischen Ethik zwei Auffassungen vom Wesen des Guten: nach der flacheren Deutung ist das Gute deshalb gut, weil es Gott will; nach der tieferen Deutung will Gott deshalb das Gute, weil es gut ist. Ich meine, daß die erste Auffassung die tiefere ist: gut ist, was Gott befiehlt. Denn sie schneidet den Weg einer jeden Erklärung, 'warum' es gut ist, ab" (WWK 115). Der Primat des göttlichen Willens setzt Erklärungsversuchen ein Ende. Es hat dann auch keinen Sinn mehr, weiter nach Begründungen zu fragen, was gerade in Fragen von Prädestination und Verurteilung brisant wird: Warum Gott Judas verdammt hat, kann sinnvollerweise nicht gefragt werden. Das ist eine grammatische Bemerkung im Denken des Duns Scotus; präzise dazu der Beitrag von Wolter (StSc 5) unter dem Titel "Native Freedom of the Will as a key to the ethics of Scotus".

90 "Things are contingent because they depend upon God's creative free will and not upon any necessary emanation rooted in his essence of nature" (A. Wolter <1990>, 289).

91 Zur Struktur der RM ist an dieser Stelle zu bemerken, daß der Autor, obwohl er diese Frage als bereits erledigt präsentiert hat, doch noch einen Beweis für die Unfehlbarkeit des göttlichen Vorauswissens einleitend zur Darstellung der eigenen Position anführt. Zweitens wird mit der explizit formulierten inhaltlichen Vorentscheidung gearbeitet, daß jede Erkenntnis des göttlichen Intellekts unabhängig vom Willen bloß naturnotwendig ist und sich auf ein Objekt im Rahmen der Naturnotwendigkeit bezieht und daher auch nicht frei ist ("Dico quod omnis actus intellectus qui in Deo praecedit actum voluntatis est mere naturalis et non formaliter liber et per consequens quidquid intelligitur ante omnem actum voluntatis est mere naturale" (RM, d 38, op.auct.)."Im Opus Oxoniense werden diese Gedanken teils bei der Widerlegung der Lehre von den *ideae* als Erkenntnismedium für das kontingent Zukünftige, teils im Laufe des zweiten Hauptteils entwickelt" (Schwamm 1934:44). Das in bezug auf die freie Entscheidung des göttlichen Willens in der RM angeführte Beispiel von Petrus und Judas wird im Opus Oxoniense nicht ausdrücklich verwendet. Dafür finden sich die beiden angegebenen Möglichkeiten, wie denn der Intellekt die vom Willen bestimmte

menschliche Wille ist frei, nicht von natürlichen Kausalzusammenhängen bestimmt zu wollen, aber immer noch gemäß des göttlichen Wollens.[92]

Zusammenfassend in Form eines Syllogismus[93]:

Gott weiß zum Zeitpunkt des menschlichen Willensaktes, was der menschliche Wille tun wird.

Aber Gottes Wissen ist unwandelbar.

Folglich weiß Gott, was der menschliche Wille tun wird, von Ewigkeit her.

Der menschliche Wille ist frei, weil ihn Gott dazu vorherbestimmte, frei zu sein und auch, weil der Wille nur das will, was Gott vorherbestimmt hat oder zu dessen Wollen er den freien Willen gab.[94] Fazit: Es gibt freies menschliches Wollen, aber nur unter empirischer Rücksicht (insofern der Wille nicht naturnotwendig wirkt); material jedoch wirkt der menschliche Wille freilich nichts anderes als das, was die oberste Ursache Gottes ihn wirken läßt, wenn auch in kontingenter Form. Die Freiheit des Menschen ist damit nichts anderes als ein Mittel zur Verwirklichung des göttlichen Wollens. In diesem Sinne sind auch die Naturgesetze radikal nichtnotwendig[95], was in das scotistische Universum ein Element der Instabilität - worauf soll man sich denn dann noch verlassen können? - bringt. Diese Vorstellung von der Eigenart des Universums ist ganz klar gegen das Universum der Philosophen gerichtet, in dem - gemäß gesetzlicher Regelmäßigkeit - alles so ist, wie es ist und alles geschieht, wie es geschieht. Scotus präsentiert demgegenüber einen gegen griechischen Nezessitarismus gerichteten Entwurf,

---

kontingente Wahrheit entdeckt, in dieser Form im Opus Oxoniense, die Darstellung des zweiten modus fällt aber in der Reportatio konziser aus und reduziert die "langatmig durchgeführte Gegenüberstellung notwendig erkannter Objekte und kontingenter Wahrheiten" (Schwamm 1934:45) auf einen klaren Satz.

92 Damit stellt sich auch das Problem der Prädestination: Ordination d. 46 ... Der erwählte Mensch wurde aus freien Stücken von Gott gewählt, der nicht erwählte Mensch steht von Anfang an, weil Gottes Wille anders entschied, in einer defizienten Situation. Der göttliche Wille ist, weil absolut, nicht zur Rede zu stellen. Und ein Anrecht auf Heil hat der Mensch vor Gott ohnehin nicht.

93 Nach Wolter 1990:330.

94 Der Effekt des Willens ist also an sich frei, d.h. die Konsequenzen, die Willensentscheidungen nach sich ziehen und die kausale Wirkmächtigkeit des menschlichen Willens. Per accidens ist dieser Effekt jedoch notwendig. Dieses Accidens ist die Beziehung des menschlichen Willens zum göttlichen Willen - unter dieser Rücksicht ist der Willensakt, die Volition notwendig.

95 Gilson 1959:288.

der unter die Freiheit Gottes und die Freiheit des göttlichen Wollens gestellt wird.[96]

Die Frage, die sich sofort aufdrängt: Kann hier denn noch von "freiem Willen" gesprochen werden? Handelt es sich nicht einfach um eine Unterwerfung des Willens unter ein von der Natur verschiedenes Prinzip, nämlich den göttlichen Willen? Eine andere Frage, die man stellen könnte, wäre die Frage nach dem Zusammenwirken von göttlichem Wissen und menschlicher Willensentscheidung? Ist das göttliche Wissen von der Willensentscheidung des Menschen abhängig? Wenn nicht - kann dann noch die Rede von menschlicher Freiheit gerettet werden? Es drängt sich der Verdacht auf, daß Scotus lediglich quasi-argumentativ verhüllte Postulate (Postulat von der Unabhängigkeit des göttlichen Wissens von der menschlichen Willensentscheidung; Postulat von der Freiheit des Menschen) aneinandergereiht hat. "Scotus, however, simply falls back on the commonly accepted Scholastic Doctrine that God's knowledge of the creature does not depend upon the creature in any way but is selfcontained and this secondary knowledge stems somehow from his primary knowledge of his own essence"[97]. Dieser ungelöste Fragekomplex hat sich dann in den Auseinandersetzungen um den Molinismus und den Banezianismus niedergeschlagen, die den geistes-

---

[96] Vgl. Ordinatio d. 8, n, 251 - Scotus stellt fest, daß im griechischen Denken immer in die Beziehung zwischen Schöpfer und endlichen Entitäten ein Moment der Notwendigkeit gesetzt ist; siehe dazu den Beitrag von Immarrone (StSc 5) und er entwickelt demgegenüber eine andere Theorie, die auf den Freiheitsbegriff aufgebaut ist (vgl. Solaguren StSc 2). Dieser Entwurf ist klar gegen die Philosophen gerichtet.

Konsequent lassen sich zwei Begriffe von Omnipotenz unterscheiden: "Mentre l'onnipotenza filosofica significa il possesso da parte di Dio di una infinita potenza, che di sua natura ammette però il concorso attivo delle cause seconde, l'onnipotenza teologica implica che Dio possa produrre tutte le cose possibili con la sua sola propria potenza, senza l'aiuto di cause intermedie" (Ghisalberti StSc 5, 153).

Ein anderes Problem, das sich mit diesem Verständnis von Freiheit stellt, ist die Frage nach der Glückseligkeit des Menschen, die nach Scotus (vgl. Ordinatio d. 49, q. 6) in der frei geschenkten Liebe zu Gott besteht; der "Himmel" als Zustand der Glückseligkeit stellt zugleich die Realisierung der größtmöglichen Freiheit dar - ist der Mensch dann aber auch noch frei, Gott nicht zu lieben? "Sed tunc occurrit dubium quomodo Michael beatus erit impeccabilis" (ibd., n. 10). Die Antwort: "The will retains the potency to sin, but God prevents the realization of that potency" (Prentice StSc 5, 338; siehe auch 339ff).

[97] Wolter 1990:330. Aus anthropologischer Sicht - also aus umgekehrter Perspektive - kann Seeberg zu einem ähnlich kritischen Schluß kommen: "Der Determinismus des Systems ist also nur verborgen worden durch die Wendung des Gedankens, daß die freie Kreatur nicht der immanenten Naturnotwendigkeit, sondern einem besonderen Willen Gottes folgt". Scotus selbst hat diesen Freiheitsbegriff nicht als einschränkend empfunden. Allein das Konstrukt, daß der Mensch dem innerweltlichen Kausalitätszusammenhang entkommen kann, ist ausreichend (Seeberg 1900:158). Diese Auszeichnung des einzelnen Willens, der auf Entscheidungen hin verpflichtet ist, wurde auch als Antizipation existenzphilosophischer Motive gedeutet (Kölmel StSc 5, 349).

geschichtlichen Zusammenhang weiterführen werden. Zunächst ist jedoch unmittelbar nach Scotus Kritik aufgekommen.

Resumé: Nach Scotus muß die Rede von Allwissen, Freiheit und Kontingenz um den zentralen Begriff von der "libertas divina" konstruiert werden. Dieser Begriff, mit der Rede von der "potentia absoluta" verkoppelt, wertet die Freiheit des Menschen notwendigerweise ab. Es scheint eine Modellentscheidung vorzuliegen, die göttliche oder menschliche Freiheit gegeneinander ausspielen läßt. Scotus' Begriff von "libertas divina" ist nur auf dem Hintergrund der Verschränkung von der Rede von "Gott" mit der Rede von "Kontingenz" zu verstehen.

3.3 Kritik an Scotus

Der Lösungsversuch des Ioannes Duns Scotus für die zu verhandelnde Frage nach dem Zusammendenken von göttlichem Vorherwissen, menschlicher Freiheit und Kontingenz der Welt zeichnet sich erstens durch die kompromißlose Akzentuierung der göttlichen Freiheit aus, die zum Ermöglichungsgrund, nicht der Kontrolle über den Menschen, sondern der Freiheit des Menschen wird; zweitens gelingt es Scotus den Ursprung der Kontingenz von Welt in Gott selbst zu verankern. Gerade darin liegt ein wertvoller Beitrag in einer Positivierung des von theologischen Pejorationen erschütterten Weltbegriffs. Allerdings läßt der scotische Versuch auch Fragen offen: "Wenn Gott im ersten Moment seines Wissens von dem Stein weiß, daß er sein wird oder daß er nicht sein wird, ist dann nicht sein Wissen zumindest in bezug auf *eine* Möglichkeit fallibel, da sich doch für den Augenblick, da der Stein ist oder nicht ist, bzw. der göttliche Wille beschließt, den Stein hervorzubringen oder nicht hervorzubringen, das göttliche Wissen auf jeden Fall im Hinblick auf *eine* Möglichkeit als falsch erweist?"[98] Gerade das Zusammendenken von "Zeit" und "Gott" ist Scotus nicht ohne Umgehung des Nichtwiderspruchsprinzips geglückt. Die klar *theologische* Linie seiner Antwort, die sich jedem philosophischen Nezessitarismus widersetzt, scheint mit philosophischen Standards zu brechen. Die an Scotus geübte Kritik geht in diese Richtung, wenngleich sie mit Respekt vor dem Doctor Subtilis vorgebracht wird:

Die scotistische Position in bezug auf das göttliche Vorherwissen fand im 14. Jahrhundert breite Beachtung[99], wie überhaupt "die 'opinio Scoti' zu zitieren, ... seit 1310 selbstverständlich Pflicht eines jeden Autors, sei es des Kritikers oder

[98] Bannach 1975:175.
[99] Vgl. H. Schwamm 1934:108.

des Anhängers"[100] war. Daß die Auseinandersetzungen zum Teil auf "Schulebene" ausgetragen wurden (Thomisten vs. Scotisten z.B.), ist vom Kontext mittelalterlicher Wissenschaftspraxis leicht zu verstehen.[101]

Ein Kritiker streng thomistischer Provenienz ist Thomas Anglicus, der "es in einer Skotusbekämpfung im allgemeinen an Entschiedenheit nicht fehlen läßt. Skotus ist ihm ständig iste doctor, während Thomas von Aquin als der venerabilis doctor angesprochen wird".[102] Thomas Anglicus konnte die scotistische Position deshalb nicht mittragen, weil er sie für inkonsistent befand, insofern sie sich in ihren Klärungsversuchen auf die voluntas divina stützt - wenn der göttliche Wille innerhalb dieses Systems wenigstens die Ursache aller kontingenten Ereignisse wäre, könnte dies noch akzeptiert werden; dies sei aber eben nicht so, da die kontingenten sündhaften Handlungen der Geschöpfe nicht auf die voluntas divina als Ursache rückgeführt werden könnten, was unbefriedigend ist[103]. Zum zweiten scheint es unhaltbar zu sein, ein Abhängigkeitsverhältnis zwischen göttlichem Vorherwissen und göttlichem Willen zu konstruieren, sodaß der intellectus divinus die scientia von der voluntas Dei erhält. Zudem scheint es nicht annehmbar zu sein, "daß nach Scotus die determinatio voluntatis divinae erst erkannt wird, wenn sie actu vom Willen gesetzt wird, nicht aber vorher, daß also etwas Zukünftiges nicht erkannt würde, bevor es geschieht.[104]

Auch Petrus Aureoli hat einen Diskussionsbeitrag geliefert, der sich auf eine gründliche Kenntnis der opinio Scoti und der entsprechenden Stellen stützen konnte[105]. Aureoli referiert die scotistische Lehre über die Kontingenz des göttli-

---

[100] V. Richter 1988:32.

[101] Vgl. P. Delhaye 1960:11. Auch Scotus gilt als Gründer einer Schule: "Die überragende Persönlichkeit und wissenschaftliche Lebensarbeit des Johannes Duns Scotus schuf eine Schule, welche als die geschlossenste der mittelalterlichen theologischen Schulen sich uns repräsentiert und zugleich der Thomisten- und Augustinerschule die Schwelle überschritten und in der nachtridentinischen Blütezeit der Theologie noch eine hervorragende Rolle gespielt hat" (Grabmann 1974:102).

[102] Schmaus 1957:11.

[103] "... videretur sufficienter dictum, si voluntas divina esset causa omnium contingentium ... sed non est sic, quia certum est, quod in creatura intellectuali fiunt contradictores sive partes contradictionum contingentes culpabiles, quarum voluntas divina non est causa; nec etiam per voluntatem divinam fit determinatio ad unam partem contradictionis vel ad alteram, sed sola voluntas talis creaturae determinat sibi alteram partem contradictionis. Et per consequens dicta positio sua videtur insufficiens" (Predicatorii ordinis contra Ioannem Scotum Primo sententiarum libro, Venetiis 1523, Nachdruck FfM 1966, f. 119rb).

[104] Im Wortlaut: "... secundum eam <positionem> oportet dicere secundum nostrum modum intelligendi, quod intellectus divinus accipiat a voluntate, nec sciat illud, quod futurum est, antequam fiat. Probatio, quia si accipiatur intellectus divinus ut praecedens omnem determinationem voluntatis, sic ipsa determinatio est quasi futura et eam non cognoscit intellectus divinus secundum istam positionem, antequam voluntas determinaverit ..." (ibd.).

[105] Vgl. Schwamm 1934:113-124.

chen Vorauswissens und den Status dieses Wissens; im Zusammenhang mit der immutabilitas des göttlichen Vorauswissens reformuliert er in eigenen Worten - "bemerkenswert der Ausdruck *praedeterminatio*, der hier zum erstenmal zur Kennzeichnung der scotistischen Lehre gebraucht sein dürfte"[106]. Er stellt die Ansicht des Thomas und die skotistische Position einander gegenüber und betrachtet die inhaltliche Divergenz als bloßes Mißverständnis, das auf unterschiedlichen Erklärungsansätzen des göttlichen Vorauswissens beruhe.

Der in der vorliegenden Frage bedeutsamste Kritiker Scotus' war sicherlich Wilhelm Ockham[107], der der Frage nach dem göttlichen Vorauswissen seinen "Tractatus de praedestinatione et de praescientia divina" gewidmet hatte[108]; in dieser Schrift findet sich auch die Kritik an Scotus. Zunächst faßt Ockham im Rahmen der ersten Quaestio ("utrum praedestinatio passiva et praescientia passiva sint respectu reales in praedestinato et praescito") nach der sechsten "suppositio pro istis dubiis solvendis" zusammen:

> "Der Doktor Subtilis sagt, daß der göttliche Intellekt, insofern er der Determination des göttlichen Willens vorausgeht, diese Propositionen als weder wahr noch falsch begreift. Und der göttliche Wille, indem er will, daß ein Teil dieser Kontradiktion irgendwann wahr wird, bestimmt, daß dieser Teil der Kontradiktion irgendwann wahr ist. Wenn die Determination des göttlichen Willens gegeben ist, sieht der göttliche Intellekt mit Gewißheit, daß der Teil, den der Wille als wahr haben will, wahr ist"[109].

Für Ockham sind zwei Punkte relevant: Scotus geht es erstens um das Vorauswissen Gottes und dies über die These, daß das göttliche Wissen über zukünftige kontingente Ereignisse der Determination seines Willens folgt (a). Zweitens sucht Scotus den Ursprung der Kontingenz zu begründen, Letztbegründung dafür ist der freie Wille Gottes (b). Beide Punkte werden von Ockham kritisiert:

---

[106] Schwamm 1934:119.

[107] Vgl. Ghisalberti Stsc 5:161ff, Bannach 1975:182-225.

[108] Ed. Ph. Boehner, in: Opera Philosophica II, Editiones Instituti Franciscani Universitatis S. Bonaventurae, St. Bonaventure, N.Y. 1978. Zitate entnehme ich dieser kritischen Ausgabe.

[109] "Et dicit *Doctor Subtilis* quod intellectus divinus prout quodammodo praecedit determinationem voluntatis divinae, apprehendit illa complexa ut neutra, et voluntas determinat alteram partem esse veram pro aliquo instanti, volens alteram partem esse veram pro eodem instanti. Posita autem determinatione voluntatis, intellectus divinus videt determinationem voluntatis suae quae est immutabilis: videt evidenter alteram partem esse veram, illam scilicet quam voluntas sua vult esse vera certitudinaliter" (p. 516). Die Tatsache, wie sorgsam und ausführlich Ockham den zu kritisierenden Autor rekonstruiert, spricht für die Autorität, die Scotus für ihn hat.

(a) Scotus behauptet, daß Gott *in primo instanti* einen Satz, der ein Gegenteil ausdrückt, als neutral erkennt. Die Sätze "Der Stein wird fallen" und "Der Stein wird nicht fallen" sind für den göttlichen Intellekt, vor der Setzung des Willens, gleichwertig. Ockham stellt die Frage, ob die "certitudo" des göttlichen Vorauswissens ausreichend begründet werden kann - ob die Determination des geschaffenen Willens notwendigerweise der Determination des göttlichen Willens folgt. Wenn das so ist, wirkt der Wille so notwendig wie das Feuer, und "meritum" und "demeritum" (und damit jedes Konzept von menschlicher Freiheit) sind zerstört. Wenn das aber nicht so ist, dann ist die Determination des geschaffenen Willens nötig, um "determinate" zu wissen, daß ein Teil der Kontradiktion wahr ist. Die Determination des göttlichen Willens ist nicht hinreichend, weil der geschaffene Wille das Gegenteil von dem wählen kann, was der göttliche Wille determiniert. Und daher, weil der geschaffene Wille nicht von Ewigkeit her existiert hat, würde Gott keine certa scientia der Zukunft von Ewigkeit her haben.[110]

Da Gott, um im scotistischen Modell zu bleiben, nicht nur von seinem eigenen Willen, sondern auch vom Willen des jeweils (kontingent) Handelnden wissen muß, um über die zukünftigen, kontingenten Ereignisse Wissen zu haben, kann sein Wissen nicht ewig sein, weil der Wille des Handelnden nicht von Ewigkeit her besteht.

Ein zweiter Einwand Ockhams geht gegen den Status des göttlichen Willens im scotistischen Denkmodell: Wenn etwas in kontingenter Weise determiniert derart ist, daß es nicht determiniert werden kann / je determiniert werden konnte, dann kann es auf der Grundlage einer solchen Determination kein gewisses und unfehlbares Wissen geben. Nach Scotus treffe diese Art von Determination gerade auf die Determination künftiger kontingenter Ereignisse zu...[111]

(b) In der dritten Quaestio des *Tractatus* setzt sich Ockham mit der Frage auseinander, "quomodo potest salvari contingentia voluntatis creatae et increatae in causando aliquid extra". Zunächst referiert er die opinio Scoti[112], um dann seine

[110] Der wörtliche Text: "...quaero utrum illam determinationem voluntatis divinae necessario sequatur determinatio voluntatis creatae aut non. Si sic, igitur voluntas necessario ageret sicut ignis, et ita tollitur meritum et demeritum. Si non, igitur ad sciendum determinate alteram partem contradictionis illorum requiritur determinatio voluntatis creatae, quia determinatio voluntatis increatae non sufficit, cum voluntas creata possit in oppositum illius determinationis. Igitur cum illa determinatione voluntatis non fuit ab aeterno, non habuit Deus certam notitiam illorum" (p. 517).

[111] Der wörtliche Text: "Quando aliquid determinatur contingenter, ita quod adhuc possibile est non determinari, et possibile est quod numquam fuisset determinatum, propter talem determinationem non potest haberi certa et infallibilis notitia; sed hiuusmodi est determinatio voluntatis divinae respectu futurorum contingentium secundum eum <= Scotum>..." (ibd.).

[112] "Dicit hic Scotus quod in voluntate creata est duplex potentia ad opposita: una manifesta ... alia potentia non manifesta ..." (p. 533). Scotus geht davon aus, daß der geschaffene Wille

Einwände "contra opinionem Scoti" vorzubringen: Ockham argumentiert - der Form nach eine reductio ad absurdum - zunächst mit dem Begriff der "potentia realis": eine Fähigkeit, die nicht auf einen Akt zurückgeführt werden kann, ist keine potentia realis, noch muß sie realiter gesetzt werden; dann mit dem Widerspruchsprinzip: Falls es aber so ist, daß eine nicht-offensichtliche Fähigkeit doch gesetzt werden kann, dann ist der Satz "Der Wille will dies" zum Zeitpunkt t1 wahr. Aber ebenso kann das Nichtwollen auf einen Akt zurückgeführt werden, also wären diese zwei kontradiktorischen Sätze beide zugleich wahr.[113] Scotus hat also die Frage nach dem Ursprung des Kontingenten in den Augen Ockhams nicht überzeugend gelöst: Der scotische Begriff von der Freiheit Gottes ist nicht mit dem Widerspruchsprinzip vereinbar: Wenn man nämlich den Kern der Freiheit des göttlichen Willens in dessen Indifferenz gegenüber einander entgegengesetzen Wirkungen ("indifferentia ad oppositos effectus")[114] sieht, hebt man das Nichtwiderspruchsprinzip und damit die Grundlage vernünftigen Argumentierens auf. Göttliche Freiheit in der scotischen Konzeption ist mit den auch von Scotus angewandten Mitteln der Logik nicht zu vereinbaren.

Ockhams eigene systematische Position stellt aber den Diskussionsrahmen nicht in Frage:

Gottes Wissen erstreckt sich auch auf künftiges Kontingentes. Gottes Wissen (scientia) von den künftigen kontingenten Ereignissen ist endgültig (determinata), unfehlbar (infallibilis), unveränderlich (immutabilis) und notwendig (necessaria).

---

eine zweifache Fähigkeit in bezug auf Entgegengesetztes hat, eine offensichtliche, die sich zu gegenteiligen Gegenständen/Akten mit einer Abfolge verhält, so daß ein geschaffener Wille etwas zum Zeitpunkt t1 wollen und nicht wollen oder zum Zeitpunkt t2 nicht wollen kann. Die nicht-offensichtliche Fähigkeit auf der anderen Seite verhält sich zu Gegenteiligem ohne Abfolge ("successio"). Scotus geht davon aus, daß es zu ein- und demselben Zeitpunkt mehrere Naturzustände gibt; wenn es in diesem Fall jetzt einen geschaffenen Willen gäbe, der nur für einen Zeitpunkt bliebe und dann auf kontingente Weise irgendetwas möchte, dann hätte der Wille für die gleiche Zeitdauer, in der dieser Willensakt gesetzt wird, die potentia ad oppositum actum, beispielsweise könnte er den gewollten Akt auch nicht wollen.

113 "Contra illam opinionem: illa potentia quae per nullam potentiam potest reduci ad actum non est potentia realis nec realiter ponenda; haec potentia non manifesta est huiusmodi; ergo etc. Minor probatur, quia sic, tunc haec est vera pro a instanti 'voluntas vult hoc'; sed *perte* pro eodem instanti respectu non velle potest reduci ad actum, ergo pro eodem instanti istae essent simul verae: 'voluntas vult hoc', 'voluntas non vult hoc', et sic contradictoria erunt simul vera" (p. 533f.).

114 Darin liegt schließlich der Hauptunterschied zwischen göttlichem und menschlichem Wollen: Dem göttlichen Willen ist es aufgrund der potentia absoluta möglich, entgegengesetzte Wirkungen hervorzubringen. Eine Einlösung dieses Postulats wird sich nur unter Umgehung des Widerspruchsprinzips im Modell leisten lassen.

Durch die Unterscheidung von einem strengen und einem weiten Wissensbegriff ("linguistic turn"!) gelingt es Ockham, das göttliche Wissen nicht nur als (strenges) Wissen vom Wahren auszuweisen (Gott weiß alles Wahre), sondern auch als (weites) Wissen vom Falschen und Unmöglichen.[115] So können auch mögliche und noch nicht verwirklichte, nicht notwendige, eben zukünftige und kontingente Sachverhalte von Gott gewußt werden.

Der assertorische Satz 'Gott weiß, daß X prädestiniert ist' hat einen propositionalen Gehalt, der notwendig wahr oder falsch sein muß. Nun handelt aber jede Aussage über Prädestination von zukünftig Kontingentem und erhält dadurch modalen Charakter. 'Gott weiß' impliziert daher die modale Proposition: "Gott weiß, daß es möglich ist, daß x", wobei "x" für ein beliebiges zukünftiges kontingentes Ereignis steht. Der Behauptungsteil "daß x" (in unserem Beispiel: "daß X prädestiniert ist") ist aber wahr oder falsch auf bloß kontingente Weise. Daher ergibt sich eine zweifache Modalitätsstruktur: Gott weiß notwendig, "daß es möglich ist, daß x" (daß x prädestiniert ist), aber Gott weiß nur kontingent, ob x nun wirklich prädestiniert sein wird oder nicht, d.h. ob der Behauptungsteil "daß x" wahr oder falsch sein wird.

Plausibilisiert wird die These vom kontingenten Charakter des göttlichen Vorauswissens mit einem Beispiel aus der menschlichen Erfahrungswelt: Der Intellekt kann aufgrund ein und derselben intuitiven Kenntnis von Begriffen evidenterweise kontingente und widersprüchliche Sätze erkennen (wie zum Beispiel 'a existiert' oder 'a existiert nicht'), so kann man in ähnlicher Weise Gott zuerkennen, daß er so vollkommene und klare intuitive Kenntnis hat, daß sie sich selbst auf Vergangenes und Zukünftiges erstrecken kann, sodaß diese intuitive Kenntnis selbst weiß, welcher Teil des Widerspruchs wahr und welcher Teil falsch ist.[116] Eine klare Definition von "kontingent wissen" gibt Ockham aber nicht.[117]

Zum Status des göttlichen Wissens: Gott weiß zu jeder Zeit, daß ein zukünftiger Sachverhalt realisiert werden kann; das göttliche Wissen bezieht sich aber nur auf die Handlungsmöglichkeit, nicht auf die Handlungswirklichkeit/die Handlung selbst; und daher kann das göttliche Wissen in den oben genannten Eigenschaften niemals frustriert oder getäuscht werden.

---

[115] "... 'scire' in ista materia accipitur *large*, scilicet pro cognitione cuiuscumque, et sic Deus cognoscit omnia tam incomplexa quam complexa, necessaria, contingentia, falsa et impossibila; vel *stricte*, et sic idem est quod cognoscere verum..." (p. 518).

[116] Im Wortlaut: "Potest tamen talis modus assignari, nam sicut ex eadem notitia intutiva aliquorum incomplexorum potest intellectus evidenter cognoscere propositiones contingentes contradictorias, puta quod a est, a non est, eodem modo potest concedi quod essentia divina est notitia intuitiva quae est tam perfecta, tam clara quod ipsa est notitia evidens omnium praeteritorum et futurorum, ita quod ipsa scit quae pars contradictionis erit vera et quae pars falsa" (p. 518).

[117] Vgl. D. Perler (1988:80).

Resumé: Die Kritik durch Ockham läßt den Willensbegriff bei Scotus auf deterministische Konsequenzen hin überprüfen und klagt das Nichtwiderspruchsprinzip ein. Ockham selbst differenziert mit sprachlogischen Überlegungen den Wissensbegriff und radikalisiert die Lehre von der doppelten Macht Gottes. Damit hat Ockham, gerade auch aufgrund der zu verhandelnden Frage, seinen Beitrag zur "Legitimität der Neuzeit" geleistet.[118]

[118] Blumenberg (1966) weist auf die damit verbundene Unverläßlichkeit der Gottesbeziehung, auf die Entsicherung des Verhältnisses Gott-Mensch hin. Der Mensch sieht sich gezwungen, Stabilität und Ordnung selbst herzustellen: "Der in der Verborgenheit Gottes seiner metaphysischen Garantien für die Welt beraubte Mensch konstruiert sich eine Gegenwelt von elementarer Rationalität und Verfügbarkeit"(137). Die Neuzeit wird als bewußter Gegenentwurf zur potentia absoluta ausgewiesen.

C Bausteine theologischer Modellbildung

4. Ein Modell

In dieser Arbeit wird Theologie als Modellwissenschaft ausgewiesen, die Orientierungsversuche formuliert - und damit: symbolisch repräsentiert. Theologische Reflexion unternimmt den Versuch, Satzsysteme bereitzustellen, die Glaubenssysteme repräsentieren und die in diesen Glaubenssystemen ausgedrückten Orientierungsversuche kritisch auf ihr Regelwerk hin hinterfragen. Diese "Metapragmatik" erfolgt in der Modellbildung. Theologische Modelle haben performativen Charakter, insofern sie in der religiösen Praxis entstehen, insofern die Modellbildung Teil der religiösen Praxis ist, insofern sie religiöses Leben anleiten. Präzise in diesem Sinn ist Theologie eine praktische Wissenschaft. Im Anschluß an Scotus kann Rationalität ("Grammatik") und Pragmatik ("Lebensform") verbunden und die theologische Praxis auf ein letztes kommunikatives Ziel, auf die Interaktion Mensch-Gott, hingeordnet werden. Daher kann auf scotistischem Hintergrund auch für eine diakonische Basis der Theologie, für eine theologische Basistheorie in einer Theorie diakonischen Handelns plädiert werden. Die Rede von Theologie als einer "scientia practica" ("Lebensform") wird in ihrer Hinordnung auf die Theo-Praxis noch dadurch verschärft, daß im Anschluß an Scotus Gott zum Subjekt, zum alleinigen Subjekt der Theologie gemacht werden kann. Dadurch erhalten die Modelle der Theologie metapragmatischen Charakter, die - als Praxis - Praxis anleiten und Orientierungswissen für die religiöse Praxis bereitstellen.

Die kommunikativen Anforderungen an den Prozeß theologischer Modellbildung sind *Verstehbarkeit* auch auf der Folie der Säkularisierung, sind *Umsetzbarkeit* auf Orientierungsdefizite religiöser Praxis, sind *Einlösbarkeit* der Subjekthaftigkeit Gottes im Dialoggeschehen Mensch-Gott. Theologische Modelle haben damit die Übersetzbarkeit auf "Nicht-Theologie" hin, Orientierungswert auf "Lebenswelt" hin, Possbilität auf "Gott" hin zu gewährleisten. Die damit provozierte hermeneutische Anstrengung theologischer Modelle dient der Erzeugung von Orientierungswissen. Wie ist das in der vorliegenden Frage nach Allwissen Gottes, Freiheit des Menschen und Kontingenz der Welt zu leisten?

4.1 Worum es nicht gehen kann

Die Frage nach Allwissen Gottes, Freiheit des Menschen und Kontingenz der Welt kann auf vorliegendem Hintergrund nicht als eine *theoretische* Frage aufgefaßt werden, die *deskriptive* Sätze einklagt, welche den Status von Hypothesen über die Konstellation von Gott und Welt haben. Es kann also nicht darum gehen, Sätze zu sammeln, die eine mögliche Welt entwerfen, in der Kontingenz, Allwissen und Freiheit, Welt, Gott, Mensch harmonisch zusammenkomponiert werden. Theologische Fragen sind keine Fragen über die Formulierbarkeit eines expandierten Weltverständnisses (Diesseits und Jenseits), das sich in Glaubensformeln kalkulieren ließe. Theologische Fragen sind - theologia ut scientia practica - *praktische* Fragen, die den Vernunftgebrauch in der Theologie im Bereich rational organisierbarer und willentlich entscheidbarer Praxis verankern lassen. Bereits der Status der Frage als praktischer Frage und bereits der Status der theologischen Modelle als praktische Modelle weisen die *Beschreibbarkeit* dieses Verhältnisses zurück.

Es kann also bei der theologischen Modellbildung nicht darum gehen, Antwort auf eine Frage zu geben, deren richtige Antwort sich "objektiv" festschreiben ließe. Die Rekonstruktion von Theologie als einem kommunikativen Geschehen macht die Rede von Gott von Dialogbedingungen, die Rede von Welt von einem Erfahrungshorizont, die Rede vom Menschen von kommunikativen Grunderlebnissen abhängig. "Gott" ist keine statische Größe, kein obiectum, das sich auf den Begriff bringen ließe. Gott ist handelndes Subjekt der Theologie. Es kann also nur darum gehen, Bedingungen der Möglichkeit von Gottesdiskurs anzugeben, der Leben ermöglicht und zum religiösen Handeln befreit; unbeschadet der Erfahrung von Sünde und Übel. Ist dies nach "Lissabon und Auschwitz"[1] noch möglich?

1 Vgl. Ammicht-Quinn 1992.

4.2 Possibilität, Risiko, Chance: Kontingenz

4.2.1 Kontingenz als Orientierungsprovokation

(1) Zwischen Reden und Schweigen
(2) Signatur Auschwitz
(3) Das Scheitern der Religionen an der Signatur Auschwitz
(4) Grenzen der Orientierungsangebote

(1) Aufgabe der Theologie ist es, Orientierungswissen für die als praktisch ausgewiesene Frage nach Vorherwissen, Freiheit und Kontingenz bereitzustellen. Das "Spiel" dieser Frage zeichnet sich durch hohe Einsätze aus. Der Horizont der Fragestellung sollte bereits ausgewiesen haben, daß das Selbstverständnis des Menschen und das Gottesbild auf dem Spiel stehen. Die Frage nach der Verortung von Theopraxis und Glaubenspraxis wird nicht durch theoretische Neugierde oder akademisches Interesse geweckt, sondern durch die Erfahrung von Kontingenz als Leid, Not, Elend, Tod, Krankheit, Destruktion, Ungerechtigkeit und Unsicherheit provoziert. Die akademische Frage vermeintlicher Unbeteiligung transformiert sich auf diesem Erfahrungshintergrund eines "Glaubensparadoxes" zu den anklagenden Fragen "Wer ist unser Gott?" oder "Was ist der Mensch?" oder "Ist die Welt absurd?"

Die dualistische Versuchung (Gottesentlastung durch ein Prinzip des Bösen)[2], die pessimistische Versuchung (Der Mensch ist ein Untier), die nihilistische Versuchung (Die Welt ist absurd)[3] bieten sich als Antwortsurrogate an. Ist dies die letzte Antwort? Welchen "Trost" kann man von der Theologie erwarten? Scheint es nicht authentischer zu sein, wenn die Theologie schweigt? Welche

---

[2] Vgl. Scheffczyk 1990.

[3] Camus 1960. Illustrierend: "In einem Universum, das plötzlich der Illusionen und des Lichts beraubt ist, fühlt sich der Mensch fremd. Aus diesem Verstoßensein gibt es kein Entrinnen, weil er der Erinnerungen an eine verlorene Heimat oder der Hoffnung auf ein gelobtes Land beraubt ist. Dieser Zwiespalt zwischen dem Menschen und seinem Leben ... ist eigentlich das Gefühl der Absurdität" (11). Die "gefährliche Erinnerung" (Metz) an eine verlorene Heimat, die ebenso gefährliche Hoffnung auf ein gelobtes Land bieten Kritik- und Veränderungspotential und vermögen in der Kontingenz der Welt Sicherheiten zu schaffen, die Camus in einem Maße abhanden kommen, daß die Welt als solche absurd, die Lebenserfahrung als totale gebrochen wird. Das Scheitern im Existenzialismus ist ein Scheitern an der Kontingenz.

Worte sind über Auschwitz zu verlieren? "Die Sucht der Theologen, zu deuten und zu reden, wo Schweigen angemessen wäre, ist schwer erträglich".[4]

Worüber man nicht schweigen kann betitelt W. Oelmüller einen jüngeren Sammelband zur Theodizeefrage.[5] Die Frage nach dem unschuldigen Leiden, die Sensibilität "für die Not derer, die in der heutigen Gesellschaft zugrundegehen"[6], kann ohne das Projekt der Gesellschaftskritik, auch wenn an individuellen Notsituationen aufgerissen, nicht kontextualisiert werden. Individuelles Leiden ist Ausdruck gesellschaftlicher Dysfunktionalitäten: "Wenn es im Hinblick auf das Ausmaß des Leidens signifikante Unterschiede zwischen den Individuen gibt und wenn dieses Leid mindestens zum Teil darauf zurückzuführen ist, daß sie bestimmte soziale und moralische Probleme nicht oder nur unzureichend lösen können, dann gibt es offenbar pathogene Erscheinungen in der Gesellschaft, die auf ihre Struktur selbst zurückweisen".[7] Die Kontingenz der Welt, herabtransformiert vom vagen kosmologischen Kontext auf die Ebene der Gesellschaft provoziert das Bewußtsein, daß die Strukturen der sozialen Welt nicht so sein müßten, wie sie sind. Darin liegt einerseits eine kritisch-utopische Kraft, andererseits erscheint die Ohnmacht gegenüber den herrschenden Machtmechanismen, die Elend zementieren und Kontingenz salopp nach dem Motto "Jeder ist seines Glückes Schmied" deuten lassen, umso tragischer.

Allerdings ist die Einordnung des Phänomens "Leiden" in den kulturellen Kontext nicht unproblematisch, "die Vielheit der auf verschiedene Weisen benannten, im Grunde jedoch namenlosen Leiden, die Leiden der Namenlosen: Krankheiten, Tod und Untergang von Individuen und Arten in der Natur durch die Natur selbst, aber auch durch Menschen: Folter, Unterdrückung, Hunger, Krankheiten, Verelendungen, Tod und Untergang von Einzelnen, Völkern und Kulturen in der Geschichte durch die Natur, vor allem jedoch durch Menschen: Vernichtungen, Zerstörungen, Verletzungen, Beschädigungen von Menschen in ihrem Zusammenleben in engeren und weiteren Kreisen. Bei der Vielheit der Widerfahrnisse und Erfahrungen von Leiden kann man auf der menschlichen und zwischenmenschlichen Ebene selten hinreichend genau unterscheiden zwischen seelischen und leiblichen, selbstverschuldeten und fremdverschuldeten, 'natürlichen' und 'nicht-natürlichen' Leiden: Menschen sind oft Täter, häufiger Opfer, noch häufiger Täter und Opfer zugleich".[8] Zudem stößt die Rede

---

[4] Sölle 1973:29.

[5] Oelmüller 1992.

[6] Horkheimer 1968b:199.

[7] Dreitzel 1980:14.

[8] Oelmüller 1992:72.

vom Leid an die von Wittgenstein immer wieder angerufenen "Grenzen der Sprache" und die Grenzen des orientierungsschaffenden Instrumentariums.[9]

(2) Eine Signatur der Auseinandersetzung mit dem Leid bildet das Ereignis Auschwitz. Die Gedenkfeiern 1995 stellen die auch gesellschaftlich neu erwachte Sensibilität unter Beweis. Auschwitz war - an diese Hoffnung wollen wir uns klammern - "aufhaltsam", kontingent, bekämpfbar, zu verhindern. Aus dieser Einsicht speist sich die Hoffnung, daß ein Ereignis Auschwitz - geschrieben zur Zeit des grausamen Kriegs im ehemaligen Jugoslawien - sich nicht wiederholen wird, im Ansatz aufzuhalten ist. Die Provokation von Orientierungsentwürfen durch Auschwitz liegt in der Überzeugung, "die äußerste Möglichkeit, daß der Selbstbehauptungswille des neuzeitlichen Subjekts und einer auf Herrschaft zielenden instrumentellen Vernunft sich schließlich im Willen zur Vernichtung alles Entgegenstehenden verdichte und dabei auch die Selbstvernichtung in Kauf nehme, sei nicht eine erst noch ausstehende Möglichkeit, sondern dieses Ungeheuerliche habe sich schon ereignet".[10] Auschwitz war der Rückfall in die Barbarei, den jede "Erziehung nach Auschwitz" zu thematisieren habe.[11] Die Rede von "Auschwitz" verändert auch die Rede von "Kontingenz", die an eine erfahrene und durchlittene Unheilspraxis rückzubinden ist: "Angesichts von Auschwitz ist es nur realistisch, von Schuld und Realität des Bösen zu sprechen".[12]

Auschwitz steht für ein handlungsanleitendes "Nie wieder", das den soziopolitischen Kontext zäsurartig prägt. Das Ereignis Auschwitz, Metapher für Unmenschlichkeit und rationale Vernichtung, hat auch den Rationalitätsbegriff in Frage gestellt, vielleicht: ad absurdum geführt.[13] Eine breite Diskussion hat Auschwitz als Wendepunkt der Geschichte[14], als Zivilisationsbruch[15], als Kontinuitätsbruch[16] bezeichnet und eine neue Beschäftigung der Philosophie mit

---

9 "Philosophische Reflexionen zum Phänomen des Leidens" (1986) leitet Rainer Piepmeier folgendermaßen ein: "Angemessener als bei anderen philosophischen Themen scheint es mir, seinen Versuch, etwas zum Phänomen des Leidens auszusagen, in seiner Unangemessenheit zu benennen" (66).

10 Peukert 1988:180 (in einer Rekonstruktion Adornos).

11 Adorno 1977:674-690; Auschwitz stellt nicht nur den Rationalitätsbegriff, sondern die Grundlage einer Kultur, die gesellschaftliche Lebenspraxis, die Möglichkeit versöhnter Koexistenz in Frage; das "Lebenswissen" ist nach Auschwitz ein anderes geworden; vgl. Weßler 1980.

12 John 1988:206.

13 Man denke an das Projekt der Dialektik der Aufklärung (Horkheimer/Adorno 1971).

14 Horkheimer/Adorno 1971:179; vgl. E. Fleischner 1977.

15 D. Diner 1988.

16 E. Schüssler Fiorenza / D. Tracy 1984.

der Frage nach unschuldigem Leid eingeleitet. Für Robert Nozick stellt das Ereignis Auschwitz einen modernen Sündenfall dar, der einen quasi-infralapsarischen Kontext erzeugt.[17] Zugleich erschreckt die Banalität von Auschwitz[18], die simplen Strukturen des verbeamteten Mordes, des "Mordes von Millionen durch Verwaltung" (Adorno). Auschwitz ist nicht Resultat genialer Streiche oder brillanter Errungenschaften, sondern Konsequenz kühler Administrationsleistungen, Auswuchs einer Beamtenkultur, die - als "geschlossene Gesellschaft" - die Agora philosophischen Diskurses ausgemerzt hat. Auschwitz hat "das Mißlingen der Kultur unwiderleglich bewiesen. Daß es geschehen konnte inmitten aller Tradition der Philosophie, der Kunst und der aufklärenden Wissenschaften, sagt mehr als nur, daß diese, der Geist, es nicht vermochte, die Menschen zu ergreifen und zu verändern ... Alle Kultur nach Auschwitz, samt der dringlichen Kritik daran, ist Müll ... Nicht einmal Schweigen kommt aus dem Zirkel heraus; es rationalisiert einzig die eigene subjektive Unfähigkeit mit dem Stand der objektiven Wahrheit und entwürdigt dadurch diese abermals zur Lüge".[19] Auschwitz steht damit für ein Scheitern der Orientierungsangebote, die zum Schweigen verdammt sind. Dennoch: Nicht einmal Schweigen kommt aus dem Zirkel heraus - welche Konsequenzen hat das Schweigen nach Auschwitz, das Verbot etwa, nach Auschwitz noch Gedichte zu schreiben? "Adornos Verbot, das übergroße Leid und das unvorstellbare Sterben des jüdischen Volkes nicht einmal in Gedichten nennen zu dürfen, errichtet ein Tabu ... Das perennierende Leiden hat soviel Recht auf Ausdruck wie der Gemarterte zu

---

[17] "Ich glaube, daß der Holocaust ein Ereignis wie der Sündenfall ist, wie ihn das traditionelle Christentum auffaßte, etwas, das die Situation und den Status der Menschheit radikal und drastisch ändert. Ich selbst glaube nicht, daß es tatsächlich jenes Ereignis von Eden gegeben hat, seit dem der Mensch in Erbsünde geboren ist, aber etwas Ähnliches ist jetzt geschehen. Die Menschheit ist gefallen ... Die christliche Theologie hat die Auffassung vertreten, daß es in der Situation der Menschheit zwei entscheidende Verwandlungen gegeben hat, zuerst den Sündenfall und dann die Kreuzigung und Auferstehung Christi ... Ganz gleich, welche Situation oder Möglichkeit die Kreuzigung und Auferstehung herbei führen sollte, sie sind zu Ende; der Holokaust hat die Tür geschlossen, die Christus geöffnet hatte. Der Holocaust ist eine dritte entscheidende Verwandlung" (R. Nozick 1991:263).

[18] Vgl. H. Arendt 1963. Arendt zeigt sich vor allem über Eichmanns Uneinsichtigkeit (etwa: "Ich habe nur meine Pflicht getan") erschüttert, der jegliche Verantwortung institutionalisiert und in dem hierarchisch organisierten Beamtenapparat nach oben abschiebt. Damit steht Auschwitz "für ein Böses, das von Menschen verursacht, also kein Übel oder Naturereignis ist, und dennoch nicht bestimmten Individuen zugerechnet werden kann, weil es den Kreis je individuellen Handelns, individueller Verursachung und Verantwortlichkeit überschreitet" (C. Schulte 1991:350); allerdings bleibt die Realität dieses Bösen unleugbar; vgl. John 1987.

[19] Adorno 1973:359f.

brüllen; darum mag falsch gewesen sein, nach Auschwitz ließe kein Gedicht mehr sich schreiben".[20] Das "Schweigen nach Auschwitz" erhält aufgrund der Signatur des Ereignisses Auschwitz eine spezifische, legitimationsheischende Konnotation: Wer schweigt, steht auf der Seite des Stärkeren.

(3) Unsere kontingenzscheue Kultur schweigt konsequent. Kulturphilosophische Analysen wiederum weisen auf "das Verschwinden" des Leidens, auf die Anästhetisierung von den Lebensproblemen hin; "Leiden" als Inbegriff der Lebensprobleme gilt als "verschweigenswert" und "unsagbar" und deuten auf gravierende Orientierungsverluste hin: "Die obsessive Angst vor dem Leiden, vor dem Mißerfolg, vor der Verschlechterung der eigenen Lebensposition, die obsessiven Neidgefühle gegenüber jenen, die es 'geschafft' haben, die Unfähigkeit, Niederlagen und Schmerz selbständig zu verwinden, all das sind Symptome ein und derselben Erscheinung: des Verlustes ... von Werkzeugen, mit deren Hilfe der einzelne, kraft seiner eigenen Bestände, sich das Gleichgewicht angesichts der Niederlagen und Leiden wiedererstatten könnte ... Wenn ich sage, daß wir in einer Kultur der Analgetika leben, so denke ich vor allem an die Einrichtungen der Zivilisation, an die Formen der Sittlichkeit und Modi des Zusammenlebens, dank deren wir die Quellen des Leidens vor uns tarnen können, ohne den Versuch zu unternehmen, sie zu beseitigen oder sich ihnen zu widersetzen".[21]

Das religiöse Heilspotential schwankt zwischen "billiger Gnade" (Bonhoeffer), "billigem Trost" also, und dem Eingeständnis des Versagens: Die Rede vom "guten Gott" und der "besten aller möglichen Welten" erscheint zusehends legitimationsbedürftig. Leibniz' Versuch[22], die Übel der Welt in einem Makrokontext zu bagatellisieren (was sind die Übel der Welt angesichts der Unermeßlichkeit des Universums?) und in einem Kontext der "besten aller Welten" zu verankern, kann durch konkrete Ereignisse, die den Rahmen der Studiestube sprengen, erschüttert werden: "Das Erdbeben von Lissabon reichte hin, Voltaire von der Leibniz'schen Theodizee zu kurieren".[23] Ein derartiges

---

[20] K. Laermann 1992:7.

[21] Kolakowski 1974:115f. Dennoch geht totalitäre Kontingenzbewältigung gerade eben nicht mit Sinnbewältigung und Lebensbewältigung einher; das Verschweigen von Leid und Lebensproblemen setzt kulturelle Defizite großer Tragweite frei - "nicht umsonst haben denn auch die weitesten entwickelten Industrienationen, die die Leidlosigkeit geradezu in ihr System eingeplant haben, die höchsten Selbstmordquoten der Welt" (62); vgl. die Analysen von Postman 1987, 1992; ebenso Büchele 1993.

[22] Dazu siehe v.a.: Geyer 1983, 1992; R. Ammicht-Quinn 1992.

[23] Adorno 1970:353.

einschneidendes, Ereignis, eine Zäsur in den theologischen Theodizeeversuchen stellt Auschwitz dar[24]:

Das herkömmliche Erlösungs- und Trostpotential der Religionen scheitern an der Signatur Auschwitz: Hans Jonas[25], Elli Wiesel[26], Peter Koslowski[27] mögen als Beispiele für Argumentationsstrategien stehen, die es erlauben, vom "leidenden Gott" zu sprechen. Damit wird konsequent mit dem Topos des Allmachtsdenkens gebrochen.[28] Unsere Frage nach dem Vorherwissen Gottes und der Freiheit des Menschen stößt damit auf eine Reflexionspflicht: "Wenn man an der Vorstellung der Güte und Allmacht Gottes festhält, dann ist das nur möglich und intellektuell redlich, wenn man mitbedenkt, daß diese Vorstellung, dieser Glaube durch Auschwitz bedroht ist".[29] Die Religionen als Orientierungssysteme, die Erlösungsangebote unterbreiten, müssen sich in ihrer Funktion, vor allem auch in ihrem Reden über die Lebensprobleme und das Leiden, neu definieren: "Macht Religion glücklich? Macht sie 'reif'? Schenkt sie Identität, Heimat, Geborgenheit, Frieden mit uns selbst? Beruhigt sie die Angst? Beantwortet sie Fragen? Erfüllt sie die Wünsche, wenigstens die glühendsten? Ich zweifle. Wozu dann Religion, wozu dann ihre Gebete? Gott um Gott zu bitten, ist schließlich die Auskunft, die Jesus seinen Jüngern über das Gebet gibt [vgl. Luk 11,1-13, spez. 11,13]. Andere Tröstungen hat er, genau genommen, nicht in Aussicht gestellt."[30]

Johann Baptist Metz hat daraus für die Theologie die Konsequenz gezogen, daß das angemessene Schweigen der Orientierungsinstanzen in ein Tun transformiert werden muß. Das Tröstungspotential der Religionen darf nicht zu einem Vertröstungspotential mutieren, das die Leidproblematik eschatologisch "aufhebt".[31] Der theologisch bedeutsamste Topos dieser Vertröstungsstrategie

---

24 Vgl. Ginzel 1980; Kogon/Metz 1979; Kohn 1986; Metz 19084; Theologie nach Auschwitz zu betreiben bedeutet präzise, daß keine Theologie vom Ereignis Auschwitz unberührt bleiben darf.

25 Jonas 1987.

26 Vgl. Boschki 1994.

27 Koslowski 1990.

28 Vgl. Geyer 1992:17-46; John 1988:214ff.

29 John 1988:208.

30 Metz 1990:115.

31 "Eine Apologetik, die den Glauben mit dem Hinweis auf Auschwitz verteidigt *ohne* Solidarität zu den Opfern, wird zynisch!" (John 1988:207). Inwiefern diese Solidarität mit eschatologischem Instrumentarium artikuliert werden kann, ist fraglich, zumal die legitime Überzeugung, daß wir mit allen Leidenden uns solidarisch zeigen müßten und daß kein Leid uns unbetroffen lassen kann, eine kommunikativ nicht zu leistende Überfrachtung darstellen könnte, die bloß in vage und konsequenzenlose Generalsolidarisierungen

liegt in der Rede vom "Gericht Gottes", von der "Auferstehung von den Toten". Gerade diese Rede darf nicht mißverstanden werden als billiger Trost, der das Leid der Menschen zum Teil nicht nur toleriert, sondern sogar rechtfertigt (Rede von "Prüfung", "innerem Wachstum" etc.). Das pikierte Schweigen von Theologen muß sich in politisches Handeln transformieren: "Für die christliche Auferstehungsbehauptung gibt es 'nicht nur eine Revolution, die die Dinge morgen ändert, für künftige Generationen, sondern auch eine Revolution, die über den Sinn unserer Toten und deren Hoffnungen neu entscheidet [...] Es gibt einen unabgegoltenen Sinn der Toten, der bereits Besiegten und Vergessenen".[32]

Gerade auch die Tradition der Befreiungstheologie tritt für diese Transformation des Schweigens in Tun ein[33]; die Idee der Befreiungstheologie beruht auf der Erfahrung der Unterdrückung und Ausbeutung von lateinamerikanischen Bauern und dem Versuch, theologisches Material auf dem Hintergrund eines politisch-philosophischen Ansatzes neu zu lesen und Handlungszusammenhänge für Unrechtssituationen zu konstruieren: "Das Übel will nicht begriffen, sondern bekämpft werden [...] Der gerechte Grund macht es würdig. Dieser gerechte Grund besteht darin, daß man der gesetzlichen Ordnung und der Logik des aufgezwungenen Systems gegenüber die Gerechtigkeit für die Ausgebeuteten und die Rechte auch der Letzten verteidigt. Das System möchte sich als bedeutsames Ganzes ausgeben, als die Wahrheit im bestimmten geschichtlichen Augenblick, als die befreiende Lösung des Volkes".[34] Die Transformation von Theologie in religiöse Praxis und von religiöser Praxis in politische Aktion zeigt freilich wiederum nur die geänderte Funktion der religiösen Systeme, die keine Begründungszusammenhänge für das Leid, sondern lediglich Motivationszusammenhänge für einen Kampf gegen das Leid - und eventuell Orientierungszusamenhänge für diesen Kampf - liefern können. Theologisches Geschwätz über das Leid in der Welt kann sich nur auf dem Hintergrund politischen Tuns legitimieren, Glaubenssätze, die sich nicht in der sozialen Praxis bewahrheiten lassen, sind falsch. Die Theologie qua akademische Disziplin hat zum Rätsel des Bösen zu schweigen; die Theologie als Orientierungsprogramm für politische Praxis hat nur unter dieser Rücksicht eine Funktion im Diskurs des Leidens in der Welt.

---

münden dürfte. Ist hier der Verweis auf den allesumschließenden Gott glaubwürdig, wenigstens zulässig?

[32] Metz 1972:403f.

[33] L. Siegele-Wenschkewitz (1986) argumentiert für die berechtigte Ansicht, daß Theologie nach Auschwitz als "Theologie der Befreiung" zu führen ist; die Befreiung nicht nur vom gegenwärtigen Unrecht, sondern auch von der Last der Vergangenheit.

[34] L. Boff 1976:547 u. 549.

(4) Neben dem bereits skizzierten Faktum, daß Religionssysteme an der Signatur Auschwitz scheitern und zum Schweigen verurteilt werden können, ist auch kritisch anzufragen, ob das Trostpotential der Theologie nicht ausgeschöpft ist. Die Aporien frustrierter Liebe, ent-täuschter Solidarität, unschuldigen Leidens bringen den Theologen in die Versuchung, Auswege mittels der Eschatologie zu ersinnen; Konzepte, die wie auch immer vage an Vorstellungen "eschatologischer Verifikation" angelehnt sind, lassen sich durch keine Erfahrung widerlegen oder auch nur problematisieren. Derartige theologische Antwortversuche wirken kritikimmun.[35] Der Nutzwert solchen Materials ist vernachlässigbar gering.

Vergangenes Unrecht kann nicht ungeschehen gemacht werden: Selbst in der denkbar gerechtesten Gesellschaftsform würde "das vergangene Leid nicht wiedergutgemacht" und "selbst dann, wenn alle materiellen Bedürfnisse befriedigt werden, [bleibt] die Tatsache ..., daß der Mensch sterben muß".[36] Nicht nur die Endlichkeit, auch die Realität des Leidens kann nicht "am Schreibtisch" gelöst werden; und die Transformation von Reden in Tun (Feuerbachthesen!) ist in der Philosophie umstritten. Es ist offensichtlich, "daß man nicht beliebig mit einem Federstrich das Leiden aus der Welt schaffen und seine Existenz verleugnen kann - es ist vielleicht sogar das Maß der Philosophie, wie tief sie sich des Leidens versichert"[37], vielleicht das Maß von Orientierungswissen überhaupt. Sind dem handlungsentlasteten, erfahrungsfreien Diskurs in der Theodizeeproblematik nicht Grenzen gesetzt?[38] Es steht fest, daß das Leid in der Welt, vor allem

---

[35] Ein Beispiel ist die Frage nach der Motivation zu kommunikativem, solidarischem Handeln, das in der sozio-politischen Welt immer wieder frustriert wird: "Obwohl es oft ohnmächtiges Leiden provoziert, ist *solidarisches Handeln, das aus Liebe geschieht, wahr, absolut unwiderlegbar* und deshalb unter Lebenden nicht auszurotten. Seine Macht liegt darin, daß wir Prozesse der Hoffnung in Gang setzen, die alles Gegenwärtige überschreiten und dennoch hier und jetzt beginnen. Die bessere Zukunft wird wach, auch wenn das Reich noch nicht angebrochen ist. Die Macht der Liebe (und nur einmal sei das mißbrauchbare Wort verwendet) unterläuft mit ihrer Hoffnung die aus Angst geborenen Mächte des Todes. Sie hat in ihrer Selbstlosigkeit den längeren Atem" (Häring 1985:182). Die Rede vom "längeren Atem" läßt sich nur über eine Verkoppelung mit "absoluter Zukunft" und "Gericht" führen, eschatologischen Topoi, die zwar handlungsanleitend sein können, aber nicht durch Erfahrungen zu widerlegen sind.

[36] Horkheimer 1970:69 u. 88.

[37] Adorno 1973a:121.

[38] Vgl. O. Bayer 1991:205: "Solche Versuche wie die von Jonas und Kant, die Frage der Theodizee zu beantworten, machen jedoch den Menschen zum Atlas, der unter der Last der Welt in der Arbeit an der Rechtfertigung Gottes zerbricht. Angesichts solcher verzweifelt moralischen Rechtfertigung Gottes durch den Menschen ist radikaler als noch im Jahrhundert der Reformation nach der Rechtfertigung des Menschen durch Gott allein aus Glauben zu fragen". Aus diesem Ansatz würden sich fideistische Konsequenzen

auch vergangenes Leid und die Aporie frustrierter Solidarität nach Trostpotential schreit. Es steht weiters fest, daß die Theologie lediglich "Orientierungswissen"; aber kein "Herrschaftswissen" zur Kontrolle vergangenes Unrechts liefern kann; dies gilt auch für die Philosophie: "Wenn man unter Trost in einem starken Sinn den Besitz einer Perspektive versteht, in der man das Leben und die Welt so betrachten kann, als ob Versöhnung und Erlösung bereits geschehen oder gar vollendet sind, so kann Philosophie nicht trösten. Sie kann jedoch eine Orientierungshilfe bieten durch Kritik unglaubwürdiger Antwort- und Trostversuche sowie durch Entwicklung und Diskussion von solchen Antwortversuchen, die zu denken geben können. Erfahrungsgemäß ist das nicht wenig".[39]

Das Wissen, daß das Leid nicht sein *müßte*, daß alternative Welten zur Welt des Leidens denkbar sind, provoziert die Identifikation dieses Leidens mit philosophischen Mitteln als kontingent - und damit als "aufhaltsam", "verhinderbar". Allerdings kann dieser Diskurs nur im Rückgriff auf Glaubens- und Offenbarungspraxis einen Vorgriff auf sozialpolitische Bekämpfung des Leidens wagen - im Horizont des Wortes, daß alles neu gemacht werde (Offb 20:5). Dieses Wort provoziert eine gänzliche Neu-Orientierung, die Kontingenz nicht bloß als Risiko (des Leidens, Scheiterns und Zerstörens), sondern auch als Possibilität (von Neuem) und Chance (von Heil) ausweisen läßt.

4.2.2 Zeit-Messungen

(1) Kontingenzerfahrung
(2) Säkularisierung und Kontingenzformeln
(3) Ökonomie und Kontingenzbewältigung
(4) Überwindung ökonomischer Strukturen

(1) Ausgangspunkt theologischer Reflexion ist die Erfahrung. Dieses Projekt einer induktiven Theologie erzwingt die Modellbildung in der vorliegenden Frage vom Begriff der *Kontingenz* aus. Denn Ausgangspunkt der Frage nach Allwissen, Freiheit und Kontingenz ist die Erfahrung von Unheil und Schmerz, von Krankheit und Schicksal, von Unwägbarkeit und Sünde, von Sinnlosigkeit und Leere.[40] Diese Erfahrung soll mit dem kerygmatisch bereiteten Verständnis

---

ergeben, eine Kapitulation der Vernunft und eine Transformation des philosophischen Schweigens in religiöses Tun.

[39] Oelmüller 1990:85f.

[40] Vgl. Döring/Kaufmann (1981).

des allguten und allwissenden Gottes, der als Perfektionsformel im "System Religion" gesetzt wird, in Vereinbarung gebracht werden. Dogmatik hat die Aufgabe, Possibilitäten zu ermöglichen[41], "Offenheit" zu erzeugen, "Unabschließbarkeit" des Systems Welt bereitzustellen. Die Erfahrung, daß Erfahrung auch "anders ausfallen hätte können", die Erfahrung, daß Entscheidbarkeiten Leben glücken oder mißlingen lassen können, die Erfahrung, daß sich die Lebenswelt verändern läßt und Stabilitäten durchbrochen werden können - diese Erfahrung stellt die induktive Basis vom Postulat der Unaschließbarkeit von "Welt" dar.

Die Kontingenz der Welt, die Erfahrung von contingentia sind die Bedingung der Möglichkeit von Possibilität.[42] Diese wird über die Schöpfungstheologie ebenso erzeugt (Postulat von der freien Schöpfung der Welt) wie von christologischer Reflexion (Rede von Auferstehung) oder eschatologischen Modellen (Rede von möglichem Heil und möglichem Unheil in einer absoluten, "offenen" Zukunft). Das Bedingungsfeld der Theologie wird durch Possibilitäten, Transzendenzpostulaten, die Rede vom "Letzten" und dem "Ersten" aufgespannt. Damit soll die Kontingenz der Welt grundsätzlich begründbar gemacht (i), in einen Diskurs der Heilszusicherung und Perfektionsverheißung eingebettet (ii) und als Risiko wie Chance rekonstruiert werden können (iii). Auf dieser Ebene kann theologische Modellbildung provoziert werden.

(2) Allerdings: Im Prozeß der Säkularisierung, die auf der Irrelevanz der Gottesformel gründet ("Ich brauche diese Hypothese nicht!") und auf der Ebene der Postulate des Messens und der Meßbarkeit (Galilei) die Begründung von Welt aufgrund der Inkalkulabilität des Transzendenten selbst zu leisten bestrebt ist, bilden sich a-theistische Kontingenzformeln heraus. Säkularisierung wird zum Reizwort, auf das die Theologie zu reagieren hat.[43] Kontingenzformeln sind "Symbole oder Symbolgruppen ... die dazu dienen, die unbestimmte Kontingenz eines besonderen Funktionsbereichs in bestimmbare Kontingenz zu überführen."[44] Damit wird der Bereich des Kontingenten als Bereich definiert, "Kontingenz" in die Rede von kalkulierbaren contingentia (Komponenten, Faktoren,

---

41 Luhmann 1972:12, Luhmann 1992a:167.

42 Umgekehrt ist Possibilität Ermöglichungsgrund dafür, daß die Welt als kontingent gedacht werden kann: "In der Welt ist alles, wie es ist und geschieht alles, wie es geschieht" (TLP 6.41). "Der Sinn der Welt muß außerhalb ihrer liegen" (ibd).
Die Rede von "Sinn" ist Paradigma der Rede von Possibilitäten: "Sinn überschüttet alles, was erlebt wird, mit einer Vielzahl von Verweisungen auf andere Möglichkeiten ... Sinn präsentiert also einen Möglichkeitsüberschuß" (Luhmann 1993b:279). Aus diesem Grund ist im übrigen auch der Appell "Metanoia" im sinnstiftenden Erlösungsangebot einer Religion möglich.

43 Luhmann 1992a:61.

44 Luhmann 1992a:201.

Elementen eines Kalküls) überführt und dem Postulat der Meßbarkeit und Kalkulabilität zugänglich gemacht. Derart transformierte Kontingenz kann der menschlichen Manipulationsfähigkeit unterworfen werden. Notwendige Voraussetzung hiefür ist die Angabe eines Bereichs, eines Kontingenzfeldes, dessen Limits angegeben werden können. Die Rede von den "Grenzen der Wissenschaft", die Rede von Knappheit als Prämisse der Kalkulation des Wirtschaftsgeschehens, die Rede vom Gemeinwohlprinzip als Limitation der Kontingenz politischer Verhältnisse[45] dienen präzise diesem Zweck, Komplexität von kontingenter Welt unter Angabe berechenbarer Faktoren zu reduzieren.

Dieser Reduktion wird in einer als zunehmend komplex wahrgenommenen Welt immer dringlicher; es steht fest, "daß Komplexität immer Selektionsdruck und Kontingenzerfahrung erzeugt"[46], was eine Abgrenzung diffuser Erfahrungsbereiche auf eine angebbare "Welt", eine Aufsplitterung von Welt in kalkulierbare Elemente und eine Kodifizierung dieser Elemente über einen universalen Code erzwingt. Die Funktion von Kontingenzformeln liegt eben darin, divergente Faktoren zusammenzuklammern, "Einheit" von Zufälligkeiten zu generieren und aparte Bereiche kommunikationsfähig zu halten. Je komplexer die Welt, je mehr Faktoren im Spiel sind, desto größer wird das Risiko eines Scheiterns dieser Kodifizierungsbemühung, eines Zusammenbruchs der Systembildung, die nur einem Zweck dient: Kontingenzbewältigung.[47]

(3) Mit der zunehmenden Komplexität von "Welterfahrung" (immer mehr Erfahrungsmomente treten aufgrund der expandierten Wahrnehmungsmechanismen ins Blickfeld, neue Erfahrungsfelder werden künstlich erzeugt) steigt einerseits das Risiko der universalen Kontingenzbewältigung, andererseits das Bedürfnis nach einem universalen Code, einem universalen Kommunikationsmedium, das unterschiedlichste Kommunikationsbereiche vermittelt. Die Verstehbarkeit der Welt kann nur um den Preis der Reduktion dieser Komplexität erkauft werden. Damit sinkt die "Possibilität" von Welt; die säkularen Kontingenzformeln können Universalität beanspruchen und die Redundanz von Religion begründen. Die Rede von "Gott" wird in einer über den Universalcode "Geld"[48] organisierten Welt (Ökonomisierung der religiösen Welt, wie sie

---

[45] Luhmann 1992b:396f; vgl. Luhmann 1992a:82.

[46] Luhmann 1985:252.

[47] "Komplexität ... heißt Selektionszwang, Selektionszwang heißt Kontingenz, und Kontingenz heißt Risiko" (Luhmann 1985:47).

[48] Zur These, daß Geld zum universalen Kommunikationsmedium geworden ist: Luhmann 1988. Anhand dieser These kann verdeutlicht werden, daß Geld zum Kommunikationsmedium des ökonomisch-zweckrationalen Verständigungsgeschehens geworden ist (i), daß die elementare Handlungseinheit dieses Verständigungsgeschehens das Tauschgeschäft ist (ii), daß das Tauschgeschäft damit zum "basic act" der

bereits über Anselms Rede vom Tauschgeschäft eingeleitet wurde) nicht bloß überflüssig, sondern sogar als genuines Sprachspiel unverständlich.[49] Die Rede von "Religion" als System der Possibilitäten zur Kontingenzbewältigung kann nur über ökonomische Kodierungen verständlich gemacht werden ("do ut des"). Das Tauschgeschäft wird zur elementaren religiösen Handlung, "Heil" wird über "Knappheit" (nicht alle werden erlöst, nur Erwählte!) kommuniziert und nur mehr auf diesem Hintergrund verständlich. Die Eigenart theologischer Rede, die Möglichkeit diakonischen Handelns ist auf diesem Hintergrund nicht mehr gegeben: Diakonie wird durch Ökonomie abgelöst.

Dem Anliegen der Theologie kann auf diesem Hintergrund nicht mehr entsprochen werden. Wenn "Kontingenz" in ökonomisierbare Variablen aufgelöst wird, die nicht über "Freiheit" (Gottes, des Menschen) organisiert werden, sondern über den Code des Tausches und der Knappheit berechenbar werden, kann Theologie nur mehr den Anspruch eines der Ökonomie subsumierten Teilsystems erheben. Genuine religiöse Praxis läßt sich ebensowenig kommunizieren[50] wie die theologische Modellbildung als metapragmatisches Geschehen. Für die gegenständliche Frage bedeutet dies, daß jeglicher Versuch, die Rede von Vorauswissen auf die Rede von einseitiger Erwählung, die Rede von Heil auf die Rede von restringiertem Erlösungszuspruch, die Rede von Wissen auf die Rede von Kalkulationsfähigkeit, die Rede von Macht auf die Rede von Manipulationsvermögen zu reduzieren, die Abdikation des genuinen Anspruchs der Theologie an die Ökonomie bedeutet.

---

gesellschaftlichen Subsysteme mutiert, die dem Supersystem "Ökonomie" unterworfen werden (iii), daß dieser "basic act" durch die generalisierende Potenz des damit zum relativen Universalmedium gewordenen Instruments Geld aufgrund der von Geld erzeugten Differenzen möglich gemacht wird (iv), daß diese Differenzen zu einer Differenzierung des sozialen Systems führen (v), daß diese Differenzierungen schließlich in der Form eines binär enkodierten, extrem diversifizierten Gegensatzes von Haben/Nichthaben das Phänomen "Armut" (damit: Marginalisierung und Ausschluß vom Kommunikationsgeschehen, damit: soziale Verdammung und Reduktion bis Destruktion des Handlungsspielraums) freisetzen und ermöglichen (vi). Dies ist das Gegenstück zur religiös erzeugten Rede von "Heil" und "Unheil", von "Erlösung" und "Verdammung".

[49] Die Religion kann ihre Kontingenzformeln schließlich nicht einfach auswechseln (Luhmann 1992a:85); im Gegenteil, die Religion grenzt sich gegenüber allen anderen universalen Kontingenzformeln explizit ab (Rede von "Götzen").

[50] Die Frage, die gegen eine Ökonomisierung der gesellschaftlichen Praxis von der Theologie aus immer wieder zu richten ist, ist die Frage nach Alternativen der Organisation von Praxis, die Frage nach einer "Kontrastkultur": "Ließe sich eine Gesellschaft einrichten, in der *alle* Interdependenzen über *Vertrauen* laufen: in der jeder arbeitet im Vertrauen darauf, daß auch die anderen arbeiten"? (Luhmann 1988:211). Über ein Universalmedium "Geld", das soziale Kontrolle (und damit Handlungszwänge) über die Knappheit der Güter ausübt, läßt sich diese Frage nicht einmal sinnvoll formulieren.

Nicht nur, daß dann ein kommunikatives Verständnis von Modellbildung und eine Rede von Gott als "Subjekt" der Theologie verunmöglicht wird, nicht nur, daß die Kontingenzformel "Gott" konsequent säkularisiert wird, sondern auch: Die Reduktion von Kontingenz auf (göttliche) Berechenbarkeit, die freilich von der Theologie dem Geltungsanspruch nach verrechnet werden kann. Kontingenz wird über den Ausverkauf menschlicher und göttlicher Freiheit, die beide ökonomischen Handlungsmustern unterworfen werden, reduziert. Rekonstruiert man theologische Modellbildung als Kommunikationsgeschehen zwischen Gott und Mensch (eine Possibilität, die aufgrund der gemachten Verständnisprämissen unbedingt aufrechtzuerhalten ist), dann kann dieses Geschehen nur über mutuelle Freiheit überhaupt erst konstituiert werden.[51] Das bedeutet einen Zuwachs an Kontingenz und Komplexität: "Die Kenntnis und Berechnung des Partners wird, weil unerreichbar, durch Freiheitskonzessionen ersetzt".[52] Die Rekonstruktion von "All-Wissen" als "Omnikalkulabilität" wird damit obsolet.

(4) Nur um den Preis einer Absage an ökonomische Argumentationsmuster kann die Theologie ihre Eigenart - als "logos" von "theos" - wahren und die "Offenheit" von Welt, einen Horizont von Possibilitäten in "offener" Zukunft gewährleisten und die Selbstbegründbarkeit der Welt negieren. Damit ist zugleich ausgesagt, daß die säkularen Kontingenzformeln, sofern sie Universalitätsanspruch erheben, in Aporien überzuführen sind. Aporien einer Theorie ("Legitimationsprobleme") ökonomischen (zweckrationalen, strategischen) Handelns wurden über eine "Theorie kommunikativen Handelns" geleistet[53]. Diese

---

[51] Die Komplexität des Kommunikationsgeschehens steigt; Inkalkulabilität ist die Folge; "negative Theologie" mag eine Konsequenz radikalisierter Kontingenz sein, die mit der eingangs postulierten Radikalisierung des Kontextprinzips einhergeht. Kontingenz steigt über die "Offenheit" von Zukunft und die "Unberechenbarkeit" des Handelns. Größtmögliche Kontingenz kann über eine Vermittlung dieser Konzepte in der Rede von "Gott" als Kontingenzformel erzielt werden, die Kontingenz erst ermöglicht (i), begründet (ii) und ins Inkalkulable steigert (iii), ohne Sicherheiten zu nehmen (Rede vom universalen Heilswillen Gottes) (iv). Thesenbildendes Fazit: "In christlich theologischem Gebrauch ist das Wort 'Gott' bestimmt durch den (jeweiligen) Gebrauch der Worte 'Freiheit' und 'Zukunft' (Schupp 1974a:141).

[52] Luhmann 1985:159.

[53] Habermas 1981a+b; bereits Habermas 1973: Habermas weist auf die Legitimationsdefizite hin, in die eine derartige auf gesellschaftliches Handeln extrapolierte strategische Handlungstheorie mündet: Ökonomische Krise, Rationalitätskrise, Legitimationskrise, Motivationskrise werden dazu führen, "daß ceteris paribus entweder - das ökonomische System das erforderliche Maß an konsumierbaren Werten nicht erzeugt, oder - das administrative System das erforderliche Maß an rationalen Entscheidungen nicht hervorbringt, oder - das legitimatorische System das erforderliche Maß an Motivationen nicht beschafft, oder - das soziokulturelle System das erforderliche Maß an handlungsmotivierendem Sinn nicht

Leistung muß von der Theologie her nicht mehr erbracht werden. Die Theorie kommunikativen Handelns freilich stellt insofern eine Herausforderung für die Theologie dar, als größtmögliche Kontingenz (Freiheit der herrschaftsfreien Kommunikation, kooperative Zukunft gleichgestellter Kommunikationsteilnehmer aufgrund der Orientierung an idealen Diskurskonstellationen) über diese Theorie erzeugt wird. Die generierten Possibilitäten sind innerweltlich, die erzeugte Unabschließbarkeit des Diskurses weist auf säkular manipulierbare Zukunft, die beschaffenen Sinnangebote werden über Rekurs auf Intuitionen geglückten Zusammenlebens herbeigebracht. Die Rede von "Kontingenz" kann in die Rede von "Chance" transformiert werden. Was bleibt der Theologie?

4.2.3 Kontingenz in einer Theorie kommunikativen Handelns

(1) Das Verdienst
(2) Aporien

(1) Das Verdienst einer Theorie kommunikativen Handelns, die sich als Gesellschaftskritik versteht, besteht vor allem in der Entwicklung eines Subjektbegriffs, der Handlungsbegriff und Gesellschaftsbegriff miteinander verschränkt (i), in der Überwindung der (kritikimmunen) Bewußtseinsphilosophie (ii), in der Entwicklung eines kommunikativen Verständnisses von Vernunft (iii). Damit kann die Kontingenzerfahrung auf die Möglichkeit der Selbstreflexion des Kommunikationssubjekts, auf die Entscheidbarkeit von Kommunikationsstrukturen, auf die "Entmechanisierung" des Vernunftgeschehens, das mit Willensleistungen und Sensibilitätsleistungen verkoppelt werden kann, angewandt werden. Das Verdienst einer solchen Theorie besteht zudem darin, daß die als Orientierungsprovokation ausgewiesenen Leidenswiderfahrnisse thematisiert werden können - mit dem Anspruch auf die Motivation verändernden Handelns.

(i) Die Rede von "Subjekt" in einer kritischen Theorie kommunikativen Handelns ist die Rede von einem kommunizierenden, um Verstehen, Verständigung und Selbstreflexion bemühten und dazu befähigten Souveräns, dessen subjektive Lebenswelt in soziale Systeme eingebettet und von gesellschaftlichen Strukturen beeinflußt ist.[54] Auf diesem Fundament kann die Rede von "Freiheit" entfaltet und als sozialer Begriff weitergeführt werden. "Kontingenz" läßt sich so als Handlungsspielraum und Gestaltbarkeit der Welt und der Geschichte durch

---

generiert" (Habermas 1973:72). Allerdings werden Possibilitäten erst bei Zusammenbruch des Systems sichtbar.

[54] Vgl. Czuma 1990.

das Subjekt rekonstruieren. Das Handeln des Subjekts kann in diesem Verständnis auf gesellschaftliche Strukturen einwirken und wird umgekehrt von sozialen Systemen mitgestaltet. Die Rede von gesellschaftlicher Praxis meint dann, "unter erfahrenen und erlittenen, die eigene Lebenswelt deformierenden systemischen Widersprüchen und damit unter Entfremdung auf eine nicht entfremdete Lebensform hin verändernd zu handeln, eine Lebensform, in der Identitäten gemeinsam gefunden werden, so daß mit den Verhältnissen sich Subjekte verändern können".[55] Im Rahmen einer Theorie kommunikativen Handelns kann der Kontingenzbegriff in die Handlungskompetenz des Handlungssubjekts hineingeholt und eben von diesem Subjekt aus transformiert - damit: als Freiheit erfahren - werden.

(ii) Die Begegnung von Subjekten, glückendes und mißlingendes Zusammenleben, hängt von den Rahmenbedingungen des Kommunikationsgeschehens ("Strukturen"), von den konsensorientiert herzustellenden Kontextbedingungen ("Regeln") ab. Diese Orientierungsvorgaben kommunikativen Handelns können der Willkürlichkeit arbiträrer Anwendung über die Schaffung juridischer Strukturen enthoben werden; Kommunikationsansprüche können über das Rechtssystem, das auf Grundoptionen von Kommunikativität (Rede von "Grundrechten" und "Menschenrechten") fußt, eingeklagt werden.[56] Mit diesen Grundoptionen, die den Basiscode für die binäre Zuordnung "Recht/Unrecht" konstituieren, kann die Komplexität potentieller Handlungsspielräume auf Bewertungsschemata reduziert werden. "Recht" fungiert als Kontingenzformel. Damit werden Handlungsspielräume sanktioniert, die Kontingenz der Handlungswelt ("Was wäre, wenn...") eingeschränkt: "Die Gefahr der Enttäuschung wird aufgelöst (entfaltet, konfirmiert) in die Form der Norm, nämlich in die Unterscheidung von konformem und abweichendem Verhalten."[57] Damit läßt sich Freiheit - als Handlungsfreiheit nur im Rahmen gewaltfreier Kommunikationsbedingungen möglich - erst über die kontingenzbewältigenden Normierungsverfahren konstituieren. "Kontingenz" von Welt (als Inkalkulabilität der Ereignisse) und Freiheit des Menschen (als Handlungsfreiheit) können derart zusammengedacht werden, daß sich die Frage nach dem "Allwissen Gottes" nicht stellt.

(iii) Die Rede von Vernunft gestaltet sich im Rahmen einer solchen Theorie zu einer Verschränkung von Rationalität und Sensibilität aus, die Pluriformität der Vernunft, bereits bei Kant angezielt, schafft einen Ausgangspunkt für die

---

[55] Peukert 1984:73.

[56] Habermas 1992.

[57] Luhmann 1991:62.

Rede von kommunikativem Handeln.[58] "Vernunft" erscheint als normative Kraft[59], wird als kommunikative Kompetenz, nicht als individualisierte Problemlösungspotenz konzipiert. Auf diesem Wege läßt sich "Wissen" mit sozial verstandener Freiheit (Handlungswissen) als Kommunikationsvermögen rekonstruieren, das eine Rede von "Allwissen" über den Verweis auf die Unausschöpfbarkeit des Kommunikationsgeschehens ("... est ineffabile") schlicht ad absurdum führt.

"Gott" als normative Kraft kann in einer Konsenstheorie von Wahrheit nicht untergebracht werden, die Theologie sieht sich von einem Entwurf kommunikativer Ethik abgelöst: "Gott wird zum Namen für eine kommunikative Struktur, welche die Menschen bei Strafe des Verlustes ihrer Humanität zwingt, ihre zufällige empirische Natur zu überschreiten, indem sie einander mittelbar, nämlich über ein Objektives, das sie nicht selber sind, begegnen".[60] Die Rede von "Prädestination" verfällt dem Verdacht totalitärer Rede.[61] Die Exklusion der Gerech-

---

[58] Vgl. Habermas 1981a:13-71. Gerade auch die Reflexion auf die "Dialektik der Aufklärung", auf die Doppelbödigkeit von Rationalität, ermöglicht diese Erweiterung des Vernunftbegriffs: "Vernunft ... enthält die Idee eines freien Zusammenlebens der Menschen, in dem sie zum allgemeinen Subjekt sich organisieren und den Widerstreit zwischen der reinen und empirischen Vernunft in der bewußten Solidarität des Ganzen aufheben. Es stellt die Idee der wahren Allgemeinheit dar, die Utopie. Zugleich jedoch bildet Vernunft die Instanz des kalkulierenden Denkens, das die Welt für die Zwecke der Selbsterhaltung zurichtet und keine anderen Funktionen kennt als die Präparierung des Gegenstandes aus bloßem Sinnernmaterial zum Material der Unterjochung" (Adorno/Horkheimer 1971:76).

[59] Damit erreicht Habermas einerseits eine handlungsanleitende Weite in der Bewertung des Vernunftgebrauchs, andererseits nähert sich, getrieben von dieser normativen Kraft, dem "Perfekten" und "Idealen" an, was durchaus in der Kompetenz religiöser Erlösungsangebote liegen könnte: "Die seine gesamte negative Philosophie durchziehende Empörung über die barbarischen Ungerechtigkeiten in der kapitalistischen Gesellschaft und Geschichte und das folglich massiv beschädigte menschliche Leben hebt nicht nur Apels Utopie einer unbegrenzten Kommunikationsgemeinschaft auf, d.h. negiert sie kritisch, erhält und führt sie zugleich weiter. Sie hebt auch Horkheimers und Adornos höchste Idee vollendeter Gerechtigkeit, vom Besitzenwollen gelöster Hingabe und universaler Versöhnung auf als Chiffre des gegenüber dem Horror und Terror in Natur, Gesellschaft und Geschichte ganz Anderen" (Siebert 1989:94).

[60] Habermas 1973:167. Dabei wird die kommunikative Vernunft nicht als Gegenspielerin zur Kontingenzbewältigungsfunktion der Religionen angesetzt, sondern auf einer anderen Problemebene angesiedelt: Sie "inszeniert sich nicht in einer ästhetisch gewordenen Theorie als das farblose Negativ trostspendender Religion. Weder verkündet sie die Trostlosigkeit der Welt, noch maßt sie sich selbst an, irgend zu trösten. Sie verzichtet auch auf Exklusivität" (Habermas 1988:185)

[61] Diese Rede setzt eine übergeordnete, kritikimmune Instanz voraus (Hiob!), die Gegenstand von Perfektionsspekulationen und Totalitätskonstruktionen sein kann, nicht aber in einer Theorie kommunikativen Handelns untergebracht werden kann. Als symptomatisch hiefür mag Habermas' Kritik an Heideggers Rede vom "Sein" gelten, der das "Rationalitäts-

tigkeitsfrage aus diesem Diskurs (Gott kann von niemandem zur Rechenschaft gezogen werden...) verunmöglicht die Realisierung von Mindeststandards kommunikativen Handelns. Auf diesem Hintergrund kann Gott nicht als handelndes Subjekt eingebracht werden. Possibilität beschränkt sich auf die Imponderabilien und die Inkalkulierbarkeit des Kommunikationsgeschehens, das gegenständliche Problem auf die bloße Frage nach Kontingenz und Freiheit, die in einem Bedingungsverhältnis angesiedelt werden können: Kontingenz ermöglicht Gestaltbarkeit von "Welt" (Transformation von "System" in "Lebenswelt", von "Struktur" in "Regel", von "Wissen" in "Handeln") und damit den freien Handlungsraum des auf gesellschaftlicher Ebene gewonnenen Subjektbegriffs. Wozu noch Theologie?

(2) Der Legitimationsdruck, dem die Theologie auf diese Weise ausgesetzt ist, läßt sich am nachhaltigsten dadurch bewältigen, daß aufgrund theorieinterner, von der Theologie aufgewiesener Aporien, die mit den Mitteln einer Theorie kommunikativen Handelns nicht mehr bewältigt werden können, Possibilitäten erzeugt werden, die gegen eine Selbstbegründbarkeit der Theorie kommunikativen Handelns gerichtet sind. Erst auf diesem Hintegrund kann die Rede von "Gott" als Ermöglichungsgrund *und* Subjekt von Kontingenz geführt werden. Aporien einer kritischen Kommunikationstheorie sind die Ohnmacht der kommunikativen Vernunft (i), die Priorisierung der diskursiv zu behandelnden Themen (ii), die Fokussierung des Handlungsbegriffs (iii).

(i) Das Anliegen, daß der Mörder nicht über sein Opfer triumphiere (Horkheimer), das Anliegen, daß Liebe nicht ohnmächtig sei (Adorno), das Anliegen, daß sich kommunikatives Handeln nicht selbst zerstöre und im Konsens der Böswilligen auflöse, kann nicht sanktioniert werden. Es ist "die Frage, wie der Zirkel von Haß und Vernichtung in einer Praxis universaler Solidarität aller endlichen Wesen durchbrochen werden könne".[62]

---

kontinuum" dieser Rede (Luhmann 1992a:188) maßlos überschätzt hat. Habermas' vernichtendes Urteil würde auf eine Rede von "Prädestination" mit gleicher Schärfe zutreffen: "Die propositional gehaltlose Rede vom Sein hat gleichwohl den illokutionären Sinn, Schicksalsergebenheit zu fordern. Ihre praktisch-politische Seite besteht im perlokutionären Effekt der inhaltlich diffusen Gehorsamsbereitschaft gegenüber einer auratischen, aber unbestimmten Autorität" (Habermas 1986:168). Das Modell unerbittlicher Prädestination, wie es dem späten Augustinus vorschwebte, setzt Unterwerfungsstrategien frei, die auch an den gegebenen politischen Instanzen nicht rühren lassen (Luther!). Diese Rede ist auch theoretisch nicht kohärent zu führen (Prädestination ist ein Teilnehmersprachspiel, das keinen neutralen, distanzierten Standpunkt "von außen" kennt, der eine Rede von "Erwählten" und "Nichterwählten" zuließe!).

[62] Peukert 1988:173.

Helmut Peukert thematisiert diese Aporie des nicht-kommunikationsorientierten Schutzes von Kommunikation (der nicht-demokratischen Sicherung von Demokratie, der gewalttätigen Protektion der Gewaltfreiheit) unter dem Stichwort der enttäuschten Solidarität.[63] Gesellschaftlich frustrierte Kommunikationsbereitschaft läßt sich im gesellschaftlichen Kontext nicht sanieren. Der Liebende und kommunikativ Handelnde, der sich am Ende betrogen sieht, kann diesen Betrug nicht einklagen, nicht "kommunikativ rächen". Das Opfer stirbt ungesühnt, der Mörder entkommt mit dem Vorteil des Machtzuwachses, als historischer Gewinner und Sieger der Geschichte. Peukert sieht sich außerstande, diese Aporie mit den Mitteln der Philosophie zu lösen. Überzieht Habermas den möglichen Geltungsanspruch kommunikativer Vernunft, indem er das Sakrale über die Kommunikationskompetenz versprachlicht und diskursfähig macht bzw. pragmatisch unterläuft?[64]

Das Risiko frustrierter Solidarität, das ja bereits Kant zur Konstruktion einer Gotteskonzeption verwendet hatte, nützt Peukert zur Konstruktion einer Basistheorie der Theologie, zur Begründung der Theologie, die diesen Anspruch auf Gerechtigkeit unter Expansion des disponiblen Kontexts auf "Jenseitiges", auf "das ganz Andere" (Horkheimer) einlöst und damit neue Possibilitäten ("Verheißung") schafft. Gegen das Schweigen über die Ermordeten wird das theologische Wort von der Auferstehung von den Toten (Paradigma von der theologischen Erzeugung von Possibilität)[65] aufgerichtet:

> "Das Wort von der Auferstehung von den Toten ist ein Wort der Gerechtigkeit, ein Wort des Widerstands wider jeden Versuch, den immer gesuchten und ersehnten Sinn menschlichen Lebens einfach zu halbieren, ihn allenfalls für die Kommenden, die Durchgekommenen, gewissermaßen die glücklichen Nutznießer und Endsieger der Geschichte zu reservieren."[66]

---

[63] Peukert 1976:303ff. Zu Peukerts Ansatz siehe die Beiträge in Brachel/Mette 1985, Hofmann 1988.

[64] Kodalle 1987. Habermas' Apologie der kommunikativen Vernunft wirkt dementsprechend emphatisch und läßt den Verweis auf den Anspruch zu, kommunikative Vernunft könne sich selbst transzendieren: "Immer wieder wird dieser Anspruch faktisch zum Verstummen gebracht, und doch entfaltet er in Phantasien und Taten eine beharrlich transzendierende Kraft, weil er sich mit jedem Akt ungezwungener Verständigung, jedem Augenblick solidarischen Zusammenlebens, gelingender Individuierung und rettender Partizipation erneuert" (Habermas 1984:478).

[65] Luhmann 1972:12.

[66] J.B. Metz, Unsere Hoffnung. Ein Bekenntnis des Glaubens in dieser Zeit. In: Synode 6 (1975), 25-41, I 3; zitiert nach Peukert 1976:315. Tatsächlich ist die Rede von "Auferstehung" und "Inkarnation" Fundament jeder theologischen Modellbildung zur Kontingenzbewältigung innerhalb eines christlichen Interpretationsrahmens; vgl. Kessler 1985, Kapitel 5.

Eine prinzipielle Grenze der Vernunft, nur mittels Postulaten ein "Reich der Natur", ein "Reich der Freiheit" und ein "Reich der Gnade" verkoppeln zu können, wird hier sichtbar. Die Quelle dieser Postulate kann nicht mehr aus der Philosophie gewonnen werden - Peukert greift auf die jüdisch-christliche Tradition zurück.[67] Im Rahmen einer Theorie kommunikativen Handelns können die Kontingenzprovokationen, wie sie Leid und Tod darstellen, zwar thematisiert werden, diese Thematisierungen bleiben jedoch als Aporien stehen: "Gerade eine sich normativ verstehende kommunikative Vernunft droht ... an ihren eigenen Paradoxien zu scheitern, wenn sie die Reflexion auf Unbedingtheits- und Vernichtungserfahrungen in Intersubjektivität abbricht".[68] In diesem Rahmen ist es unmöglich mit Schuld umzugehen, "Versöhnung ereignet sich noch nicht, wo kommunikativ gehandelt wird".[69] Der Umgang mit Gratuität und "Gnade" läßt sich im Rahmen des als Tauschgeschäft konzipierten Handlungsmodells nicht führen. Reicht die kommunikative Vernunft für Hoffnung aus?[70]

Diese Abdikation der Philosophie muß noch kein Abdanken der Vernunft bedeuten, die als "politische Theologie" kritisch weitergeführt und als "Option für die Armen" diskursethisch geerdet werden kann. Allerdings erzwingt die Konstatierung dieser Aporie eine Transformation der Diskursebenen, die Rede von "Solidarität" ist nun in theologischer, nicht mehr philosophischer Absicht weiterzuführen. Die Transformation nichtreligiöser Begriffe bietet sich nun ebenso an wie die Rekonstruktion eines kommunikativen Verständnisses vom Subjekt der Theologie (Gott), das die Aporie enttäuschter Solidarität sanieren kann.[71] Die Erzeugung der Possibilität von "Auferstehung" kann nur über die Theologie erfolgen; nur hier kann die Idee verortet werden, daß die Rede von einer Welt möglich ist, "in der nicht nur das bestehende Leid abgeschafft, sondern noch das unwiderruflich vergangene widerrufen wäre".[72]

---

[67] Peukert (1976), Kapitel 12.

[68] Peukert 1982:99

[69] Eicher 1989:199.

[70] Davis 1989:98.

[71] Die Rede von Gott als dem "Subjekt der Theologie" ist an den Theologiebegriff des Ioannes Duns Scotus rückzubinden, der Gott als das "subiectum" der Theologie (nicht synonym mit neuzeitlichem Subjektbegriff!) ausgewiesen hatte. In einem neuzeitlichen Kontext kann mit der Rede von der Subjekthaftigkeit Gottes der Primat des göttlichen Handelns vor dem menschlichen Handeln (Selbstoffenbarung Gottes als Voraussetzung für religiöses Leben) ausgedrückt werden. Im Zusammenhang mit dem Begriff der "Kontingenz Gottes" deutet die Rede von der göttlichen Subjekthaftigkeit die Unverfügbarkeit Gottes an, der nicht "auf den Begriff" gebracht oder in seinem Handeln kalkuliert werden kann. Salopp: "Gott" ist nicht Gegenstandsbereich der Theologie, wie etwa der Mensch Gegenstand der Anthropologie ist.

[72] Adorno 1966:393.

(ii) Den "mystischen Schluß" von Wittgensteins *Tractatus* könnte man mit den Worten "Schweigen ja- aber nicht über etwas" kommentieren. Auf die kritische Kommunikationstheorie der Gesellschaft angewendet, die das mystische Schweigen aus der Isolierung des privaten, bewußtseinsphilosophischen Subjekts in die Öffentlichkeit kommunikativen Handelns der sozialen Welt holen möchte, könnte dies bedeuten: Reden ja - aber über etwas. Allerdings bietet die Klärung der Bedingungen der Möglichkeit von Kommunikation keine thematischen Vorgaben, keine materiale Option für Prioritäten und Relevanzen. Kommunikatives Handeln kann "leerlaufen", die Diskursethik kann "feiern", wenn der Gegenstand der Kommunikation bloß peripher ist.[73]

Die Gutwilligkeit der Diskursteilnehmer vorauszusetzen bedeutet immer ein gewisses Risiko, das lebensweltlich oft und oft scheitert. Die Kompetenz der Partizipanten müßte, will man themenzentriert und problemorientiert diskurrieren, sehr hoch angesetzt sein, was die Praxis einer Theorie kommunikativen Handelns zu einer Eliteveranstaltung verkommen ließe. Die Frage nach dem "*Worüber*" des Diskurses kann nicht autoritär - gleichsam als externe Entscheidung, die dann im internen Diskurs einzuholen ist - festgesetzt werden. Dies ist aber nur die eine Seite dieser Aporie, nämlich die Frage nach der Organisation des Diskurses und dem äußeren Kontext, den Rahmenbedingungen, die uns wieder auf die Machtfrage zurückwerfen.[74] Die andere Seite dieser Aporie besteht im materialen Vakuum der Diskursethik, die als solche keine inhaltlichen Vorgaben machen kann, keine Problematisierungsstrategien voraussetzen darf. Was zum Problem gemacht, was thematisiert wird, ist im Diskurs zu entscheiden.

---

[73] Der von Peukert unternommene Rekurs auf die jüdisch-christliche Tradition bleibt Habermas verschlossen, obwohl er (orientierungsgebende) Schecks ausstellt, die durch dieses Konto gedeckt sind: "Habermas ist sich der Wurzeln seiner Theorie des kommunikativen Handelns in der jüdisch-christlichen Mystik bewußt. Doch er scheint nicht zureichend auf die Tatsache zu reflektieren, daß seine eigene Liebe zu Wahrheit, Wahrhaftigkeit, Richtigkeit und Angemessenheit, seine eigene Verachtung für die Manipulation von Menschen mittels illegitimen oder legitimen Spektakels, sein eigenes Insistieren auf Aufklärung, Autonomie, Souveränität und aufrechtem Gang, sich selbst letztlich demselben Glauben verdanken, den für obsolet zu erklären er geneigt ist" (Siebert 1989:80f). Schließlich gibt selbst Habermas zu, es sei nicht der Fall, "daß wir als Europäer Begriffe wie Moralität und Sittlichkeit, Person und Individualität, Freiheit und Emanzipation ernstlich verstehen können, ohne uns die Substanz des heilsgeschichtlichen Denkens jüdisch-christlicher Herkunft anzueignen" (Habermas 1987:431).

[74] Ein Ausweg, der sich anböte, ist die Rechtstheorie und die juridische Praxis, aber auch hier ist auf normatives Potential ("Grundoptionen") zurückzugreifen, das in unseren Breiten die jüdisch-christliche Tradition bildet. Diese Tradition, die vor allem eine Intuition von menschlicher "Freiheit" hervorgebracht hat, kann als normgebend nicht weiter begründet werden.

Eine derartige *materiale Option* kann eine sich als politisch verstehende Theologie (Erzeugung von politischer Possibilität über die Rede vom "Reich Gottes") über die "Option für die Armen" leisten.[75]

(iii) Zentrum der kritischen Kommunikationstheorie ist der Handlungsbegriff, der mit sozialen Strukturen und gesellschaftlichem Geschehen verkoppelt werden kann. Damit kann die (strukturelle) Ohnmacht des Individuums, wie sie etwa existenzphilosophischem Denken eigen ist, abgefangen werden. Die Diskursethik ließe sich auch so lesen: Handle so, daß die Kommunikationsgemeinschaft, der du angehörst, stets handlungsfähig bleibt. Die Option auf ständiges Weiterhandeln ist zu wahren. Der Handlungsbegriff ist Fundament und Orientierungspunkt einer kritischen Kommunikationstheorie der Gesellschaft, die als Theorie *gesellschaftlichen Handelns* gelesen werden kann. Damit verbunden ist auch ein hehres Befreiungsanliegen, nämlich, den Einzelnen und das soziopolitische framework zum kommunikativen Handeln zu emanzipieren. Befreiung auf diesem Niveau setzt psychophysischen, soziopolitischen, strukto-institutionellen Handlungsfreiraum voraus.

Allerdings muß gefragt werden, ob diese Fokussierung auf den Handlungsbegriff nicht in eine schmerzliche Aporie führen kann, nicht doch wieder eine Theorie für die Elite zu werden: Solidarität allein unter Vernünftigen?[76] Wird Rationalität, auch mit dem Epitheton "kommunikativ" versehen, nicht als Tauschrelation konstruiert, also nach einem Paradigma, das eine "Geschichte der Sieger" (Metz) schreiben läßt? Bezieht sich Habermas nicht auf ein Konstrukt von Handlungsfähigen, die als Elemente für die Konstruktion "imaginärer Kommunikationsstrukturen" dienen?[77] Hat der Habermassche Mensch tatsächlich keinen Körper und keine Gefühle?[78] Im Namen der Handlungsunfähigen, psychisch Kranken, körperlich Gelähmten, Entmachteten und Bettlägrigen ist anzufragen, ob die kritische Kommunikationstheorie der Gesellschaft keine zu "hochschwellige Theorie" ist, die nur unter privilegierten Voraussetzungen appropriiert und appliziert werden kann. "Was nützt ein alter Mensch, der im Bett liegt?", fragt das strategische Handeln, das den Erfolg bemißt. "Was nützt ein

---

[75] "Man könnte deshalb fragen, ob sich das Evangelium zur Theorie des kommunikativen Handelns nicht wie zu jedem moralischen Gesetz und wie zu allen normativen Letztbegründungen verhält: in gutem Widerspruch zu den schlechten Folgen normativer Gewißheiten" (Eicher 1989:202).

[76] Metz 1977:207.

[77] Vgl. Füssel 1985. Kritisches Fazit Füssels, der die empirischen Grundlage von Habermas' Theorie des kommunikativen Handelns zu beleuchten sucht: "Habermas bleibt ... dem Diskurs des Imaginären verhaftet. Dort, wo die Theorie der kommunikativen Kompetenz das Handgemenge mit der Empirie wagt, versagt sie. Und dort, wo sie in der Reflexion triumphiert, bleibt sie folgenlos" (111).

[78] Heller 1982:22.

alter Mensch, der im Bett liegt", fragt das instrumentelle, zweckrationale Handeln, das den Nutzen sucht. Diese Frage bleibt auch dem Anliegen kommunikativen Handelns nicht erspart: Was nützt ein alter Mensch, der im Bett liegt?[79]

Auch wenn die kritische Kommunikationstheorie der Gesellschaft dazu fähig scheint, Strategien für den Umgang mit diesem Bettlägrigen zu entwickeln, kann die Person des Bettlägrigen kaum unter den Begriff der Kommunikationskompetenz subsumiert werden; die Theorie scheint eine Theorie für barmherzige Samariter, nicht für die Opfer am Straßenrand zu sein. Und das ist ebenso ehrenwert wie aporetisch. Die Rede von "Handeln" führt unweigerlich in einen Kalkül der Beobachtbarkeit und Öffentlichkeit. Ein zu hoch angesetzter Handlungsbegriff überfordert wie ein zu hohes Ideal: Die Aporie einer Handlungstheorie ist die Person des Handlungsunfähigen, die Rekonstruktion von "Freiheit" als Handlungsfreiheit. Die Theologie könnte über die Rede von "Gnade" Possibilitäten eröffnen, die diese Aporie der Verengung des Freiheitsbegriffs vermeidet.

Fazit: Die Theologie kann über die Erweiterung des Possibilitätshorizonts auf die Rede von "Auferstehung", "Reich Gottes" und "Gnade" Rahmenbedingungen schaffen, die den Begriff der Kontingenz in einem Heilsgeschehen orten lassen und als Ermöglichungsgrund von Freiheit ausweisen. Die Aporien einer Theorie kommunikativen Handelns könnten vermieden werden, die Rede von Gott ist als *politische* von einem handelnden *Subjekt* zu führen.

4.2.4 Kontingenz als Bedingung der Möglichkeit von Freiheit

(1) Erkenntniskontingenz
(2) Kontingenz Gottes
(3) Zur Destruktion von Kontingenz

(1) Die Theologie - so das bisherige Ergebnis - kann den Kontext "Welt" über die Schaffung genuin theologischer Possibilitäten ("Auferstehung", "Reich Gottes", "Gnade"; auch: "Offenbarung" und "Schöpfung") radikal ausweiten und in eine systemische Unabschließbarkeit heben, die (a) die Rede von "Welt" als einem "System" (einem "Ganzen") ermöglicht ("Schöpfung *der* Welt", "Erlösung *der* Welt"), (b) die radikale Verwiesenheit dieses Systems auf eine als solche identifizierbare Umwelt (Geschichte: Heilsgeschichte!; Natur: Schöpfung!; Freiheit: Gnade!) leisten. Die Theorie kommunikativen Handelns versucht, "Welt" in "Lebenswelt" zu transformieren und als Handlungsfreiraum des Menschen zu rekonstruieren. Die "Kontingenz" wird über den Handlungs-

---

[79] Vgl. den Ansatz von Bach (1988).

begriff verstanden und im Rahmen kommunikativen Handelns - unbeschadet der erwähnten Aporien - bewältigt. "Possibilität" wird als Handlungschance und Offenheit von Kommunikation erzeugt. Auf dieser Ebene setzt die Rede von "Kontingenz" und "Possibilität" eine reale Lebenswelt voraus. In Differenz dazu und Abhebung davon werden Möglichkeiten, gleichsam als alternative Welten, angegeben: Der Kontingenzbegriff "bezeichnet mithin Gegebenes (Erfahrenes, Erwartetes, Gedachtes, Phantasiertes) im Hinblick auf mögliches Anderssein; er bezeichnet Gegenstände im Horizont möglicher Abwandlungen. Er setzt die gegebene Welt voraus, bezeichnet also nicht das Mögliche überhaupt, sondern das, was von der Realität aus gesehen anders möglich ist."[80] Die Welt als solche wird nicht zum Problem gemacht, die Existenz von Welt nicht dem Kontingenzbegriff subsumiert. Dies zu leisten, bleibt Aufgabe der Theologie.

Denn die Problematisierungsmöglichkeiten sind damit noch nicht erschöpft. Die Rede von "Gott" schafft Possibilitäten, die die Rede von "Welt" als solche und ganze ermöglichen: Mit der Diskussion um die "Harmonie" der Welt, wie sie etwa von Leibniz formuliert wurde, stellt sich das Problem der Kontingenz des Ganzen "im Sinne des auch-nicht-Sein-Könnens".[81] Damit entsteht neuer Legitimationsbedarf (warum hat Gott gerade diese Welt geschaffen?). Leibniz antwortet durch das Postulat der Nichtkontingenz des Zusammenhangs der (kontingenten) Teile ("prästabilierte Harmonie"), ein Postulat, das wiederum lediglich in Gott verankert werden kann. Der philosophische Topos vom "Staunen über die Existenz der Welt" setzt Grenzen der Sprache frei, die an die religiöse Sprache gemahnen.[82] Es wird Aufgabe der Theologie sein, die - theologisch unverzichtbare[83] - Rede von "Welt" in ihrer Sinnhaftigkeit auszuweisen. Die diesbezüglichen Bestrebungen Kants lassen sich ebenfalls *nur* unter Bezugnahme auf die Rede von Gott rekonstruieren:

Metaphysik ist die Reflexionsanstrengung, die Kontingenz von "Welt" in den Rahmen von Gesetzmäßigkeiten einzubetten. Diese Gesetzmäßigkeiten lassen sich nicht ohne die Verkoppelung mit der Rede von Gott formulieren. Kants Kritik richtet sich gegen Konzeptionen von Metaphysik, die ohne die Rede von

---

80 Luhmann 1985:152. Hier kann auch die Rede von der Semantik "möglicher Welten" untergebracht werden.

81 Luhmann 1993a:215.

82 Das ist die These von Wittgenstein, VE. In diesem Zusammenhang sei auf die Ähnlichkeit von Wittgensteins "Weltbild"begriff mit dem Begriff des religiösen Glaubens verwiesen. Das Weltbild ist das unhinterfragte und - als ganzes - unhinterfragbare, wenngleich nicht alternativenfreie (fremde Kulturen!) Fundament, von dem aus wir handeln und unsere handlungsanleitenden Grundüberzeugungen gewinnen; vgl. ÜG 93-97.

83 Systemtheoretisch gesprochen: Das "System Gott" kann nur in Kommunikation mit dem "System Welt" in Form von System/Umwelt-Differenzen rekonstruiert werden - et vice versa.

Gott auszukommen beanspruchen. Dieser Nachweis der Unersetzbarkeit von regulativen Ideen wird in der KrV geführt und inhaltlich präzisiert: "Metaphysik hat zum eigentlichen Zwecke ihrer Nachforschung nur drei Ideen: Gott, Freiheit und Unsterblichkeit" (B 395).[84]

Der Status eines Gegenstandes als kontingent läßt sich nur von Gott her aussagen: Die Bestimmung eines Gegenstands gilt nur dann als vollständig, wenn von jeder möglichen Eigenschaft ausgesagt werden kann, ob sie diesem Gegenstand eigen ist (inhäriert) oder nicht.[85] Die einem Gegenstand zugesprochenen (kontingenten) Eigenschaften gelten als Anteil an der Gesamtheit aller möglichen Eigenschaften; die dabei postulierte Idee eines Alls von Eigenschaften korrespondiert einem "Ideal", einem "Ding", das als Inbegriff aller Eigenschaften, als "Wesen aller Wesen", als "omnitudo realitatis" zu denken ist. Erst von diesem "transzendentalen Substratum" (603) aus können die contingentia auf den Begriff gebracht werden.

Da die Erkenntnis der Eigenschaften eines Gegenstandes von dieser omnitudo realitatis abhängt, kann von hier aus das Anliegen einer transzendentalen Theologie, einer Reflexion auf die Rede von Gott als der Bedingung der Möglichkeit von Erkenntnis der kontingenten Welt, verständlich gemacht werden: Diese Reflexion ist für die Reflexion auf die Bedingungen der Möglichkeit einer Rede von Gott unerläßlich:

> "Wenn wir nun dieser unserer Idee, indem wir sie hypostasieren, so ferner nachgehen, so werden wir das Urwesen durch den bloßen Begriff der höchsten Realität als ein einiges, einfaches, allgenugsames, ewiges ..., mit einem Worte, es in seiner unbedingten Vollständigkeit durch alle Prädikate bestimmen können. Der Begriff eines solchen Wesens ist der von Gott, ... der Gegenstand einer transzendentalen Theologie" (B 608).

Nicht bloß die (philosophische) Rationalität einer Rede von Gott wird von da aus erweisbar, sondern - mehr noch - die Unverzichtbarkeit dieser Reflexionsanstrengung. Die Rede von "Kontingenz" läßt sich nicht nur in bezug auf die Welt als solche und ganze, sondern auch für den Anspruch vollständiger Erkennbarkeit kontingenter Eigenschaften von Dingen, nur in Rückbindung an die Rede von Gott führen. Kant betont zudem wiederholt, daß es einem natürlichen Bedürfnis der Natur entspricht, sich die Frage nach Gott und seiner

---

[84] Diese Topoi hat Kant systematisch verbunden. Damit ist zugleich der Ort der Gottesrede ausgesagt: Die Rede von Gott wird nach Kant mit der Rede von der Freiheit des Menschen verbunden. Diese Rede ist in einem Bereich anzusiedeln, wo die Vernunft praktisch wird (Peukert 1976:287, FN 8). Von da aus kann ein weiterer Zugang gewonnen werden, der Theologie als "scientia practica" verstehen läßt.

[85] Vgl. KrV B 595ff.

Existenz zu stellen.[86] Die Reflexion auf die Gottesfrage ist Teil der conditio humana, die sich nicht aus sich selbst fundieren kann. Die Absage an die Selbstbegründbarkeit der Welt führt zu einem Verständnis von Gott als dem letzten Grund der systematischen Einheit der Welt, der die (chaotische) Mannigfaltigkeit des Weltganzen zusammenhält und die Kontingenz der Welt Gesetzmäßigkeiten unterwirft.[87] Wir können die kontingenten Elemente, die das "System Welt" aufspannen, nicht erfahren, ohne "die Materie zur Möglichkeit aller Gegenstände der Sinne als in einem Inbegriffe gegeben" vorauszusetzen (B 610).

Die Kontingenz erst begründende und ermöglichende Rede von "Gott" ist von der Rede von "Welt" zu unterscheiden, weil Gott ein von der Welt wohlunterschiedenes "Ideal" darstellt, das erst die Rede von "Welt" begründet. Denn eine geordnete Rede von Welt bindet sich an die Notwendigkeit allgemeiner Gesetze - und diese können nur durch Gott garantiert werden: "Frägt man denn also (in Absicht auf eine transzendentale Theologie) ...: ob es etwas von der Welt Unterschiedenes gebe, was den Grund der Weltordnung und ihres Zusammenhanges nach allgemeinen Gesetzen erhalte, so ist die Antwort: *ohne Zweifel.*"[88] Nach Kant rückt die Rede von "Welt" als ganze auf rationaler Basis ins Blickfeld und kann von der Rede von "Kontingentem" in die Rede von "Kontingenz" transformiert werden.[89]

Die (theologisch plausibilisierbare) Option auf ein "totaliter aliter" wurde von Husserl als "Erkenntniskontingenz" (theologisch gesprochen: "eschatologischer Vorbehalt menschlichen Erkennens") bezeichnet. Auch der erkenntnistheoretisch als "fundamentum inconcussum" verwendete Begriff der "Lebenswelt"[90] setzt diese Erkenntniskontingenz nicht außer Kraft: "*Während* ich die Welt wahrnehme und überhaupt erfahre, und in noch so großer Vollkommenheit wahrnehme, *während* sie also für mich in ungebrochener Gewißheit als schlechthin selbstgegeben bewußt ist, als eine, an deren Existenz ich schlechthin nicht zweifeln kann, hat sie doch eine beständige *Erkenntniskontingenz*, und zwar des Sinnes, daß diese *leibhaftige Selbstgegebenheit ihr Nichtsein prinzi-*

[86] Vgl. KrV B 612, 617f, 631.

[87] Vgl. KrV B 673.

[88] KrV B 723f.

[89] Luhmann 1992a:187.

[90] "Sie ist Welt der Erfahrung in dem ganz konkreten Sinn, der alltäglich mit diesem Ausdruck Erfahrung verbunden wird. Und dieser alltägliche Sinn bezieht sich keineswegs rein auf das erkenntnismäßige Verhalten, sondern in seiner größten Allgemeinheit genommen auf eine Habitualisierung, die dem mit ihr Ausgestatteten, dem 'Erfahrenen' in den Situationen des Lebens ... Sicherheit des Entscheidens und Handelns verleiht" (Husserl 1972:51).

piell nie ausschliesst."[91] Die theologisierbare Erkenntniskontingenz wirft die Evidenzquelle der Theologie auf die religiöse Erfahrung des kommunikativen Handelns Gottes ("Offenbarung") zurück. Von da aus kann zugleich die Rede von "Providenz" motiviert werden, die die "Kontingenz" von Welt nicht als "Irrsal und Wirrsal" (tohuwabohu) erfahren läßt, sondern in einen *Heilsplan* einordnet.

Fazit: Die philosophisch nicht aushebbare Erkenntniskontingenz bedeutet zwar gewissermaßen eine Anwendung des Gödelschen Satzes auf die Rede von "Welt" als System und damit das Postulat der Unabschließbarkeit von Welt, kann jedoch über die religiöse Erfahrung, die *Evidenz in Possibilität* ("Offenbarung" als Erkenntnisquelle) erzeugt, auf ein sicheres Fundament zurückgeführt werden, das das Projekt einer induktiven Theologie ermöglicht.

(2) Das Erste Vatikanische Konzil hat die Erkennbarkeit Gottes "mit dem natürlichen Licht der menschlichen Vernunft aus den geschaffenen Dingen" festgehalten.[92] Der kontingenten Welt wurde damit epistemologische Gültigkeit prädiziert, der säkularen, nicht offenbarungsgestützten Vernunft ein Zugang zur Rede von Gott geschaffen. Mehr noch: Das Gott-Denken ist genuiner Bestandteil der menschlichen Reflexionskultur. Die philosophische Bedeutung des Ersten Vatikanums liegt darin, "daß es ein Geschehen im Menschen anerkennt, das heilsbedeutsam ist ... und doch unabhängig von Christentum und Kirche unausweichlich und immer gegeben ist."[93] Der Philosoph bedarf des Predigers, des Propheten und des Pastoren nicht, um eine Rede von Gott zu konstruieren; Quelle ist die (kontingente) *Erfahrung*, die Erfahrung der Natur als eines "Kosmos". Die Kontingenz dieses Kosmos, der als "Schöpfung" rekonstruiert werden kann, braucht nicht unter Zuhilfenahme systemfremder Quellen geleistet werden. Die Umwelt des Systems "Welt" kann mit dem Werkzeug des Systems aufgewiesen werden.[94] Damit kann Kontingenz nicht als defizient und gegenüber der Perfektion Gottes abgewertet ausgewiesen werden, sondern erscheint als Quelle von gültiger Erkenntnis.

Diese modellstrategische Entscheidung, Kontingenz und Defizienz zu entkoppeln, bringt die nachhaltigen Konsequenzen mit sich, daß (a) die von der

---

91 Husserl 1959:50.

92 DS 3004.

93 Rahner, SzTh X, 76.

94 Der Gottesbeweis aus der Kontingenz funktioniert nach diesem Schema: "Die Offenbarung offenbart sich selbst, indem sie sich auf ihr Erscheinen in der Welt bezieht. Die *Theologie* formuliert diese Selbstreferenz als Identität Gottes" (Luhmann 1992a:173); vgl. Muck 1983:130ff.

Theologie bereitgestellten Possibilitäten in der (religiösen) Lebenswelt verankert werden können, (b) die Rede von Kontingenz mit der Rede von Gott verschränkt werden kann[95], (c) sich sowohl das Perfektionsverständnis (Rede von der "Vollkommenheit Gottes") als auch der Status der kontingenten Welt verschiebt.

Die Durchführung dieser entscheidenden Modelloption hat am luzidesten und konsequentesten Ioannes Duns Scotus geleistet, der Kontingenz in die Perfektion Gottes verlegt hat: Die Kontingenz der Welt ist auf die Kontingenz Gottes zurückzuführen. Scotus Gegenspieler in dieser Frage ist einmal mehr der von neuplatonischem Hintergrund geprägte Thomas von Aquin, der die Kontingenz auf die Ebene der Zweitursachen beschränkt und die Erstursache in der Reinheit purer Notwendigkeit beläßt[96]. So kann die Perfektion Gottes ungeschmälert bewahrt und eine gewisse Autonomie (spezifische Kausalität, Unterschiedenheit von Gott) ausgesagt werden: "Vor allem dem Thomismus gelingt es, trotz eines verabsolutierten Gottesbegriffs, die Kontingenzproblematik noch einzufangen, nämlich mit Hilfe der auf sie gezielten Unterscheidung primärer und sekundärer Ursachen, die zugleich weltlichen Eigenbereichen ihr relatives Recht zuzugestehen vermochte."[97] Konzeptuell nachteilige Folgen dieses Modells liegen in der radikalen Dichotomie zwischen Mensch und Gott, in der nezessitaristischen Konzeption des "Systems Gott", das aufgrund von (freilich selbstproduzierter und -kontrollierter) Notwendigkeit wirkt und einer entsprechend schmalen Basis für die Rede von "Freiheit" (Gottes, des Menschen). Scotus wehrt sich, um die Kontingenz der Welt zu retten, gegen diese Auffassung.[98] Daß es Kontingenz in

---

95 Ist Kontingenz nicht defizient, sondern ein "bonum", muß es auf Gott rückbezogen werden; denn wenn die Kontingenzformel Gott ist, wird alles von Gott her verstanden (Luhmann 1992a:188), denn "die Kontingenzformel Gott besagt zuletzt Kompatibilität jeglicher Kontingenz mit einer Art supramodalen Notwendigkeit. Mit dieser Generalisierung steigen die Anforderungen an Respezifikation. *Alle* Kontingenz einer zunehmend komplexen Welt, was Böses und Zufälliges einschließt, muß *einem* Gott zugeschrieben und daher *innerhalb* des religiösen Systems interpretiert werden" (Luhmann 1992a:130). Die Theodizeefrage stellt sich in einem System, das Kontingenz in Gott verankert, natürlich umso dringlicher. Wie bereits in den kirchlichen Lehraussagen von Arles, Quiercy und Valence skizziert, muß eine Antwort in der sytembildenden Rede von "Freiheit" zu suchen sein.

96 Sent. I d. 38 q.1 a 5 in corp; auch Sent. II d. 37 q. 2 a. 2 in corp; ebenso Boethius, De consol. V prosa 6.

97 Luhmann 1992a:130f.

98 Seine Argumentation ist eine strikt grammatische: Wenn die Erstursache mit Notwendigkeit wirkt und mit Notwendigkeit die ihr nächste Ursache bewegt ... so bewegt auch die Zweitursache das, was sie bewegt und bewirkt, mit Notwendigkeit, da sie nur in Abhängigkeit von der Erstursache wirkt ("Si prima causa necessario causat et movet causam sibi proximam ... igitur illa secunda causa necessario movet hoc quod movet et causat, quia causa secunda non movet nisi in quantum movetur a prima"; LECT. d. 39,

der Welt gibt, bedarf keines mächtigen Beweises.[99] Um die Kontingenz als systembildend in einem System von Welt, das rückgekoppelt an das System Gott, in Freiheit organisiert, unterbringen zu können, verlegt Scotus die Kontingenz in Gott[100] und kann so die Entkoppelung von Kontigenz und Defizienz leisten: "Der Gottesbegriff erklärt und entschärft Kontingenz bis hin zur Umwertung der Kontingenz in einen modus positivus entis."[101] Scotus

---

35). Konsequenz wäre die Unmöglichkeit, ein Verständnis von Kontingenz zu entwickeln. Die Kausalität wäre nur in nezessitaristischen Konzeptionen zu fassen, die Konstruktion von "Freiheit" schlicht vereitelt. Und das widerspricht dem Verständnis von "Gott", "Freiheit" und "Leben": "Animae immediate creantur a Deo et non ab aliqua causa proxima, non tamen necessario causantur; igitur nihil est dicere quod effectus in comparatione ad causam primam sint necessarii" (LECT. d. 39, 37). Kommunikationsgeschehen zwischen Mensch und Gott kann dann und nur dann etabliert werden, wenn Gott und Mensch, wenn Schöpfer und Geschöpf unmittelbar miteinander kommunizieren müssen und nicht etwa durch instrumentelle Abgründe (Vermittlung durch Zweitursachen...) getrennt werden.

[99] Nicht nur, daß unsere eigenen Entscheidungsprozesse hinfällig wären, wenn die Welt nicht kontingent strukturiert wäre (Aristoteles, Topic I c. 9), sondern auch, daß die Rede von einer nezessitaristischen Struktur von Welt unserer Erfahrung krass widerspräche und daher "counterintuitive" wäre: "Accipiendum est tamquam per se notum quod sit contingentia in entibus, - et qui hoc negat, indiget sensu et poena; et ideo *Avicenna* in *Metaphysica* sua docet tales fore igni exponendos qui negant manifesta sensui, quia idem est tali comburi et non comburi" (LECT. d. 39, 40); vgl. Avicenna, METAPH. I c. 9.

[100] "Et dico quod oportet causam istius contingentiae assignare a parte causalitatis Dei" (LECT. d. 39, 41). Gott wird zum Ermöglichungsgrund von Kontingenz. Kontingenz kann als Bedingungsfeld der Möglichkeit von Freiheit weitergeführt werden.

[101] Luhmann 1992a:132. Umgekehrt kann aus dieser Verbindung von Gott und Welt, wie bereits über die Deutung des Ersten Vatikanums angeklungen, ein Beweis der Existenz Gottes über die Kontingenz geführt werden. Luhmann bezieht sich auf Ord. d. 39, ad argumentum pro tertia opinione. Lit.: Solaguren 1966.
Luhmann hält diese Kontingenzformel irrigerweise für überspannt, weil derart abstrahiert. Gerade eben diesem Vorwurf kann Scotus, der die Kontingenz nicht in einem diffusen Gottessystem, sondern im Willen Gottes und damit der Freiheit des personal verstandenen ("sozialen Systems") Gottes ansiedelt, entgehen. Die Perfektion Gottes wird gerade eben nicht als monolithischer Block einer geschlossenen Systemeinheit verstanden, sondern prozessual aufgelöst. Damit funktioniert das zugrundegelegte Perfektionsverständnis präzise nicht,wie Luhmann annimmt, im Sinne einer Absorption der Kontingenz dadurch. daß die Perfektionsvorstellungen in sich selbst zurücklaufen (Luhmann 1992a:133). Die Perfektionsvorstellung wird dialogisch auf Geschöpflichkeit und Welt hingeordnet. "Gott" ist damit auch keine selbstsubstitutive Ordnung, wie Luhmann (ibd) vermutet, sondern als wohlunterschieden von einem Gegenüber (Mensch, Welt) konzipiert. Die Möglichkeit, univoke Aussagen von Gott zu machen, bedeutet nicht die Einebnung des Gattungsunterschieds zwischen Gott und Mensch; die Verankerung von Kontingenz in Gott bedeutet nicht die Absage an entwicklungsorientierte Ansätze, wie Luhmann unterstellt (ibd., 133f), sondern die Bedingung der Möglichkeit dafür, evolutives (kontingentes) Geschehen mit Gott zusammenzudenken, der sich auf ein Freiheitsgeschehen einläßt. Die

gelingt es, die Kontingenz im göttlichen freien Willen zu verankern[102], damit die Personalität Gottes als systembildend auszuweisen, das Wissen Gottes um die Zukunft als "scientia practica" zu konzipieren, die Freiheit Gottes von der Freiheit des Menschen aus verständlich zu machen[103]. Die absolute Freiheit Gottes kann schließlich auch mit der systemsprengenden und die Produktion von Possibilitäten in infinitum potenzierenden Unterscheidung zwischen "potentia absoluta" und "potentia ordinata" geleistet werden, wodurch klar gemacht werden kann, daß Gott in seiner absoluten Freiheit "potest facere de potentia absoluta quod non potest de potentia ordinata".[104]

In diesem theologischen Modell, wie es uns von Scotus präsentiert wird, kann Gott als der Ermöglichungsgrund von Kontingenz ausgewiesen (i), die in Gott verankerte Kontingenz als Bedingung der Möglichkeit von Freiheit genannt (ii), die im Kontingenten verankerte Freiheit im (göttlichen und menschlichen) Willen, in der Entscheidungsgewalt und damit in der Dialogfähigkeit realisiert werden. Ein kommunikatives Verständnis von göttlichem intellectus, der dem göttlichen Willen untergeordnet ist, läßt sich auf diesem Hintergrund ebenso gewinnen, wie die Rationalität freier Entscheidungspraxis.

Die Erfahrung der Kontingenz kann als Gotteserfahrung strukturiert werden. Die kontingente Welt wird zum Raum freien Kommunikationsgeschehens zwischen Mensch und Gott.[105] Die Entkoppelung von Defizienz und Kontingenz provoziert neue Legitimationsverfahren aufgrund des Status der Welt, deren Kontingenz ja auf die Kontingenz Gottes konstitutiv rückverwiesen ist: Wie lassen sich Übel und Sünde mit dem Handlungsfreiraum des allgütigen Gottes

---

Systemchiffre der "Freiheit", konsequent durchgedacht, erzwingt Entwicklung und Veränderung der kontingenten Welt. In nuce: Perfektion bedeutet eben nicht Kommunikationsabbruch.

[102] LECT. d. 39, 42-44. Der göttliche Intellekt erkennt nach dem Modus der Notwendigkeit, der göttliche Wille ist frei, absolut frei. Der Ort der freien göttlichen Entscheidungen ist der Wille, der göttliche Intellekt ist gegenüber Dezisionsprozessen "neutral": "Unde quando intellectus divinus apprehendit 'hoc esse faciendum' ante voluntatis actum, apprehendit ut neutram sicut cum apprehendo 'astra esse paria'; sed quando per actum voluntatis producitur in esse, tunc est apprehensum ab intellectu divino ut obiectum verum secundum alteram partem contradictionis. Oportet igitur assignare causam contingentiae in rebus ex parte voluntatis divinae" (LECT. d. d. 39, 44).

[103] LECT. d. 39, 45f.

[104] LECT. d. 44, 5.

[105] "Alles ist kontingent, weil es auch anders oder auch nicht sein könnte. Das wird theologisch so begriffen, daß Gott sich als der absolut freie erweist, der aus Freiheit das faktisch Bestehende schafft. Nicht mehr eine kosmische Ordnung ist vorgegeben, sondern die Freiheit des Schöpfungshandelns konstituiert erst eine Ordnung. Es macht die Würde des Menschen aus, daß er in seinem Handeln gegenüber dem Bestehenden an dieser Freiheit teilhat" (Peukert 1988:175).

vereinbaren?[106] Die strategisch nahegelegte Entscheidung, den im Modell erzeugten Handlungsfreiraum des Menschen dahingehend zu nutzen, ihm die Verantwortung für sein böses Wollen und Tun anzulasten[107], vermittelt im Rahmen eines soteriologischen "Welt"verständnisses die Notwendigkeit, die Systemkomponente "Freiheit" durch die Systemkomponente "Gnade" auszugleichen.[108] Letztere bleibt freilich an "Freiheit" insofern rückgekoppelt, als sie im Rahmen der göttlichen Freiheit verankert wird und als Chiffre freier Kommunikation zwischen Mensch und Gott fungiert. Damit kann auch die Inkarnation als Freiheitsgeschehen und nicht als durch die infralapsarische Conditio erzwungene Sanierungsmaßnahme rekonstruiert werden. Auf diese Weise kann zugleich die Kontingenz Gottes konsequent im Modell durchgezogen werden.[109] Von dieser divinen Kontingenz aus ist jegliche Rede über die Kontingenz von Welt zu leisten. Die Welt ist kontingent, weil Gott kontingent ist. Kontingenz ist die Bedingung der Möglichkeit von freiem Kommunikationsgeschehen.[110]

---

[106] Vgl. Luhmann 1992a:164.

[107] Vgl. LECT. d. 40. Die Einbettung in ein Freiheitsgeschehen läßt die Rede von Notwendigkeit in diesem Bereich zurückweisen: Leid und Sünde sind nicht *notwendig* und auch nicht auf dem Hintergrund quasi-deterministischer Strukturen projizierter Unvermeidbarkeit anzusiedeln - gegen Luhmann 1992a:194.

[108] Kommentar Luhmanns: "Hier kommt zur allgemeinen christlichen Akzentuierung der Heilsfaktoren die spätmittelalterlich-reformatorische Kritik der Verdienst-Komponente und eine Extremverschiebung in Richtung auf Gnade hinzu" (Luhmann 1992a:157). Luhmann gibt Scotus-Literatur als Belegstelle an (ibd., FN 178).

[109] "Nach überwiegender (vor allem: thomistischer) Auffassung ist die Menschwerdung Gottes als Reaktion auf den Sündenfall im Heilsinteresse erfolgt ... Im Anschluß an Duns Scotus sieht die Gegenauffassung darin eine abzulehnende Einschränkung der Allwissenheit und Konditionierung der freien Entschlüsse Gottes; für sie liegt der Grund der Menschwerdung in der Selbstoffenbarung Gottes" (Luhmann 1992a:158). Die Antwort auf die strittige Frage "Cur Deus homo?" kann damit in die Kontingenz Gottes rückverlegt werden.

[110] Dieses freie Kommunikationsgeschehen drückt sich am nachdrücklichsten in den theologischen Topoi von Inkarnation, Kreuzigung und Auferstehung aus. Die Menschwerdung Gottes ist die Bedingung der Möglicheit symmetrischer Kommunikation zwischen Mensch und Gott; die Kreuzigung treibt die Freiheit der Kommunikation Gott-Mensch-Welt auf eine reflexive Spitze: "Die forensisch geladene Welt kommunikativer Argumentation fordert radikale Reflexivität und am Kreuz unterwirft sich Gott dieser äußersten und beschämenden Grenzsituation. Daß sich selbst Gott der forensisch geladenen Welt unterwirft, bedeutet, daß es kein Segment menschlichen Lebens und menschlicher Gemeinschaft, weder innerhalb der Lebenswelt noch in sozio-politischen Systemen, geben kann, welches neutralisiert, immunisiert oder abgeschlossen sein bzw. bleiben kann von der Notwendigkeit, der Kritik und der Rechtfertigung von seiten der intersubjektiven kommunikativen Instanz der Argumentation unterzogen zu werden. Auf diese Weise muß eine theologische Analyse der forenisch geladenen Welt entwickelt werden als eine 'politische' Theologie des Kreuzes, in Entsprechung zu einer kreuz-

Allerdings: Diese Freiheit ist an Perfektion, Kontingenz an ein Verständnis von Notwendigkeit rückgebunden, um die Kontigenz aus der Regellosigkeit einer despotenhaften Willkür oder eines prinzipienhaften Fatalismus oder eines orientierungslosen Zufalls zu entlassen. Genau in diesem Sinn wird auch der Gottesbeweis aus Kontingenz geführt: "Si aliqod ens est contingens, ergo aliquod ens est necessarium."[111] Freilich darf Perfektion nicht in die Unkommunizierbarkeit getrieben und die Rede von "Notwendigkeit Gottes" nicht die Kontingenzformel "Gott" unter ein übergeordnetes Prinzip stellen. Eine Gleichsetzung von "Perfektion" mit statischer Totalität und eine Gleichsetzung von "Notwendigkeit" mit kausaler Notwendigkeit im Sinne der Naturwissenschaften ist strikt zu vermeiden.

Damit: Die Rede von der göttlichen Perfektion ist auf diesem Hintergrund auf ein freies Kommunikationsgeschehen, nicht auf statische Größen, die nur in nezessitaristischem Rahmen begriffen werden könnten[112], zu beziehen. "Allwissen" ist dann operational nur über den entscheidungsschaffenden göttlichen Willen verwendbar; das vom göttlichen "Intellekt" bereitgestellte Wissen ist "blind" und "neutral"; erst die Entscheidung der voluntas divina verankert das Wissen im Handlungsraum Gottes, in der göttlichen Kontingenz. Im Modell verbunden mit der Rede vom "universalen Heilswillen" Gottes ist dieses Wissen in "Heilswissen", "Erlösungswissen" zu transformieren. Dadurch werden neue Possibilitäten ("Verheißung") erzeugt.[113] Eine derartige Possibilität (niemals: Notwendigkeit) ist auch das Heilsgeschehen, das als *Kontingentes* zu rekonstruieren ist: Die Erlösungstat erfolgt, nimmt man die Rede von der "Kontingenz Gottes" ernst, nicht aus Notwendigkeit, sondern ist eine freie Gabe, deren Freiheitscharakter durch die Personalisierung der Heilszusage (die Gabe ist mit dem Geber identisch) begründet werden kann. Erst dadurch kann die *Ganzheit* des Heils begründet werden. Zudem wird die Kontingenz Gottes auf der Ebene der kontingenten conditio humana dialogisiert: "Nicht zufällig sind Vertrag und

---

förmigen ekklesialen Gemeinschaft und einer religiösen Praxis emnazipatorischer Solidarität und Versöhnung, als eine radikal trinitarische Theologie" (Simpson 1989:159); die Auferstehung ist schließlich die Re-konstruktion, die Neu-schaffung von Kontingenz, indem Unmögliches durchbrochen und der Bereich des Leb-baren von Gott her radikal erweitert wird.

[111] Duns Scotus, Ord. d. 39, 13. In diesem Zusammenhang auch zitiert von Luhmann 1992a:195.

[112] Vgl. Scotus Argumentation für die Verbindung von Freiheit und Immutabilität Gottes: LECT. d. 8, 273.

[113] Vgl. Luhmann 1992a:162f. Luhmann geht an dieser Stelle auf die futura contingentia und die Transformation von Zukunft in verheißenes Heil ein.

Liebe dafür geeignete Interpretamente."[114] Die Gabe: Das Leben. Das Leben: kontingent. Heil, weil: Kontingenz Gottes.[115]

(3) Kontingenz Gottes wird unverständlich, kann hermeneutisch nicht mehr vermittelt werden, wenn die sozialen Systeme den Horizint von Kontingenzerfahrungen reduzieren: Poppers "Offene Gesellschaft und ihre Feinde"[116] kann als ein Buch gelesen werden, daß vor der vorsätzlichen Destruktion von Kontingenz warnt. Grundproblem des neuzeitlichen Menschen ist die Reduktion von Komplexität, ist die Kontingenzbewältigung in einer immer komplexer werdenden Welt. Immer mehr Faktoren, "Possibilitäten" sind zu berücksichtigen. Popper hat darauf hingewiesen, daß geschlossene Gesellschaften durch einen hohen Grad an Organisiertheit (und sakrosankte Strukturen) ausgezeichnet sind.[117] Geschlossene Gesellschaften entsprechen strikt strukturierten sozialen Kosmen, die den nichtgeregelten Handlungsspielraum des Einzelnen möglichst klein halten. Ein Grund, warum sich die Gesellschaft des antiken Griechenland tendenziell zu einer offenen Gesellschaft hinbewegen konnte, liegt im Faktor der Seefahrt begründet - die vielleicht mächtigste Kraft im Zusammenbruch der geschlossenen Gesellschaft nach Popper. Seefahrt erhöht die Komplexität und damit den Selektionszwang: Die ausweisbare Kontingenz der Welt steigt. Die geschlossene Gesellschaft ist die einfach strukturierte, überschaubare Sozialform. Werden die Zukunft als Entscheidungsfeld in den Blick genommen und die Gesellschaft sozial ausdifferenziert und die Handlungsfelder des Einzelnen komplizierter, werden neue Possibilitäten erzeugt und die Geschlossenheit der Sozialstruktur aufgesprengt. Dadurch entstehen Risiken: "Einmal aufgelöst in zeitliche und soziale Differenzierungen, gibt es keine Rückkehr zur Unschuld des Weltwissens. Die Tür zum Paradies bleibt versiegelt. Durch das Wort Risiko."[118]

Es legt sich der Verdacht nahe, daß die Feinde der offenen Gesellschaft bemüht sind, die Kontingenz der Welt derart in ihrer Komplexität zu reduzieren,

---

[114] Luhmann 1992a:206.

[115] Vgl. Luhmann 1992a:206-218. Die letzten Worte Jesu sind ein weiteres Indiz für die Kontingenz des Erlösungsgeschehens, das im Rahmen des skizzierten Modells nicht in einer Satisfaktionstheorie Anselmschen Zuschnitts (die zwar die Perfektion der vermittelnden Zweiten Person selbst kontingent macht, insofern sie eine Dienstfunktion im göttlichen Heilsplan ausübt, aber den kommunikativen Freiraum einer Interaktion Mensch-Gott auf Tauschgeschäfte hin einschränkt/ökonomisiert) untergebracht werden kann.

[116] Popper 1971.

[117] Popper 1971:173.

[118] Luhmann 1991:26.

daß Ideologien entstehen.[119] Der Preis, der dafür zu zahlen ist, ist hoch: Die Destruktion von Kontingenz erzwingt die philosophie- und theologiefreie Gesellschaft. Der Ort, an dem sich Orientierungsfragen nicht mehr stellen lassen, ist die kontingenzfreie Gesellschaft. Eine Ideologie auf diesem Fundament kann nur verlogen und zynisch sein:

> "In Anbetracht der individuellen Lebensrisiken ist freilich eine Theorie nicht einmal *denkbar*, die die Faktizitäten von Einsamkeit und Schuld, Krankheit und Tod hinweginterpretieren könnte; die Kontingenzen, die an der körperlichen und moralischen Verfassung des Einzelnen unaufhebbar hängen, lassen sich nur *als* Kontingenz ins Bewußtsein heben; mit ihnen müssen wir, prinzipiell trostlos, leben."[120]

Aufgabe und Herausforderung der Theologie wird es sein, diesen Trost dennoch zu leisten[121], Possibilität ("Gnade", "Heil") bereitzustellen, ohne

---

[119] Prinzipiell lassen sich zwei Szenarien einer geschlossenen Gesellschaft vorstellen, das Orwellszenario und das Huxleyszenario. Das Orwellszenario ist eine geschlossene Gesellschaft, die über das Prinzip "Gewalt" organisiert ist. Alles ist, wie es ist und alles geschieht, wie es geschieht, weil potentielle Gegenentwürfe gewaltsam ausgemerzt, im Keim erstickt, kontrolliert werden. Eine umfassende Kontrolle, die dem Einzelnen keinen Handlungsspielraum, keinen offenen Raum läßt, bestimmt die Lebenswelt. Das Huxleyszenario ist demgegenüber eine geschlossene Gesellschaft, eine "brave new world", die auf dem Lustprinzip beruht: Jeder hat, was er braucht und braucht, was er hat, ein Grunderlebnis der Lust, der organisierten Unterhaltung, der chemisch gesteuerten "happiness" schwebt über der Gesellschaft, die in Kasten organisiert ist und aufgrund der Gensteuerungen keine sozialen Konflikte zuläßt. "Soma", die Droge, die happy, aber nicht abhängig macht, mag Symbol für diese Gesellschaft sein, die in Einheit und Perfektion organisiert ist. Jeder tut, was er kann und kann, was er tut; jeder bekommt, was er sich wünscht und wünscht sich nur das, was er bekommt.

Beide Typen geschlossener Gesellschaftsform zeichnen sich durch eine Festschreibung des Status Quo auf Gültigkeit hin aus. Alles Futurische, Latenzen, Tendenzen, Utopien ist ausgelöscht: "Verlust der Kontingenz", "Schwinden des Kontingenten". Jeder Tag ist wie der andere, die Menschen haben nichts zu erwarten, nichts zu befürchten, nichts zu ersehnen. Jeder Tag genügt sich selbst. Träume sind ebenso ausgemerzt wie jede Form des "Prinzips Hoffnung" (Bloch). Mit Unwägbarkeiten muß nicht gerechnet werden; alles ist kalkulierbar. Der Verlust der Kontingenz bringt den Verlust des Neuen, des noch zu Entdeckenden mit sich; nichts ist *wirklich* spannend und nichts ist *wirklich* wichtig, weil in dieser geschlossenen Gesellschaft alles Risiko ausgelöscht ist. Das Schwinden des Kontingenten bringt den Verlust der Sinnfrage, der Gottesfrage, der Frage nach dem Woher und Wohin mit sich.

Fazit: Die geschlossene Gesellschaft ist die theologiefreie Gesellschaft, die geschlossene "Welt" ist die Welt, in der "Welt" nicht problematisiert und "Gott" nicht thematisiert werden kann.

[120] Habermas 1973:165.

[121] 2 Kor 1:3ff.

"billige Gnade" (Bonhoeffer) zu produzieren und Vertröstungsstrategien zu verfolgen. "Insofern bleibt der Bezug auf Leben und Tod ein nichteliminierbares Moment."[122] Die Theologie hat jene Offenheit zu erzeugen, die innerhalb des sozialen Systems der Gesellschaft nicht mehr untergebracht werden kann: "Im Religionssystem werden Möglichkeiten produziert und für die gesamte Gesellschaft formuliert, die gesamtgesellschaftlich keine sind, das heißt in der Gesellschaft nicht untergebracht werden können. Ein differenziertes Gesellschaftssystem erzeugt mehr Möglichkeiten, als verwirklicht werden können."[123] Utopien geben implizite Defizite, Uneingelöstes, Unabgegoltenes des sozialen Systems wider und schaffen eine Umwelt ("U-topos"!); die System-Umwelt-Differenz (Ist-Soll) kann als kritisches Korrektiv an die Gesellschaft herangetragen werden und auf diese Weise Orientierungswissen erzeugen. Diese System/Umwelt-Differenz kann nur in einer kontingenten, als gestalt- und veränderbar ausweisbaren Welt erzeugt werden. Kontingenz ist die Bedingung der Möglichkeit für freie Weltgestaltung. Die Destruktion von Kontingenz, mit der totalitären Absicht, umfassende Kontrollmöglichkeiten zu schaffen, kann nur in autoritären Systemen, deren Possibilitätshorizont auf das Machbare eingeschränkt ist (Zum Beispiel: Zweckrationalität statt Phantasie), realisiert werden. Derlei Systeme sind "geschlossen" und als solche theologiefeindlich. "Gott" als Inbegriff von nicht einholbarer Possibilität kann konsequent in einer geschlossenen Welt verleugnet werden.

4.3 Zur Transformation nichtreligiöser Begriffe

(1) Die Transformation von Geschichte in Heilsgeschichte
(2) Die Transformation von Wissen in Erlösungswissen
(3) Die Transformation von Welt in Schöpfungsgeschehen
(4) Die Transformation von Handeln in Theo-Praxis

Kontingenz wurde als induktiver Ausgangspunkt und systematischer Schlüsselbegriff zur Modellbildung im Rahmen der gegenständlichen Frage gewählt. Die Kontingenzerfahrung konnte als Risiko und Chance, als die Bedingung der Möglichkeit für Possibilität angenommen werden. Die Rede von "Kontingenz" überhaupt wurde über die Rede von der "Kontingenz Gottes" begründet, deren Possibilität - als Super-Possibilität - die Theologie aufrechtzuhalten hat.

---

[122] Luhmann 1992a:216.
[123] Luhmann 1992a:105.

Dieses Projekt kann nur dann gelingen, wenn die in der gegenständlichen Frage verhandelten Begriffe "Zukunft", "Allwissen", "Welt", "Freiheit" entsprechend transformiert werden. Die Aporien säkularer Kontingenzbewältigung wurden aufgezeigt. Eine Transformation nichtreligiöser Begriffe in religiöse Begriffe, eine "religiöse Interpretation" der säkularen Kategorien des Weltverstehens, legt sich nahe.[124] Es handelt sich um die Begriffe "Zukunft" (1), "Allwissen" (2), "Welt" (3) und "Freiheit" (4). Vier kurze Skizzen.

(1) Geschichte kann als kommunikatives Geschehen zwischen Mensch und Gott, die kontingente Welt als Begegnungsort von Gott und Mensch rekonstruiert werden.[125] Der Ort dieses Begegnungsgeschehens ist die kontingente Welt, die in ihrer Instabilität und Veränderbarkeit die Fragmentarität (Vorläufigkeit) und Freiheit (Entscheidbarkeit) des Kommunikationsgeschehens garantiert. Die Rückbindung des Dialogs an die Kontingenz Gottes erzeugt Rahmenbedingungen für eine Rede von "Vorsehung", die die Fragilität von Weltstrukturen in Heilszusagen einbetten läßt; die Kontextbedingungen für das Gelingen von Leben ist die Zusage von "Leben in Fülle". Diese Zusage generiert ein Normenwerk ("Gebote", "Lebensorientierung"), das die Freiheit des Zusammenkommens von Gott und Mensch noch einmal provoziert und bedingt: "Nur wenn es eine Norm gibt *und man sie kennt*, ist man frei sie zu befolgen oder zu übertreten. Nur wenn es Voraussicht des eigenen Verhaltens gibt *und man die Voraussicht kennt*, ist man frei, sie zu realisieren oder sie zu durchkreuzen."[126] Diese Funktion kann die Kontingenzformel "Gott" aber nur leisten, wenn die Kontingenzzusicherung (Gen 1:28) über ein Prinzip "Offenbarung" verfügt wird. In einem offenbarungstheoretischen Zusamenhang kann sich Freiheitserfahrung als Gnadenerfahrung rekonstruieren lassen, und die Rede von "Zukunft" kann in eine Rede von "absoluter Zukunft" transformiert werden; "Kontingenz" der Geschichte läßt sich aus richtungsloser Orientierungsleere in einen direktiven Kontext der Heilszusicherung einbetten, die - qua Kontingenz Gottes - personal und frei ver-mittelt ist: Die ganze Schöpfung wartet sehnsüchtig... (Röm 8:19). Erst auf dieser Ebene kann "Geschichte" in "Heils-

[124] Selbstverständlich versteht sich dieses Projekt in gewissem Gegensatz zu Bonhoeffers Projekt einer "nichtreligiösen Interpretation" (Bonhoeffer 1994); die Motivation, in die Gegenrichtung zu stoßen, ergibt sich aus dem Legitimationsdruck, der auf die Theologie ausgeübt wird und ihr die "Mündigkeit" zu entziehen versucht (i), ergibt sich aus der Anstrengung, Possibilität bereitzustellen, die gerade über die Geltendmachung des säkular Unabgegoltenen erfolgt (ii). Der Versuch, "nicht-religiöse Begiffe" "religiös" zu interpretieren, ist der Versuch, die Eigenständigkeit und Transformationsfähigkeit der Theologie zu erweisen.

[125] Vgl. Luhmann 1992a:99.

[126] Luhmann 1992a:211.

geschichte" und "Kontingenz" in "Freiheit" und "Freiheit" in "Gnade" transformiert werden: Durch Gottes Gnade bin ich, was ich bin (1 Kor 15:10). Dies gilt auch für jede Rede von "zukünftigem Sein", das an den Kontext offenbarten Heilsgeschehens, damit in einen Kontext der Verheißung, rückgebunden ist: "Gottes Verheißung gemäß erwarten wir einen neuen Himmel und eine neue Erde" (2 Petr 3:13).

Die Rede von "Zukunft" ist in diesem kommunikativen Verständnis von Geschichte nicht mehr die vage, spekulationsbedürftige Rede von "Künftigen Ereignissen", sondern die - von "docta", weil zugesagter "spes" angeleitete - Rede von einer totalen Transformation der brüchigen Lebenswelt in gültige Heilswelt. Über diese Quellen (die Kontingenz Gottes, die - vom Willen Gottes besiegelte - Gültigkeit erzeugt) kann auch die Kontingenzerfahrung des Menschen "vergültigt" werden.[127] Präzise diese Vergültigung säkularen Geschehens durch die Kontingenz (Willensfreiheit, Entscheidungsgewalt) Gottes konstituiert die antizipative Kraft sakramentalen Geschehens. "Zukunft" ist stets: "Zukunft mit und vor Gott", deren Gültigkeit über ein "Prinzip Offenbarung" zugesagt und in Kultsituationen bewahrheitet, antizipiert werden kann. Geschichte ist ihrer "Blindheit", die Rede von Zukunft ihrer "Leere" enthoben - aufgrund der Rückbindung von kontingenter Geschichte an die Kontingenz Gottes, womit kausale Notwendigkeit der Natur als Freiheit der Schöpfung ausgewiesen werden kann. Geschichte ist Heilsgeschichte, Zukunft ist kommunikative Zukunft.

(2) Die kommunikative Rekonstruktion von Zukunft wirkt sich auf das Verständnis von "Wissen" aus, das in soteriologischen Kategorien als "scientia practica" zur Konstruktion von Heilswelt rekonstruiert werden kann. "Wissen" Gottes über Zukünftiges ist dann nicht als "Buchwissen" zu verstehen, das gleichsam in einem Buch in Form einer Menge von Sätzen über zukünftige Ereignisse zusammengefaßt werden könnte.[128] Alle Sätze über alle potentiellen Sachverhalte zusammengenommen ergeben nicht "Heilswissen", ergeben kein operationalisierbares "Heilswissen", das Anleitungen zu "heilendem Tun" enthielte. Die scientia divina über die futura contingentia ist performatives Wissen, insofern das Wissen in Verheißungsform Heilsgeschichte konstituiert. Nicht das *Was* des Geschehens wird auf dieser Ebene verhandelt, sondern das *Daß* des Heilsgeschehens, das in metaphorische Formeln gegossen wird. Zudem: Die Kontingenz Gottes, das kontingente Wissen Gottes über Zukünftiges wurde

---

[127] Ein Beispiel ist die Möglichkeit einer gültigen Zusage von Treue und Verbundenheit beim Eheversprechen, das über die Gültigkeit des sakramentalen Geschehens bewahrheitet werden kann.

[128] Vgl. das Gedankenexperiment, alle Tatsachen der Welt in deskriptiven Sätzen zusammengefaßt zu haben (VE).

im *Willen* Gottes, nicht im intellectus angesiedelt: Es ist Wissen in Freiheit, nicht eine "objektive Wiedergabe" einer objektiven Geschehensordnung. Die Kontingenz Gottes zum Referenzpunkt der Heilsgeschichte zu machen, bedeutet, das göttliche Wissen als Freiheitsgeschehen, die Konstituierung des Wissens über Handlungen des Menschen auf Dialogebene zu verankern. Im Modell: Gott weiß, was ich morgen tun werde, weil er in kommunikativer Gemeinschaft mit mir steht, weil er sich für mich interessiert, weil mein Leben in seine Heilsordnung eingebettet ist. Die Ortung des göttlichen Wissens in kommunikativen Strukturen bedeutet zugleich die Offenbarungsfähigkeit dieses Wissens.[129] Es ist als *Heilswissen* "determinata", weil der allgemeine Heilswille Gottes sein (neutrales) Wissen um Possibilitäten soteriologisiert, auf Erlösung hin ausrichtet. Es ist "certa", weil die Entscheidung Gottes für diesen Heilsplan und die mächtige Zusage "Alles wird gut" gegründet und unwiderrufbar ist: Gott ist verläßlich. Es ist "perfecta", weil die Perfektion Gottes ebenfalls in der Kontingenz angesiedelt und das göttliche Wissen in der göttlichen Freiheit verortet wurde.

Es kann also nicht um die Frage gehen "Weiß Gott, was ich morgen um 16 Uhr tun werde?". Diese Frage ist grammatikalisch unsinnig, weil das "Wissen Gottes" im vorgeschlagenen Modellbildungsprozeß nicht als deskriptives "Faktenwissen", sondern als operationalisierbares "Heilswissen" auszuweisen ist, als ein Wissen um das *Wie* und *Daß* des Heils. Das göttliche Wissen leitet "heile Praxis" an ("Offenbarung", "Verheißung") , ist in der Heilsgeschichte (soteriologisches framework für den Dialog Mensch-Gott), ist diakonisierbar, weil im göttlichen Heilswillen verankert. Wissen auf "Tatsachenwissen" zu reduzieren, das in deskriptiven Sätzen reformuliert werden könnte, bedeutet, den Prozeß der theoretischen Neugierde in Gott zu verankern. Dieser Prozeß ist in Interesse am Gegenüber, statisches Wissen (als abrufbare Größe) in Heilsgewißheit, Perfektion in Kontingenz zu überführen. Die Rede vom "Wissen Gottes" ist nicht die Rede von einem "göttlichen Buch" der Soteriologie, sondern vom kommunikativenProzeß des göttlichen Schreibens der Heilsgeschichte. Daß Gott "weiß", was ich morgen tue, heißt, in diese Modellsprache übersetzt: Gott kennt mich. Es ist seine Vertrautheit mit seinem Gegenüber, das ihn providentiell mit diesem Gegenüber interagieren läßt. Epistemische Konkurrenzsituationen (konstituiere ich Gottes Wissen? Konkurriert meine Freiheit mit der göttlichen Gnade?) sind hier schlichtweg von Gottes Seite zurückzuweisen.

---

[129] Die Rede von "Offenbarung" verklammert die Menge der Possibilitäten und vereinheitlicht die Heilsangebote auf einen Heilsplan, eine Heilsgeschichte hin; vgl. Luhmann 1992a:170.

Die Ermöglichung von menschlicher Freiheit ist Gnade. Gnade ist Ausdruck der heilswollenden, -ermöglichenden und -schaffenden Freiheit Gottes, der Kontingenz Gottes, der Kontingenz des göttlichen Willens vor dem göttlichen Intellekt. Die Rede von "Allwissen" hat diese Kontingenz unbedingt aufrechtzuerhalten und kann nur verstanden werden als: Gott kann *alles* zum Guten führen; in seinem Heilsplan ist *alles* operativ zu beheimaten. Wissen ist Erlösungswissen. Die Rede vom Allwissen ist die Rede von der auf Offenbarung gegründeten Hoffnung, daß alles zum Guten geführt, daß jedes Freiheitsgeschehen von Gnadengeschehen durchwirkt, daß jedes Tun in kommunikatives Heilshandeln übergeführt werden kann. "Scientia" und "Spes" sind im Modell verschränkt.

(3) "Welt" ist auf dem gewonnenen Hintergrund kein "objektiver Raum", in dem sich "Tatsachen" feststellen ließen, die in einem "allwissenden Buch" zusammengestellt werden könnten. "Welt" ist der Ort der freien, unverfügbaren Begegnung von Gott und Mensch; diese Unverfügbarkeit erstreckt sich auch auf die Rede vom "Handeln Gottes", das, weil kommunikativ, nicht mit Kategorien des Zwangs und der Gewalt, der Unterdrückung und der Manipulation rekonstruiert werden kann. Dies ist die Basis dafür, einmal mehr *kein* Konkurrenzverhältnis zwischen Mensch und Gott zu konstruieren. Die Kontingenz der Welt begründet sich über die Kontingenz Gottes, die Rede von "Welt" ist die Rede von einem Kommunikationsgeschehen, vom diakonischen Handeln Gottes auf den Menschen hin. Die Rede von "Wissen", die Rede von "Gnade", die Rede von "Heil" kann nur in diesem Kontext geführt werden.

Die Frage nach dem Zusammendenken von "Absolutheit Gottes" und "Kontingenz der Welt" und "Freiheit des Menschen" ist auf ihre Voraussetzungen (Kontextbedingungen) zu untersuchen. Die Rede von einem (heils)praktischen Kontext wird ein Verständnis von Welt als einem "Gesamt von Tatsachen" nicht anzielen lassen. Die Rede von "Welt" wird in die Rede von "Schöpfung" transformiert.

(4) Der säkulare Freiheitsbegriff ist als Handlungspotenz konzipiert und kann über Machtstrukturen rekonstruiert werden; Kriterium der Handlungsfreiheit ist das Vermögen, "Welt" zu manipulieren. Eine religiöse Transformation dieses Begriffs stellt das Verständnis von Freiheit auf eine andere kriterielle Basis: Die Chance der Freiheit des Menschen besteht präzise darin, Gott-Handeln, Theo-Praxis, zu werden, gemäß heilenden und heilsamen Strukturen zu leben, "gottgemäß". Die Chance der menschlichen Freiheit besteht in der gnadenhaft konstituierten Possibilisierung von Diakonie. Diese Option auf Diakonizität aufrechtzuerhalten, ist das Mandat der christlichen Kerngebote von Gottes- und Nächstenliebe. Menschliche Freiheit ist die Possibilität von Caritas. Damit wird

die Projektion von Konkurrenzverhältnissen "göttliches Wissen vs. menschliches Handeln", "göttliche Gnade vs. menschliche Freiheit", "göttlicher Wille vs. menschlicher Wille", "göttliche Kontingenz vs. menschliche Kontingenz" zurückgewiesen und radikal aufgelöst. "Freiheit" ist in soteriologischer Rücksicht nicht "Ellbogenfreiheit", nicht operative Freiheit, nicht Durchsetzungsvermögen, "power", Aktionsgewalt und Handlungsmacht.

Dabei ist aus grammatikalischen Gründen verständlich, daß dieser Freiheitsbegriff nur dann plausibel gemacht werden kann, wenn entsprechende empirische Deckung vorhanden ist - wie soll ich Menschen, denen "heiles" Leben auch ansatzweise fremd ist, "Heil" verkündigen? Gerade für die Konzeption kirchlicher Praxis bieten sich hier Angriffsflächen, die keineswegs durch eine ekklesiale Liebespraxis geschützt sind. Die Rede von "Freiheit" beginnt in der Theologie, wie im Abschnitt 1.4 skizziert wurde, mit der Rede vom "Handeln Gottes", das Freiheit schafft, Kontingenz konstituiert und die Rede von "Freiheit" und "Kontingenz" als nicht-defiziente verstehen läßt. Freilich bedarf es, wollte man dieses Umbauprojekt unternehmen, einiger Erläuterungen:

> "Dazu müßte etwa erläutert werden, inwiefern man von Gott als absoluter Liebe und befreiender Freiheit nur reden kann, sofern man von durch sie befreiter Freiheit redet, als vom Vollzug endlich-tödlicher zeitlicher Existenz, die als zeitlicher Vollzug, als Praxis, das Zugehen auf diese absolute, zu dieser Praxis selbst anstiftenden Freiheit ist. Dazu müßte erläutert werden, inwiefern diese befreite Freiheit als Praxis der Liebe einen nicht begrenzbaren Horizont universaler Solidarität hat, der auch die Toten einschließt. Und daß, wer sich verbietet, die Toten, die Vernichteten zu vergessen, sich erst recht verbietet, die jetzt Hungernden, die Unterdrückten und Gefolterten zu vergessen".[130]

Man muß auf das theologische Projekt einer Rede von "Diakonie" und "Theopraxis" zurückgreifen, um die Aporien einer Handlungstheorie, sei sie auch kommunikativ, zu vermeiden; hier hat auch das Wort "Gott" seine semantische Berechtigung (und Unverzichtbarkeit): "Die unbedingte Bejahung einer kontingenten Freiheit ist die Definition von *Liebe*. Gott kann und muß als die Liebe begriffen werden, die zu freier Befreiung befreit".[131] "Freiheit" in der Sprache des Modells ist die Möglichkeit der Entscheidung für "heiles Leben".

---

[130] Peukert 1989:74.

[131] Peukert 1988:175. Und weiter: "Endliche Freiheit in einer kontingenten Welt realisiert sich in der Bejahung absoluter Freiheit nur dann adäquat, wenn sie auch andere endliche Freiheit bejaht. Die absolute Freiheit des Schöpfungswillens Gottes ist nur dann gegen Willkür abgegrenzt, wenn sie als universale Liebe verstanden wird, d.h. als Befreiung zur gegenseitigen Anerkennung endlicher Freiheiten in ihrer Kontingenz und darin zur gemeinsamen Anerkennung der absoluten Freiheit. Die genial einfache Formulierung im

Opus Oxoniense des Duns Scotus für den als Liebe verstandenen Schöpfungswillen Gottes heißt deshalb: 'Vult habere alios condiligentes'... " (ibd., 176). Auf diese Weise kann auch die Theopraxis, auf die die Reden von "Freiheit" und "Kontingenz" zurückzuführen sind, normative Kraft für die Organisation der menschlichen Solidaritätspraxis haben; ohne Scotus zu nahe treten zu wollen, legt sich eine Prüfung seiner theologischen Vorschläge auf die Kompatibilität mit Anliegen einer "Politischen Theologie" nahe.

5. Koordinaten einer möglichen Modellbildung: Thesen

(1) Theologie ist eine praktische Wissenschaft, die Orientierungswissen bereitstellt und Modelle religiösen Lebens erzeugt. Die Frage nach Allwissen Gottes, Freiheit des Menschen, Kontingenz der Welt ist eine praktische Frage nach dem Umgang mit den Kontingenzen der Welt im Selbstverständnis der Freiheit. Diese Frage ist daher nicht in einem Kontext der theoretischen Neugierde anzusiedeln, wo die Antwort auf eine Frage eine Menge von deskriptiven Sätzen bildet, die die "Beschaffenheit" von Gott, Welt und Mensch beschreiben. Die Kontextbedingungen der Ausgangsfrage, die für die Sinnhaftigkeit der formulierten Problemstellung ausschlaggebend sind, sind von der Theologie zu explizieren. Die Frage nach Allwissen Gottes, Freiheit des Menschen und Kontingenz der Welt ist nur als existentielle Frage im Rahmen performativer Modellbildung als sinnvoll ausweisbar. Kontext ist die Idee des religiösen Lebens.

(2) Induktiver Ausgangspunkt der theologischen Modellbildung im Rahmen der gegebenen Frage ist die Kontingenzerfahrung: Die Erfahrung von Unheil, Krankheit, Schmerz und Sünde. Kontingenz ist die Erfahrung, *daß die Welt anders sein könnte, als sie ist.* Die Problematisierung dieser Erfahrung führt zur Intuition, *daß die Welt anders sein sollte, als sie ist.* "Kontingenz" wird zum Schlüsselbegriff.

(3) Die Rede von Kontingenz ist die Rede von Possibilitäten im einzelnen ("Kontingentem"), die Rede vom *Daß* von Possibilitäten ("Kontingenz"), die Rede vom Ermöglichungsgrund von Possibilität [Kontext von "Kontingenz"].

(4) Es ist die Aufgabe der Theologie, Possibilitäten zu garantieren und die Rede von Kontingenz zu kontextualisieren. Die Possibilitäten der als praktische Wissenschaft ausgewiesenen Theologie sind als *Lebensoptionen* zu rekonstruieren. Grundprämisse einer Rede von "scientia practica" ist die Freiheit des Menschen.

(5) Mit der Rede von "Possibilitäten", die in einem Verständnis von Kontingenz kontextualisiert werden (beispielsweise in der Rede von "Schöpfung", "Gnade", "Heil"), kann die Theologie die Selbstbegründbarkeit von "Welt" zurückweisen. Die Theologie gewinnt über ein *theologisches* Verständnis von Kontingenz Zugang zu einer Rede vom "Ersten" und "Letzten" und kann die Anwendung des Kontextprinzips radikalisieren. Diese Radikalisierung muß zum

Nachweis der Sinnhaftigkeit der Ausgangsfrage bereits vorausgesetzt und mitgedacht sein. Damit soll die Kontingenz der Welt grundsätzlich begründbar gemacht (i), in einen Diskurs der Heilszusicherung und Perfektionsverheißung eingebettet (ii) und als Risiko wie Chance rekonstruiert werden können (iii).

(6) Der Umgang mit Kontingenz ist konstitutiv für menschliches Handeln und menschliche Entscheidungsstrukturen. Orientierungswissen dient dem Ziel der *Kontingenzbewältigung* und damit: der Reduktion der Komplexität von Possibilitäten innerhalb des Systems "Welt". Das Projekt der Kontingenzbewältigung ist darauf angelegt, die als solche identifizierten Possibilitäten zur Weltveränderung und -gestaltung zu nutzen (i), die Bedrohung des Possibilitäts-Überschusses, der die Organisation von Handlungen und die Kalkulation von Entscheidungen erschwert, durch die Identifikation umfassender Weltkontexte zu mindern (ii). Diesem Anliegen der Erfüllung von Freiheitssuche und der Abdeckung von Sicherheitsbedürfnissen dienen religiöse Systeme, die *Kontingenzformeln* bereitstellen, die die Possibilität von Welt an einen hermeneutischen Kontext rückbinden, der die Arbitrarität und Diffusität des "Welt"-geschehens zu verhindern sucht. Die Kontingenzformel par excellence ist "Gott", als System verstanden. Die Funktion einer Kontingenzformel besteht darin, sämtliche Possibilitäten von einem systemischen Punkt her verständlich zu machen und von da aus Modelle der Kontingenzbewältigung zu operationalisieren. KF sollen als hermeneutisches wie kommunikatives Universalmedium fungieren und sämtliche Kontexte von einem Metakontext der Komplexitätsreduktion von Possibilitäten verständlich machen.

(7) Im Prozeß der Säkularisierung wurden säkulare Kontingenzformeln entwickelt, die die Kontextualisierung der Possibilitäten leisten; damit werden zusätzliche Kontrollmöglichkeiten eingebaut, die eine Kalkulation der Possibilitäten eröffnen. Das System "Gott" erscheint nur mehr partiell relevant (Deismus), dem System "Welt" inkorporiert (Pantheismus, Hegelianismus) oder überhaupt redundant ("Ich brauche dieses Hypothese nicht"). Letzteres wird durch die "Autonomie der Vernunft", die "Mündigkeit der Welt", die Selbstbegründung der Welt (z.B. Evolution) geleistet. Mit der Säkularisierung weitet sich zudem - aufgrund des Wissenszuwachses um den Possibilitätsspielraum - Kontingenz aus und verschärft die Problematik der Kontingenzbewältigung.

(8) Im Prozeß der Säkularisierung hat sich die Ökonomie als Supersystem, das Tauschgeschäft zum "basic act", "Geld" zum Universalmedium herausgebildet. "Religion" mutiert zu einem Teilsystem, das im Rahmen des Projekts der

Kontingenzbewältigung klar definierte Suboperationen zu leisten hat. Ein in den Dienst eines profanen Supersystems genommenes Teilsystem "Religion" (Ökonomisierung der religiösen Verstehenskategorien; Beispiel: Anselms Satisfaktionstheorie; "Happiness" als erwarteter Output religiösen Inputs) destruiert die Option auf die Idee religiösen Lebens. Der Umgang mit der Frage nach dem Allwissen Gottes, der Freiheit des Menschen und der Kontingenz der Welt hat - zur Realisierung von (1) - die kritische Distanz zur Ökonomisierung der Kontingenzbewältigung und die Eigenständigkeit der Theologie zu wahren. Freiheit kann nicht ökonomisiert, Gnade nicht erkauft, Heil nicht verkauft werden. Das Verhältnis von Gott und Mensch *kann nicht als Konkurrenzverhältnis* rekonstruiert werden.

(9) Im Anschluß an die als solche identifzierte "Dialektik der Aufklärung" ("Rationalitätsfaschismus"), im Anschluß an die Krisensituationen innerhalb des Systems "Welt" (öko-soziale Katastrophen), im Anschluß an die Rückbindung vermeintlich selbstreferentieller Systeme (z.B. ethische Infragestellung der Gentechnologie) kann das Projekt säkularer Kontingenzbewältigung als zumindest unabgeschlossen und aporieverdächtig ausgewiesen werden.

(10) Eine Kontrasttheorie zu Aporien des strategischen und zweckrationalen Handelns führt in Aporien, die diese "kritische Theorie der Kommunikation" auf gesellschaftlicher Ebene nicht leisten kann. Das Verdienst einer solchen Theorie, die sich als Gesellschaftskritik versteht, besteht vor allem in der Entwicklung eines Subjektbegriffs, der Handlungsbegriff und Gesellschaftsbegriff miteinander verschränkt (i), in der Überwindung der (kritikimmunen) Bewußtseinsphilosophie (ii), in der Entwicklung eines kommunikativen Verständnisses von Vernunft (iii). Damit kann die K-Erfahrung auf die Möglichkeit der Selbstreflexion des Kommunikationssubjekts, auf die Entscheidbarkeit von Kommunikationsstrukturen, auf die "Entmechanisierung" des Vernunftgeschehens, das mit Willensleistungen und Sensibilitätsleistungen verkoppelt werden kann, angewandt werden. Aporien einer kritischen Kommunikationstheorie sind die Ohnmacht der kommunikativen Vernunft (i), die Priorisierung der diskursiv zu behandelnden Themen (ii), die Fokussierung des Handlungsbegriffs (iii). Diese Aporien können nur innerhalb eines theologischen Kontexts behandelt werden.

(11) Die Theologie kann aufgrunddessen neues Legitimationspotential nutzen, das neue Possibilitäten ("Auferstehung", "Reich Gottes", "Gnade") legitimiert; diese Possibilitäten sind in einen Kontext der Kontingenzbewältigung einzubetten, der Kontingenz zum Problem werden läßt ("Welt als ganze"); dieser Kontext läßt sich bereits auf kantischem Hintergrund entwickeln. Damit kann

auch die Rede von "Erkenntiskontingenz" begründet und theologisch (Radikalisierung des Kontextprinzips) als "eschatologische Verifikation" gefaßt werden: Die Theologie kann den Kontext "Welt" über die Schaffung genuin theologischer Possibilitäten ("Auferstehung", "Reich Gottes", "Gnade"; auch: "Offenbarung" und "Schöpfung") radikal ausweiten und in eine systemische Unabschließbarkeit heben, die (a) die Rede von "Welt" als einem "System" (einem "Ganzen") ermöglicht ("Schöpfung *der* Welt", "Erlösung *der* Welt"), (b) die radikale Verwiesenheit dieses Systems auf eine als solche identifizierbare Umwelt (Geschichte: Heilsgeschichte!; Natur: Schöpfung!; Freiheit: Gnade!) leisten.

(12) Der Theologie erwächst auf diesem Hintergrund die Herausforderung, das Projekt der Kontingenzbewältigung als Alternativangebot zu fassen, das die im Prozeß der Säkularisierung gewonnene Autonomie der Welt und prinzipielle Trostlosigkeit der conditio humana nicht über die Konstruktion vager und einlösbarer Possibilitäten verrät. Theologische Modelle sind im religiösen Leben, religiöses Leben in kommunikativen Strukturen mit der "mündigen Welt" zu bewahrheiten. Die Spannung zwischen "Verstehen von kontingenter Welt" und Verstehbarkeit der religiösen Kontingenzformel einerseits und dem Alternativanspruch theologisierter Kontingenz und Kontingenzbewältigung andererseits bleibt aufrecht. Alternative dazu ist eine theologiefreie, religionsfeindliche, "geschlossene" Gesellschaft.

(13) Diesem Anliegen kann die Theologie nur dann gerecht werden, wenn "Kontingenz" und "Defizienz" radikal entkoppelt werden; die Kontingenz von Welt ist im System der Kontingenzbewältigung als positiv und nicht-defizient auszuweisen, um kommunikationsfeindliche Dichotomien zwischen "Gott" und "Welt", die Destruktion von "Freiheit" und die Destruktion der Idee "heilen Lebens" zu vermeiden. Diese modellstrategische Entscheidung, Kontingenz und Defizienz zu entkoppeln, bringt die nachhaltigen Konsequenzen mit sich, daß (a) die von der Theologie bereitgestellten Possibilitäten in der (religiösen) Lebenswelt verankert werden können, (b) die Rede von "Kontingenz" mit der Rede von Gott verschränkt werden kann, (c) sich sowohl das Perfektionsverständnis (Rede von der "Vollkommenheit Gottes") als auch der Status der kontingenten Welt verschiebt.

(14) Der radikalste Weg, die Positivität von Kontingenz auszuweisen, besteht in der modellstrategischen Entscheidung, Kontingenz als solche in Gott als systembildend anzusiedeln. Damit kann Kontingenz zum Ermöglichungsgrund von Possibilitäten, zum Ermöglichungsgrund von Freiheit überhaupt, zur Basis

jeder Rede von "Gott" gemacht werden. Diese Option läßt sich im Anschluß an Ioannes Duns Scotus vollziehen. Kontingenzerfahrung kann damit als Gotteserfahrung, die Kontingenz der Welt als Zeichen der Anwesenheit Gottes, die Perfektion Gottes als radikale Freiheit rekonstruiert werden. In diesem theologischen Modell kann Gott als der Ermöglichungsgrund von Kontingenz ausgewiesen (i), die in Gott verankerte Kontingenz als Bedingung der Möglichkeit von Freiheit genannt (ii), die im Kontingenten verankerte Freiheit im (göttlichen und menschlichen) Willen, in der Entscheidungsgewalt und damit in der Dialogfähigkeit realisiert werden (iii).

Konsequenz: Eine derartige Possibilität (niemals: Notwendigkeit) ist auch das Heilsgeschehen, das als *Kontingentes* zu rekonstruieren ist: Die Erlösungstat erfolgt, nimmt man die Rede von der "Kontingenz Gottes" ernst, nicht aus Notwendigkeit, sondern ist eine freie Gabe, deren Freiheitscharakter durch die Personalisierung der Heilszusage (die Gabe ist mit dem Geber identisch) begründet werden kann. Erst dadurch kann die *Ganzheit* des Heils begründet werden. Zudem wird die Kontingenz Gottes auf der Ebene der kontingenten conditio humana dialogisiert (Bund, Liebe). Die Gabe: Das Leben. Das Leben: kontingent. Heil, weil: Kontingenz Gottes.

(15) Konsequenzen dieser Konstruktion des modellbildenden Angelpunkts der Kontingenz sind eine religiöse Transformation der nicht-religiösen Kernbegriffe der Ausgangsfrage, die im neugewonnenen System unterzubringen sind:

(i) Die Rede von "Zukunft" kann in die Rede von "Heilsgeschichte" transformiert werden. "Zukunft" ist nicht eine tabula rasa möglicher Ereignisse, die in einem Buch, das Vergangenheit, Gegenwart und Zukunft einschließt, verzeichnet sind. "Zukunft" ist die als Verheißung geoffenbarte Zusage heilen Lebens. Damit die Aussage: Gott ist mit uns. Und eine Aussage über gegenwärtige Kontingenzbewältigung.

(ii) Die Rede von "Wissen" erscheint nicht als die Rede von "Buchwissen" oder "Faktenwissen", sondern als "Heilswissen", das im göttlichen Willen, in der göttlichen Entscheidungsfindung verankert ist und erst dadurch konstituiert wird. Auch hier bietet Scotus eine hilfreiche Ausarbeitung. "Allwissen" ist daher nur als Rede vom "allgemeinen Heilswissen" Gottes, als "universales Interesse" Gottes am *Leben* seiner Kommunikationspartner (Schöpfung) zu führen und damit als Heilshandeln zu operationalisieren. Gott weiß, was ich "morgen" tue, weil er mich "kennt". Die Kategorie des Wissens ist auf die Freiheit Gottes (nur denkbar neben: Freiheit der Geschöpfe) hin zu personalisieren.

(iii) Die Rede von "Welt" wandelt sich im religiösen Kontext in die Rede von "Schöpfung", als Rede vom Begegnungsort zwischen Gott und Mensch, als Ort des diakonischen Handelns Gottes auf den Menschen hin. Konkurrenzsituationen (etwa: "Freiheit" vs. "Gnade") sind strikt ausgeschlossen.

(iv) "Freiheit" erscheint auf diesem Hintergrund als die Rede von einer personalisierten Possibilität, der Possibilität von Diakonie und "Leben in Fülle".

(16) Damit ändert sich der Status von der Ausgangsfrage "utrum Deus habeat determinatam et certam et infallibilem scientiam de eventu futurorum": "Deus" ist nur über die Kategorien von "Freiheit" und "Zukunft" verstehbar; "determinata" bedeutet "konstitutiv für das System Gott"; "certa" bedeutet "fest zugesagt, verläßlich"; "infallibilis" bedeutet "perfekt: frei"; "scientia" ist mit "Heilswille" zu übersetzen; "eventus" sind ("meaningful"!) "Heilsereignisse", "futurum" ist der Horizont von Verheißung und Zusage, von Offenbarung und Heil.

(17) Von dieser hermeneutischen Basis aus ist die Ausgangsfrage zu transformieren: Was sind die Bedingungen der Möglichkeit dafür, daß göttliches Heilshandeln ("Gnade") nicht ins Leere geht? M.a.W.: Was sind die Bedingungen der Möglichkeit dafür, daß Gottes Solidarität nicht enttäuscht, Gottes Liebe nicht ohnmächtig, sein diakonisches Interesse nicht frustriert wird? Oder: Wie kann die Rede von "Gott" den Aporien einer Theorie kommunikativen Handelns entgehen? In nuce: Wie kann Gott den Menschen lieben?

6. Existentielle Rückbindung

Die Größen der Theologiegeschichte sind in einem Gerichtssaal versammelt und verhandeln die Frage "Hat Gott ein von vornherein feststehendes und unveränderliches Wissen von zukünftigen kontingenten Ereignissen?". Der Theologe fragt weiters nach der Freiheit des Menschen, der Philosoph interessiert sich für den Wahrheitswert futurisch-kontingenter Aussagen, der religiöse Mensch für die Frage nach Vorherbestimmung und Erwählung. Der Prozeß wird mit lauter Stimme geführt, geht es doch um die Ermächtigung des Menschen zum Leben, das Gottesbild, den Status der Welt, in der wir leben.

Die Geschworenen, von diesen Fragen zutiefst betroffen, lauschen den Zeugen und Spezialisten: "Vorsehung ist der Inbegriff für alle Akte Gottes, in denen sein erkennendes, wollendes u. seinen Heilsplan durchführendes Verhältnis zum Ganzen der Welt zum Ausdruck kommt u. die diese Welt zu dem von seinem Willen bestimmten Ziele führen", mag ein Theologe sagen[1] und hinzufügen, daß die menschliche Freiheit Teil des göttlichen Heilsplans sei und deshalb "Gnade" und "Freiheit" nicht in gegensätzlichen Kategorien gedacht werden dürfen. Ein anderer Theologe, auch er sehr gelehrt und hochstudiert, mag darauf hinweisen, daß Gottes ewige Präsenz und des Menschen Vergänglichkeit einander gegenüberstehen und diese Überschneidung von Zeitlichkeit und Ewigkeit Konsequenzen für das Kausalitätsverständnis habe, das "darum nicht univok für das göttliche und menschliche Tun gebraucht werden kann."[2]

Die Experten - eine stattliche Zahl stattlicher Gestalten - werden Expertisen abgeben; es werden jedoch die Geschworenen sein, die das Urteil fällen, nicht die Juristen. "Es ist höchste Zeit, daß sich die freien Bürger um diese Phänomene in ihrer Umgebung kümmern und das nutzlose, analphabetische und teure Gerede der Philosophen [Theologen] durch ihre eigenen konkreten Entschlüsse ersetzen".[3] Und an die andere (eigene) Adresse gesagt: "Es ist höchste Zeit, daß man Schluß macht mit der Gewohnheit 'vernünftig zu urteilen' über das Leben von Menschen, die man nie gesehen hat; es ist Zeit, den Glauben aufzugeben, die 'Menschheit' (welch eine anmaßende Verallgemeinerung!) könne von Leuten gerettet werden, die in gut geheizten Büros das Blaue vom Himmel herunter schwatzen; es ist Zeit, bescheiden zu werden und sich jenen, die angeblich von unseren Vorstellungen profitieren können, als ein Ignorant um Belehrung Ersuchender zu nähern, oder, im Falle des Geschäfts, als ein Bettler

---

[1] Niermann 1973:70.
[2] Auer 1970:355.
[3] Feyerabend 1980:279.

und nicht als das größte Geschenk des Himmels an die Armen, die Kranken und die Unwissenden".[4]

Die Laien (Steuerzahler) sind es schließlich auch, die die Hauptlast der Verfahrenskosten tragen, die Geschworenen sind diejenigen, die über die Frage nach der Bedingung der Möglichkeit von Erkenntnis entscheiden. Und die Laien sind schließlich von den existentiellen Implikationen der Fragestellung ebenso betroffen wie die theologischen Experten: Wir sind alle Pilger auf dem selben Wege...

Und als Pilger stellen wir ähnliche Fragen. Dabei handelt es sich erstens nicht um Fragen, die ein "Objekt" betreffen (die Beschaffenheit von Kometen, die Beschaffenheit der Erdoberfläche, die Beschaffenheit der Klimaentwicklung), sondern um Fragen, die an ein Gegenüber, dessen Praxis, Fundament unserer Praxis ist, gerichtet sind. "Was sind wir, daß wir über das Recht Gottes disputieren könnten?" (C. Bruaire). Zweitens handelt es sich nicht um Fragen von der Tragweite einer Urlaubsoption oder der Auswahl eines Restaurants, sondern um Fragen, die mit "Heil" und "Unheil", also: mit "Leben" zu tun haben. Von der Haltung betreffend den ersten Aspekt (man wäre versucht, von "Gottesbeziehung" zu sprechen) hängt viel ab. Von der argentinischen Mutter, die ihre beiden Söhne zur Zeit der Diktatur verloren hat, und sich in Gottes Händen weiß, die auch vergangenes Unrecht heilen können, kann die Theologie viel lernen. Ebenso vom Schrei des vietnamesischen Mannes, der in einem grausamen Krieg seine ganze Familie verloren hat.

Der Trost, den die Theologie - getrost und guten Gewissens - geben kann, ist der Gedanke, daß Gottespraxis, daß diakonische Gottespraxis, daß Allgüte sein könnte, trotz allem; ist der Gedanke, daß Todespraxis in menschlicher Freiheit aufhaltsam ist; ist der Gedanke, daß Kontingenz von Welt die Ermächtigung zum Handeln ist; ist der Gedanke, daß die Gotteserfahrung in Beziehung zur zwischenmenschlichen Erfahrung steht. Die Verantwortung, die der Kirche, die den Christen, die uns, aus diesen Gedanken erwächst, ist die Verantwortung "universaler Solidarität" - auch das ein großes Wort, zu groß für den kleiner werdenden Mund der Theologen. Dennoch läßt sich auch dieses Wort herabtransformieren in die Alltagspraxis ungeschützter und unverletzter Kommunikation. Der Mutter des getöteten Kindes kann Heil zuteil werden, am eigenen Leib, eingebettet in die Hoffnung, daß ein Ende der Hoffnung nicht ist, und daß das letzte Wort nicht ein Wort der Angst ist; eingebettet in die Glaubenserfahrung von vielen, die "wider alle Hoffnung", wie die Welt sie gibt, Hoffnung erfahren.

Dem Gericht der akademischen Diskussion folgt die Freiheit des Handelns. Es scheint klar zu sein, daß ein definitives und allgemeingültiges Urteil in diesem

---

[4] Feyerabend 1989:33.

Verfahren nicht zu erwarten ist. Sicherlich, es liegen offizielle Dokumente, sozusagen Präzedenzfälle vor, der Einzelfall wird sich dennoch nicht mit derlei normativen Aussagen zufriedengeben, die eher nur den Rahmen für eine permanente Fragestellung angeben. Der Fall "Hiob" wird immer wieder neu verhandelt, die angesprochene Mutter des getöteten Kindes in Sarajewo wird sich mit "theologischen Akten" nicht abspeisen lassen, in dem eben eingeleiteten Verfahren wird daher kein generelles Urteil zu erwarten sein, das für alle Menschen jeden Standes gilt. Eher noch könnte der Prozeß dieser Frage als permanente Einrichtung eingeführt werden, der sich Einzelfall für Einzelfall widmet. Ob auch diese Aufgabe noch von "Laien" zu bewältigen sein wird, steht zu hoffen. Die Glaubenspraxis ist die Praxis der Gläubigen, nicht der Glaubensmacher. Damit kann diese Arbeit nur ein Beitrag zu dem Gedanken sein, daß diakonische Theopraxis möglich, denkbar, wohl: unaufhaltsam ist.

Die Antwort auf unsere Frage ist ein Tun: Am Ende steht die Tat, die Liebestat.

Abkürzungs- und Literaturverzeichnis

STANDARDABKÜRZUNGEN

CGG: Christlicher Glaube in moderner Gesellschaft. Hg. F. Böckle, F.X. Kaufmann, K. Rahner, B. Welte. 30 Bde + 6 Ergzgsbde, 1 Registerbd. Freiburg i.Br. 1981ff
CIC: Codex Iuris Canonici
DS: H. Denzinger. Kompendium der Glaubensbekenntnisse und kirchlichen Lehrentscheidungen (lat.-dt.). Hg.v. P. Hünermann. Freiburg i.Br. [37]1991
HBthGb: Handbuch theologischer Grundbegriffe. 4 Bde. Hg. H. Fries. München 1970
HKG: Handbuch der Kirchengeschichte. Hg, H. Jedin, F. Kempf u.a.). 7 Bde. Freiburg i.Br. 1965-79
HTTL: Herders Theologisches Taschenlexikon. 8 Bde. Hg. K. Rahner. Freiburg 1972f
ITS: Innsbrucker Theologische Studien. Innsbruck 1978ff
KK: Katechismus der Katholischen Kirche. München 1993
KrV: I. Kant, Kritik der reinen Vernunft. Hg. R. Schmidt. Meiner. Hamburg 1976
KpV: I. Kant, Kritik der praktischen Vernunft. Hg. R. Schmidt. Leipzig (Reclam) 1928
LThK: Lexikon für Theologie und Kirche. 2. Auflage Hg. J. Höfer - K. Rahner. 10 Bde + 1 Registerbd + 3 Ergzgsbde. Freiburg [2]1957-1976
NHWthGB: Neues Handbuch theologischer Grundbegriffe. Hg. P. Eicher. 5 Bde. München 1991
NR: J. Neuner, H. Roos, Der Glaube der Kirche in den Urkunden der Lehrverkündigung. Neubearbeitet von K. Rahner und K.-H. Weger. Regensburg [12]1986
PL: J.P. Migne (hg), Patrologiae cursus completus, series latina. 221 Bde. Paris 1844-1855
QD: Quaestiones Disputatae. Bd. 1-102. Hg. K. Rahner, H. Schlier. Freiburg i.Br. 1958ff
StSc: Studia scholastico-scotistica. 8 Bde. Rom 1968 sqq.

QUELLENTEXTE

ARISTOTELES LATINUS, ed. Union Académique Internationale (Corpus Philosophorum Medii Aevi Academiarum consociatarum auspiciis et consilio editum). Bruges-Paris-Leiden 1961 sqq.
- Opera. Ex recensione I. Bekkeri, ed. Academia Regia Borussica. Berlin 1831-1870 (Nachdruck 1955 sqq.)
Les AUCTORITATES ARISTOTELIS. Un florilège Médiéval. Etude historique et Edition Critique. ed. Jaqueline Hamesse (Philosophes Médiévaux, Tome XVII). Louvain-Paris 1974
AURELIi AUGUSTINI, Opera Omnia. Post Lovaniensium Theologorum Recensionem. Accurante J.-P. Migne. 16 vol. (PL 32 sqq). Paris 1841 sqq.
BOETHIUS, Philosophiae consolationis libri quinque. Hg. K. Büchner. Heidelberg [2]1960

BONAVENTURA, Commentaria in quatuor libros sententiarum Magistri Petri Lombardi. (iussu et auctoritate P. Bernardini a portu romatino). Ad Claras Aquas (Quaracchi) e typographia Collegii S. Bonaventurae 1882

GUILLELMUS DE OCKHAM, Tractatus de praedestinatione et de praescientia Dei respectu futurorum contingentium. Ed. Philotheus Boehner, recognovit Stephanus Brown. St. Bonaventure University, St. Bonaventure, N.Y. 1978

HINKMARUS Rhemensis, Liber de praedestinatione Dei et libero arbitrio (LPD). Opera Omnia (ed. J.P. Migne). PL 125. Paris 1852

IOANNES DUNS SCOTUS, Opera Omnia, Civitas Vaticana 1950 sqq.

- Opera Omnia, ed. L. Wadding, Lyon 1639 (Nachdruck Hildesheim 1968-69)

ORIGINES, Contra Celsum. PL 11 Hg. J.-P. Migne. Petit-Montrouge 1857

PETRUS LOMBARDUS, Sententiae in IV Libris Distinctae (2 Tom), Editio Tertia Ad Fidem Codicum Antiquiorum Restituta. Editiones Collegii S. Bonaventurae Ad Claras Aquas, Grottaferrata (Romae) 1971 et 1981

THOMAE AQUINATIS Opera Omnia. ed. Marietti. Turin 1952 sqq.

- Opera Omnia. Ed. S.E. Fretté et P. maré. Paris 1871 sqq.

- Opera Omnia iussu impensaque Leonis XIII. P.M. edita, Roma 1882 sqq.

THOMAS ANGLICUS (Thomas von Sutton), Liber propugnatorius super primum sententiarum contra Johannem Scotum. Venetiis 1523. Nachdruck FfM 1966

SEKUNDÄRLITERATUR

T.W. Adorno, Negative Dialektik. FfM 1966 (1970, 1973)

- Erziehung nach Auschwitz. In: Gesammelte Schriften 10.2. FfM 1977, 674-690

- Philosophische Terminologie. 2 Bde. FfM 1973a+b

T.W. Adorno / M. Horkheimer, Dialektik der Aufklärung. FfM 1971

H. Albert, Die Wissenschaft und die Fehlbarkeit der Vernunft. Tübingen 1982

E. Amann, Histoire de lþEglise depuis les origines jusquþà nos jours. Tom. 6: Lþépoque carolingienne. Bloud&Gay. O.O. 1947

C. Améry, Das Ende der Vorsehung. Die gnadenlosen Folgen des Christentums. Hamburg 1972

R. Ammicht-Quinn, Von Lissabon bis Auschwitz. Zum Paradigma-Wechsel in der Theodizeefrage. Freiburg 1992

W.S. Anglin, Free Will and Christian Faith. Oxford 1990

Anonymus, Kommentar zu: Aurelius Augustinus, Der freie Wille. Paderborn [4]1972, 189-246

G.E.M. Anscombe, Aristoteles und die Seeschlacht. In: F.-P. Hager (hg) 1972, 211-231

A. Antweiler, Allmacht-Ohnmacht-Ohnmacht. Eine kritische Studie zum abstrakten Gebrauch dieser Worte. In: Freiburger Zeitschrift für Philosophie und Theologie 20 (1973), 239-252

K.-O. Apel, Die Transformation der Philosophie. 2 Bde. FfM 1973 (1976)

H. Arendt, Eichmann in Jerusalem. A report on the banality of evil. London 1963

E. Arens (hg), Habermas und die Theologie. Düsseldorf 1989

B. de Armellada, Transcendencia divina y voluntarismo. In: StSc V, 141-147

J. Auer, Art. 'Prädestination'. In: HBthGb III, 350-356

A. Ayer, The Problem of Knowledge. London 1956

- Sprache, Wahrheit, Logik. Stuttgart (Reclam) 1970

- The Central Questions of Philosophy. London 1973

R.H. Ayers, A Viable Theodicy for Christian Apologetics. In: The Modern Schoolman 52 (1975), 391-403

U. Bach, Boden unter den Füßen hat keiner. Göttingen [2]1986

V. Bajsic, Einige soziologisch bedingte Noten des heutigen Gottesbegriffs. In: StSc V, 149-152
C. Balic, The Life and Works of John Duns Scotus. In: Bonansea/Ryan (ed), 1965, 1-27
K. Bannach, Die Lehre von der doppelten Macht Gottes bei Wilhelm von Ockham. Problemgeschichtliche Voraussetzungen und Bedeutung. Wiesbaden 1975
J. Barnes, Aristoteles. Eine Einführung. Reclam. Stuttgart 1992
K. Barth, Kirchliche Dogmatik, Bd. II/1. Zollikon ^{4}1958
D. Basinger, Middle Knowledge and Classical Christian Thought. In: Religous Studies 22 (1986)
D. & R. Basinger (eds), Predestination and Free Will. Four Views of Sovereignty and Human Freedom. Downers Grove, Ill. 1986
O. Bayer, Autorität und Kritik. Zu Hermeneutik und Wissenschaftstheorie. Tübingen 1991
P. Bellinazzi, Conoscenza, Morale, Diritto. Il futuro della metafisica in Leibniz, Kant, Schopenhauer. Pisa 1990
P. Berger / T. Luckmann, Die soziale Konstruktion der Wirklichkeit. FfM 1971
E. Bettoni, Duns Scoto nella scolastica del secolo XIII. In: StSc I, 101-111
J. Blank / G. Hasenhüttl (hg), Erfahrung, Glaube und Moral. Düsseldorf 1982
H. Blumenberg, Die Legitimität der Neuzeit. Bd. 3: Der Prozeß der theoretischen Neugierde. FfM 1973
C. Boff, Theologie und Praxis. München 1983
- Die Befreiung der Armen. Freiburg i.Br. 1986
- Wie treibt man Theologie der Befreiung? Düsseldorf 1987
C. Boff / L. Boff, Salvation and Liberation. In Search of a balance between faith and politics. Maryknoll 1984
- Introducing Liberation Theology. Maryknoll 1987
L. Boff, Das Leiden, das aus dem Kampf mit dem Leiden erwächst. In: Concilium 12 (1976), 547-553
Kleine Sakramentenlehre. DÜsseldorf ^{2}1978
- Die Neuentdeckung der Kirche. Mainz 1980
- Kirche: Charisma und Macht. Düsseldorf 1985
- Und die Kirche ist neu geworden. Düsseldorf 1987
R. Boschki, Der Schrei: Gott und Mensch im Werk von E. Wiesel. Mainz 1994
Ph. Böhner / E. Gilson, Die Geschichte der christlichen Philosophie. Zürich 1937
B.M. Bonansea / J.K. Ryan (ed), John Duns Scotus, 1265-1965 (Studies in Philosophy and the History of Philosophy). Washington DC 1965
D. Bonhoeffer, Widerstand und Ergebung. Gütersloh ^{15}1994
V. Boublik, Ungewißheit und Wagnis nach der Prädestinationslehre des Duns Skotus. In: StSc V, 509-512
H.-U.v. Brachel / N. Mette (hg), Kommunikation und Solidarität. Beiträge zur Diskussion des handlungstheoretischen Ansatzes von Helmut Peukert in Theologie und Sozialwissenschaft. Fribourg 1985
G.v. den Brink et al. (eds), Christian Faith and Philosophical Theology. Essays in Honour of V. Brümmer. Kampen 1992
S. Brown (ed), Reason & Religion. Ithaca, NY 1977
V. Brümmer, What are we doing when we pray. London 1984
H. Büchele, Sehn-Sucht nach der Schönen Neuen Welt. Wien 1993
D.B. Burrell, God's eternity. In: Faith and Philosophy 1 (1984a), 389-406
- Maimonides, Aquinas and Gersonides on providence and evil. In: Religous Studies 20 (1984), 335-351

A. Camus, Der Mythos des Sisyphos. Reinbek ^{3}1960
E. Cardenal, Das Evangelium von Solentiname. 4 Bde. Gütersloh 1980
R. Carnap, Überwindung der Metaphysik durch logische Analyse der Sprache. In: Erkenntnis 2 (1931), 219-241
- Mein Weg in die Philosophie. Stuttgart (Reclam) 1993

A. Case-Winters, God's power. Traditional Understandings and Contemporary Challenges. Louisville, Kentucky 1990
B. Casper, Sprache und Theologie. Freiburg i.Br. 1975
V. Celluprica, Il capitolo 9 del "De interpretatione". Bologna 1977
F. Chauvet, La posición del escotismo en la escolastica medieval. In: StSc I, 75-99
F.C. Copleston, Geschichte der Philosophie im Mittelalter. München 1976
J.H. Cone, Gott der Befreier. Eine Kritik der weißen Theologie. Stuttgart 1982
W. Craig, The Problem of Divine Forknowledge and Future Contingents from Aristotle to Suarez. Leiden 1988
K. Cramer u.a. (hg), Theorie der Subjektivität. FfM 1987
H. Czuma, Was heißt 'Subjekt'? Anmerkungen zu Habermas. In: Hug (hg)1990, 223-235

I. Dalferth (hg), Sprachlogik des Glaubens. München 1974
B. Davies, The Thought of Thomas Auqinas. Oxford 1993
E. Dekker et al, John Duns Scotus. Contingency and Freedom. Lectura I 39. (The New Synthese Historical Library 42).Doordrecht 1994
Ph. Delhaye, Die Philosophie des Mittelalters. Aschaffenburg 1960
D. Denett / R. Hofstadter, Einsicht ins Ich. Stuttgart 1986
D. Diner (hg), Zivilisationsbruch. Denken nach Auschwitz. FfM 1980
H. Döring / F.X. Kaufmann, Kontingenzerfahrung und Sinnfrage. In: CGG 9, 5-67
H. Dörries, Wort und Stunde. Bd. 2. Göttingen 1969
J. Donders, Afrikanische Befreiungstheologie. Freiburg i.Br. 1986
D. Dorr, Option for the Poor. Maryknoll 1984
J.P. Dougherty / G.F. Maclean (eds), Philosophy and Christian Theology. Washington 1970
H.-P. Dreitzel. Das gesellschaftliche Leiden und das Leiden an der Gesellschaft. Eine Pathologie des Alltagslebens. Stuttgart ^{3}1980
I. Düring, Aristoteles. Heidelberg 1966

P. Eicher, Die Botschaft von der Versöhnung und die Theorie des kommunikativen Handelns. In: Arens (1989), 199-223
A. Eichinger, Die Untersuchung über die 'fruitio' im Pariser Sentenzenkommentar von Johannes Duns Scotus. Studien zur handschriftlichen Überlieferung und zur Textgeschichte. Diss (masch.), Innsbruck 1994
J.M. Elà, Mein Glaube als Afrikaner. Freiburg i.Br. 1987

F. Ferré, Die Verwendung von Modellen in Wissenschaft und Theologie. In: High (hg) 1972, 51-92
P. Feyerabend, Erkenntnis für freie Menschen. FfM 1980
- Irrwege der Vernunft. FfM 1989
K. Flasch, Das philosophische Denken im Mittelalter. Stuttgart 1986
- Einführung in die Philosophie des Mittelalters. Darmstadt 1987
- Aufklärung im Mittelalter? Die Verurteilung von 1277: das Dokument des Bischofs von Paris. Eingel., übers. u. erkl. von Kurt Flasch. Mainz 1989
K. Flasch (hg), Logik des Schreckens. Augustinus von Hippo. Die Gnadenlehre von 397. Mainz 1990
E. Fleischner (ed), Auschwitz: Beginning of a new era? Reflections on the Holocaust. New York 1977
T.P. Flint / A.J. Freddoso, Maximal Power. In: Freddoso (hg) 1983, 81-113
G. Ford, The Eternity of God and the Temporality of the World. In: Encounter 36 (1975), 115-122
A.J. Freddoso, The Existence & Nature of God. London 1983
R. Frieling, Befreiungstheologien. Göttingen 1984
O. Fuchs, Heilen und Befreien. Freiburg i.Br. 1990
O. Fuchs (hg), Handlungstheorie und Theologie. Düsseldorf 1984

K. Füssel, Der imaginär Andere. In: Brachel/Mette 1985, 101-116

R.M. Gale, On the Nature and existence of God. Cambridge 1991
J. Galkowski, Le développement de la notion de liberté: Duns Scot, Kant, Sartre. In: StSc V, 389-400
P. Geach, The Future. In: New Blackfriars 54 (1973), 208-219
- Providence and Evil. Cambridge 1977
E. Gegenschatz, Die Gefährdung des Möglichen durch das Vorauswissen Gottes in der Sicht des Boethius. In: Wiener Studien 79 (1966), 517-530
R.G. Gerber, Causality and Atheism. In: Dougherty/Maclean (eds) 1970,
C.-F. Geyer, Leid und Böses in philosophischen Deutungen. FReiburg 1983
- Die Theodizee. Diskurs, Dokumentation, Transformation. Stuttgart 1992
A. Ghisalberti. Il Dio dei teologi e il Dio dei filosofi secondo Duns Scoto. In: StSc V, 153-164
E. Gilson, Johannes Duns Scotus. Einführung in die Grundgedanken seiner Lehre. Düsseldorf 1959
- Der Geist der mittelalterlichen Philosophie. Wien 1990
G. Ginzel (hg), Auschwitz als Herausforderung für Juden und Christen. Heidelberg 1980
M. Grabmann, Der lateinische Averroismus des 13. Jahrhunderts und seine Stellung zur christlichen Weltanschauung. München 1931
- Die Geschichte der Katholischen Theologie seit dem Anfang der Väterzeit. Darmstadt 1974
F. Gruber, Diskurs und Konsens im Prozeß theologischer Wahrheit (ITS 40). Innsbruck 1993
G. Gutiérrez, Theologie der Befreiung. München 1973
- Theologische Arbeit und kirchliche Erfahrung. In: Concilium 20 (1984), 490-493
- Aus der eigenen Quelle trinken. Spiritualität der Befreiung. München 1986

J. Habermas, Zur Logik der Sozialwissenschaften. Philosophische Rundschau. Beiheft 5. Tübingen 1967
- Zur Logik der Sozialwissenschaften. FfM 1970
- Ludwig Wittgenstein. In. Profile. FfM 1971, 141-146
- Legitimationsprobleme im Spätkapitalismus. FfM 1973 (^{3}1975)
- Sprachspiel, Intention und Bedeutung. In: Wiggershaus (hg) 1975, 319-340
- Theorie des kommunikativen Handelns. 2 Bde. FfM 1981a+b
- Vorstudien und Ergänzungen zur Theorie des kommunikativen Handelns. FfM 1984
- Der philosophische Diskurs der Moderne. FfM 1986
- Metaphysik nach Kant. In: Cramer (1987), 425-443
- Nachmetaphysisches Denken. FfM 1988
- Faktizität und Geltung. FfM 1992
B. Häring, Das Problem des Bösen in der Theologie. Darmstadt 1985
F.-P. Hager (hg). Logik und Erkenntnistheorie des Aristoteles. Darmstadt 1972
R. Haller, Die gemeinsame menschliche Handlungsweise. In. R. Haller (hg) 1981, 57-68
R. Haller (hg), Sprache und Erkennen als soziale Tatsache. Wien 1981
C.R.S. Harris, Duns Scotus. Oxford 1927
C. Hartshorne, Divine Relativity. New Haven 1948
W. Hasker, God, Time and Knowledge. London 1989
C.J.v. Hefele, Conciliengeschichte. Bd. 4. Freiburg i.Br. ^{2}1879
M. Heidegger, Identität und Differenz. Pfullingen 1957
A. Heinekamp, Das Problem des Guten bei Leibniz. Bonn 1969
A. Heller, Habermas and Marxism. On: Thompson/Held 1982, 21-41
P. Helm, Prayer and Providence. In: van den Brink (hg) 1992, 103-115
D.M. High (hg), Sprachanalyse und religiöses Sprechen. Düsseldorf 1972
J. Hintikka, Die einstige und zukünftige Seeschlacht. Aristoteles' Erörterung über den Begriff des Möglichen in der Zukunft. In: F.-P. Haer (hg) 1972, 259-295
- Time and Necessity. Studies In Aristotle's Theory of Modality. Oxford 1973
- Aristotle on modality and determinism (Acta Philosophica Fennica v. 29, n. 1). Amsterdam 1977

J. Hopkins, Augustine on Forknowledge and Free Will. In: International Journal for Philosophy of Religion 8 (1977), 111-126
M. Horkheimer, Kritische Theorie. Eine Dokumentation. Hg. A. Schmidt. 2 Bde. FfM ²1968a+b
T.M. Huber, Die Vereinbarkeit von göttlicher Vorsehung und menschlicher Freiheit in der 'Consolatio Philosophiae' des Boethius. Zürich 1976
T. Hug (hg), Die soziale Wirklichkeit der Theorie. München 1990

L. Immarrone, Contingenza e creazione nel pensiero di Duns Scoto. In: StSc V, 461-480

P. Janich, Erkennen als Handeln. Von der konstruktiven Wissenschaftstheorie zur Erkenntnistheorie. (Jenaer Philosophische Vorträge und Studien). Jena 1993
K. Jaspers, Die Schuldfrage. München 1979
- Der philosophische Glaube angesichts der Offenbarung. München ³1984
O. John, Die Frage nach dem Bösen. In: Wort und Antwort 28 (1987), 147ff
- Die Allmachtsprädikation in einer christlichen Gottesrede nach Auschwitz. In: Schillebeeckx (1988), 202-218
H. Jonas, Der Gottesbegriff nach Auschwitz. Eine jüdische Stimme. FfM 1987

F. Kambartel, Philosophie der humanen Welt. FfM 1989
W. Kamlah / P. Lorenzen, Logische Propädeutik. Darmstadt 1987
A. Kenny, Aquinas. A Collection of critical Essays. London 1969
- The God of the Philosophers. Oxford 1986
W. Kern (hg), Die Theologie und das Lehramt (QD 91). Freiburg i.Br. 1982
W. Kern (hg), Handbuch der Fundamentaltheologie. 4 Bde. Freiburg i.Br. 1985-88
F. Kerr, Theology after Wittgenstein. Oxford 1986
H. Kessler, Sucht den Lebenden nicht bei den Toten. Die Auferstehung Jesu Christi. Düsseldorf 1985a
- Der Begriff des Handelns Gottes. Überlegungen zu einer unverzichtbaren theologischen Kategorie. In: Brachel/Mette (1985), 117-130
F. Klostermann / R. Zerfaß (hg), Praktische Theologie heute. München 1974
M. & W. Kneale, The Development of Logic. Oxford 1962
K.M. Kodalle, Versprachlichung des Sakralen? Zur religionsphilosophischen Auseinandersetzung mit Jürgen Habermas' Theorie des kommunikativen Handelns. In: AZP 12 (1987), 39-66
E. Kogon / J.B. Metz (hg), Gott nach Auschwitz. Freiburg 1986
J. Kohn, Haschoah. Christlich-jüdische Verständigung nach Auschwitz. München 1986
L. Kolakowski, Die Gegenwärtigkeit des Mythos. München ²1974
W. Kölmel, Wille und Freiheit in der Lehre des Duns Scotus und des 'Humanismus'. In: StSc V, 343-358
K. Kolb, Menschliche Freiheit und göttliches Vorherwissen nach Augustin. Freiburg i.Br. 1908
P. Koslowski, Der leidende Gott. In: Oelmüller (1990), 33-66
H. Kraml, Die Rede von Gott sprachkritisch rekonstruiert aus Sentenzenkommentaren (ITS 13). Innsbruck 1984
G. Kraus, Vorherbestimmung. Traditionelle Prädestinationslehre im Licht gegenwärtiger Theologie. Wien 1977
N. Kretzmann / E. Stump, Eternity. In: The Journal of Philosophy 78 (1981), 429-458
H. Küng, Menschwerdung Gottes. Freiburg i.Br. 1970
H.M. Kuitert, Wat heet geloven? Baarn 1977
F.v. Kutschera, Vernunft und Glaube. Berlin 1990
J. Kvanvig, The Possibility of an All-Knowing God. NY 1986

K. Laermann, Die Stimme bleibt. Theodor W. Adornos Diktum - Überlegungen zu einem Darstellungsverbot. In: Die Zeit, Nr. 14 v. 27.3.1992, p. 7

G. Leff, Paris and Oxford Universities in the thirteenth and fourteenth centuries. New York 1975
K. Lehmann, Methodologisch-hermeneutische Probleme der "Theologie der Befreiung". In: Lehmann (1977), 9-44
K. Lehmann (hg), Theologie der Befreiung. Einsiedeln 1977
G.W.L. Leibniz, Essais de theodicée sur la bonté de Dieu, la liberté de l'homme et l'origine du mal. Paris 1962 (Ed. J. Jalabert)
G. Leibold, Art. 'Duns Scotus'. In: Weger (hg) 1987, 113-116
J. Leilich, Wittgensteins linguistische Wende und Kants Diallelenargument (Akten des Wittgensteinsymposiums 1985). Wien 1986, 554-557
U.G. Leinsle, Vom Umgang mit Dingen. Augsburg 1992
D. Lewis, Eternity, time and tenselessness. In: Faith and Philosophy 5 (1988), 72-86
G. Lindbeck, The Nature of Doctrine. Philadelphia 1984
M.-T. Liske, Was meint Thomas von Aquin mit 'Gott weiß das Zukünftige als gegenwärtig'? In: Theologie und Philosophie 60 (1985), 520-537
G. Lohhfink, Wie hat Jesus Gemeinde gewollt? Freiburg [7]1987
A.O. Lovejoy, The great chain of being. A study of the history of an idea. London [14]1978
J.R. Lucas, The Future. An Essay on God, Temporality and Truth. Oxford 1989
N. Luhmann, Soziale Systeme. FfM [2]1985
- Die Wirtschaft der Gesellschaft. FfM 1988
- Soziologie des Risikos. Berlin 1991
- Funktion der Religion. FfM [3]1992a
- Die Wissenschaft der Gesellschaft. FfM 1992b
- Gesellschaftsstruktur und Semantik. 3 Bde. 1993a+b+c
N. Luhmann u.a., Religion - System und Sozialisation. Darmstadt 1972
J. Lukasiewicz, Aristotle's Syllogistic from the Standpoint of Modern Formal Logic. Oxford [3]1958
- Über den Determinismus. In: A. Menne / N. Öffenberger (hg), Zur modernen Deutung der aristotelischen Logik. Hildesheim 1988, 1-21
- Über den Satz vom Widerspruch bei Aristoteles. Hildesheim 1993

J. Macquarrie, Thinking about God. 1975
P. Maas, Textual Critiscism. Oxford 1972
W. Maas, Unveränderlichkeit Gottes. Paderborn 1974
J.L. Mackie, Evil and Omnipotence. In: Mind 64 (1955), 200-212
- Das Wunder des Theismus. Stuttgart 1987
H. Marcuse, Der eindimensionale Mensch. Neuwied 1970
O. Marquard, Abschied vom Prinzipiellen. Stuttgart 1984
N. Mette, Theorie der Praxis. Wissenschaftsgeschichtliche und methodologische Untersuchungen zur Theorie-Praxis-Problematik innerhalb der Praktischen Theologie. Düsseldorf 1978
J.B. Metz, Zukunft aus dem Gedächtnis des Leidens. In: Concilium 8 (1972), 399-407
Glaube in Geschichte und Gesellschaft. Mainz 1977
- Zur Theologie der Welt. Mainz [4]1979
Im Angesicht der Juden. Christliche Theologie nach Auschwitz. In: Concilium 20 (1984), 382-389
- Theologie als Theodizee? In: Oelmüller (1990), 103-118
- Plädoyer für mehr Theodizee-Empfindlichkeit. In: Oelmüller (1992), 125-137
J. Mittelstraß, Der Flug der Eule. FfM 1989
- Leonardo-Welt. FfM 1992
L. Modric, Osservazioni su una recente critica allþedizione Vaticana dell'Opera Omnia di Giovanni Duns Scoto. In: Antonianum 58 (1983), 336-357
- I testi di Duns Scoto sulla dimostrazione di dio in una strana edizione. In: Antonianum 65 (1990), 312-344
J. Monod, Zufall und Notwendigkeit. München 1971 (Paris 1970)

G.E. Moore, Proof of an external world. In: Philosophical Papers. London 1963, 127-150
E. Morscher, Inwiefern ist die Sprache ein soziales Phänomen? In: Haller (hg) 1981, 119-124
- Was sind und was sollen Gottesbeweise? In: Ricken (hg) 1991, 62-86
O. Muck, Philosophische Gotteslehre. Düsseldorf 1983
- Die Funktion von Gottesbeweisen. In: Ricken (hg) 1991

T. Nagel, Was heißt es für eine Fledermaus, eine Fledermaus zu sein? In: Dennett/Hofstadter (hg) 1986, 375-388
- Was bedeutet das alles? Stuttgart (Reclam) 1990
K. Nielsen, Contemporary Critiques of Religion. London 1971
J.H. Newman, Philosophie des Glaubens. Hg. Th. Haecker. München 1921
- An Essay in aid of a grammar of assent. Ed. I.T. Ker. Oxford 1985
E. Niermann, Art. 'Vorsehung'. In: HTTL VIII, 70-74
J. Nolte, Orthodoxie-Orthopraxie. Skizze zur Tendenz des Christlichen. In: Klostermann /Zerfaß (1974), 682-691
R. Nozick, Vom richtigen, guten und glücklichen Leben. München 1991

J.J. O'Donnell, Trinity and Temporality. The Christian Doctrine of God in the Light of Process Theology and the Theology of Hope. Oxford 1983
W. Oelmüller, Philosophische Antwortversuche angesichts der Widerfahrnisse von Leiden. In: Oelmüller (1992), 70-86
W. Oelmüller (hg), Leiden. Religion und Philosophie. Bd. 3. Paderborn 1986
- Theodizee - Gott vor Gericht? München 1990
- Worüber man nicht schweigen kann. Neue Diskussionen zur Theodizeefrage. München 1992

A.G. Padgett, God, Eternity and the Nature of Time. NY 1992
W. Pannenberg, Die Prädestinationslehre des Duns Scotus im Zusammenhang der scholastischen Lehrentwicklung. Göttingen 1954
- Wissenschaftstheorie und Theologie. FfM 1973
L. Paskai, Die heutige Freiheitsproblematik im Lichte der scotistischen Freiheitslehre. In: StSc V, 401-407
F. Pelster, Hat Duns Scotus in Paris zweimal das dritte Buch der Sentenzen erklärt? Ein Beitrag zur Erforschung der Natur und Geschichte der Reportata und Principia. In: Gregorianum 27 (1946), 220-260
A. Pelzer, Le premier livre des Reportata Parisiensia de Jean Duns Scot. In: Annales de l'þInstitut Supérieur de Philosophie. Tome 5. Paris 1924, 447-492
D. Perler, Prädestination, Zeit und Kontingenz. Philosophisch-historische Untersuchungen zu Wilhelm von Ockhams Tractatus de praedestinatione et de praescientia Dei respectu futurorum contingentium. Amsterdam 1988
O.H. Pesch, Theologische Überlegungen zur 'Vorsehung Gottes' im Blick auf gegenwärtige natur- und humanwissenschaftliche Erkenntnisse. In: Christlicher Glaube in moderner Gesellschaft (hrsg. v. F. Böckle et al.; 30 Bde), Bd. 4, Wien 1982, pp. 74-119
H. Peukert, Wissenschaftstheorie - Handlungstheorie - Fundamentale Theologie. Düsseldorf 1976
- Kontingenzerfahrung und Identitätsfindung. In: Blank/Hasenhüttl (1982), 76-102
- Praxis universaler Solidarität. Grenzprobleme im Verhältnis von Erziehungswissenschaft und Theologie. In: Schillebeeckx (1988), 172-185
D.Z. Phillips, Faith after Foundationalism. London 1988
R. Piepmeier, Philosophische Reflexionen zum Phänomen des Leidens. In: Oelmüller (1986), 66-82
N. Pike, God and Timelessness. London 1970
- Over-Power and God's Responsibility for Sin. In: Freddoso (ed) 1983, 11-35
C. Pinnock, God Limits His Knowledge. In: D.& R. Basinger (eds) 1986,
A. Plantinga, On Ockham's Way out. In: Faith and Philosophy 3 (1986), 235-269
J.N. Poling / D.E. Miller, Foundations for a Practical Theology of Ministry. Nashville 1985

K.R. Popper, The Open Society and its Ennemies. Princeton 1971
Ausgangspunkte. Hamburg 1979
- Auf der Suche nach einer besseren Welt. München 1984
N. Postman, Wir amüsieren uns zu Tode. Urteilsbildung im Zeitalter der Unterhaltungsindustrie. FfM ^{7}1987
- Das Technopol: die Macht der Technologien und die Entmündigung der Gesellschaft. FfM 1992
A.M. Prastaro, Il primato della volontà in Duns Scoto. In: StSc VIII, 273-290
R.P. Prentice, The degree and mode of liberty in the beatitude of the blessed. In: StSc V, 327-342
A.N. Prior, Formalities of Omniscience. In: Philosophy 59 (1962), 119-129
- Papers on Time and Tense. Oxford 1968
P.L. Quinn, Divine Conservation, Continuous Creation and Human Action. In: Freddoso (eds) 1983, 55-79
W.v.O. Quine, On a so-called Paradox. In: Mind 62 (1953), 65-67

W. Raberger, Art. 'Mythos'. In: NHWthGB, 419-430
K. Rahner, Schriften zur Theologie. 16 Bde. Einsiedeln 1954-1984
J.O. Reta, Une polémique augustienne contre Cicéron: du fatalisme à la prescience divine. In: Augustinian Studies 12 (1981), 19-41
R. Rhees, Without Answers. London 1969
V. Richter, Studien zum literarischen Werk von Johannes Duns Scotus. (Bayerische Akademie der Wissenschaften. Veröffentlichungen der Kommission für die Herausgabe ungedruckter Texte aus der mittelalterlichen Geisteswelt, Bd. XIV). München 1988
- Textstudien zum Prolog des Oxforder Sentenzenkommentars von Johannes Duns Scotus. In: Zeitschrift für Katholische Theologie. 4/1989, 431-449
- Das Werk von Johannes Duns Scotus im Lichte der Literarkritik. In: Filosoficky Casopis (40). Prag 1992, pp. 639-648 und 868-886
- Univocatio-Vestigium-Imago. Zu Scotus' theologischer Erkenntnislehre. Manuskript. Innsbruck 1993 (erscheint in: Via Scoti. Methodologica ad mentem Ioannis Duns Scoti (Congressus Scotisticus Internationalis. Romae 9-11 martii 1993)
F. Ricken (hg), Die klassischen Gottesbeweise aus der Sicht der modernen Logik und Wissenschaftstheorie. Stuttgart 1991
J. v. Rijen, Aspects of Aristotle's Logic of Modalities. (Synthese Historical Library 35). Doordrecht 1989
L.D. Roberts, John Duns Scotus and the concept of human freedom. In: StSc V, 317-325
- A Comparison of Duns Scotus and Thomas Aquinas on human freedom of choice. In: StSc VIII, 265-272
K. Rodler, Der Prolog der Reportata Parisiensia des Johannes Duns Scotus. Untersuchungen zur Überlieferung und kritische Edition. Diss. (masch.), Innsbruck 1991
W. Röd, Der vorgebliche Mißbrauch der Sprache in metaphysischen Aussagen. Überlegungen zu Wittgensteins metaphysischem Grunderlebnis. In: R. Haller (hg) 1981, 84-96
K. Röttgers, Spuren der Macht. Begriffsgeschichte und Systematik. Freiburg 1990
B. Romeyer, La philosophie chrétienne. Paris 1934
W. Rowe, Augustine on Foreknowledge and Free Will. In: Review of Metaphysics 18 (1964-65), 353-363
H. Rücker, Afrikanische Theologie (ITS 14). Innsbruck 1985
G. Ryle, Dilemmas. Oxford ^{2}1956
- The concept of mind. London 1966

G. Sauter, Beobachtungen und Vorschläge zum gegenseitigen Verständnis von Praktischer und Systematischer Theologie. In: ThPr 9 (1974), 19-26
E. Saxer, Vorsehung und Verheißung Gottes. Vier Modelle und ein systematischer Versuch. Zürich 1980

J.C. Scannone, Volksreligiosität, Volksweisheit und Philosophie in Lateinamerika. In: Theologische Quartalsschrift 164 (1984), 203-214
- Weisheit und Befreiung: Volkstheologie in Lateinamerika. Düsseldorf 1992
K. Schäferdick, Art. 'Gottschalk v. Orbais'. In: Theologische Realenzyklopädie. Bd. 14. Berlin 1985, 108-110
L. Scheffczyk (hg), Dualismus versus Dualität. Aspekte neuzeitlicher Weltbetrachtung. Freiburg 1990
M. Scheler, Die Wissensformen und die Gesellschaft. Werke Bd. 8. Hg. M. Scheler. Bern 1960
E. Schillebeeckx, Gott - die Zukunft des Menschen. Mainz 1969
- Geloofsverstaan: interpretatie en kritiek. Bloemendaal 1972
- Befreiende Theologie. In: Schillebeeckx (1988), 56-71
E. Schillebeeckx (hg), Mystik und Politik. Theologie im Ringen um Geschichte und Gesellschaft. Johann Baptist Metz zu Ehren. Mainz 1988
M. Schmaus, Zur Diskussion über das Problem der Univozität im Umkreis des Johannes Duns Scotus (Verlag der Bayerischen Akademie der Wissenschaften). München 1957
H. Schmidinger, Der Streit um die christliche Philosophie in ihrem Zusammenhang; In: E. Coreth et.al. (hrsg), Christliche Philosophie im katholischen Denken des 19. und 20. Jahrhunderts. Wien 1990 (pp. 23-48)
- Der Mensch ist Person. Innsbruck 1994
H.J. Schneider, Pragmatik als Basis von Semantik und Syntax. FfM 1975
L.&W. Schottroff (hg), Wer ist unser Gott? Beitrag zu einer Befreiungstheologie im Kontext der "ersten" Welt. München 1986
R. Schreiter, Abschied vom Gott der Europäer. Zur Entwicklung regionaler Theologien. Salzburg 1992
H. Schröer, Forschungsmethoden in der Praktischen Theologie. In: Klostermann/Zerfaß (1974), 206-224
E. Schüssler Fiorenza / D. Tracy (hg), Der Holocaust als Kontinuitätsbruch. In: Concilium 20 (1984), Heft 5
F. Schüssler Fiorenza, Die Kirche als Interpretationsgemeinschaft. Politische Theologie zwischen Diskursethik und hermeneutischer Rekonstruktion. In: Arens (1989), 115-144
C. Schulte, radikal böse. Die Karriere des Bösen von Kant bis Nietzsche. München ^{2}1991
J. Schulte, Chor und Gesetz. Wittgenstein im Kontext. FfM 1990
F. Schupp, Auf dem Weg zu einer kritischen Theologie (QD 64). Freiburg i.Br. 1974a
- Glaube - Kultur - Symbol. Versuch einer kritischen Theorie sakramentaler Praxis. Düsseldorf 1974b
- Vermittlung im Fragment. Überlegungen zur Christologie. Skriptum (masch.), hg. v. der Österreichischen Hochschülerschaft. Innsbruck 1975
- Schöpfung und Sünde. Von der Verheißung einer wahren und gerechten Welt, vom Versagen der Menschen und vom Widerstand gegen die Zerstörung. Düsseldorf 1990
Franz Schupp (hg), Mythos und Religion. Düsseldorf 1976
H. Schuurman, Ockham and the Problem of God's Foreknowledge. Diss (Mikrofilm), Department of Philosophy, Notre Dame, Indiana 1979
H. Schwamm, Das göttliche Vorherwissen bei Duns Scotus und seinen ersten Anhängern. (Philosophie und Grenzwissenschaften. Hrsg. v. Innsbrucker Institut für scholastische Philosophie, Bd. V). Innsbruck 1934
Ch. Schwöbel, God: Action and Revelation. Kampen (NL) 1992
M. Seckler, Theologie als Glaubenswissenschaft. In: W. Kern (hg), Bd. IV 1988, 179-241
R. Seeberg, Die Theologie des Johannes Duns Scotus. Eine dogmengeschichtliche Untersuchung. Leipzig 1900
D.J. Shik / J. England (eds), Theology in Action. A Workshop Report. Singapur 1972
L. Siegele-Wenschkewitz, Theologie nach Auschwitz als Theologie der Befreiung. In: L.&W. Schottroff (1986), 78-86
G.M. Simpson, Die Versprachlichung (und Verflüssigung?) des Sakralen. Eine theologische Untersuchung zu Jürgen Habermas' Theorie der Religion. In: Arens (1989), 145-159

J. Sobrino, Die Lehrautorität des Volkes Gottes in Lateinamerika. In: Concilium 21 (1985), 269-274
D. Sölle, Leiden. Stuttgart 1973
Atheistisch an Gott glauben. München 1983
C. Solaguren, Contingencia y creación en la filosofía de Duns Escoto. In: StSc II, 297-348
C.-S. Song, Theologie des dritten Auges: asiatische Spiritualität und christliche Theologie. Göttingen 1989
F.v. Steenberghen, La philosophie à la veille de l'entrée en scène de Jean Duns Scot. In: StSc I, 65-74
- Die Philosophie im 13. Jahrhundert. München 1977
W. Stegmüller, Hauptströmungen der Gegenwartsphilosophie. Bd. I. Stuttgart ^{6}1978
- Hauptströmungen der Gegenwartsphilosophie. Bd. III. Stuttgart, ^{8}1987
H. Steinkamp / N. Mette, Sozialwissenschaft und Praktische Theologie . Düsseldorf 1983
D. Stollberg, Mein Auftrag - deine Freiheit. Thesen zur Seelsorge. München 1972
C. Strang, Aristotle and the Sea Battle. In: Mind 69 (1960), 447-465
R. Swinburne, The Coherence of theism. Oxford 1977
- Responsibility and Atonement. Oxford 1989

J.B. Thompson / D. Held (eds), Habermas. Critical Debates. London 1982
P. Tillich, Recht und Bedeutung religiöser Symbole. Ges. Werke V, Stuttgart 1964
- Systematic Theology. Bd. I. Chicago ^{10}1966
J. Torrence, Theological Science. London 1969

K. Vielhaber, Art. 'Gottschalk von Orbais'. IN: LThK. Freiburg 1960, 144f
P. Vignaux, Philosophie au Moyen Age. Albeuve (Suisse) 1987
R. Völkl, Nächstenliebe - Die Summe der christlichen Religion. Freiburg i.Br. 1987

K.-H. Weger (hg), Argumente für Gott. Gott-Denker von der Antike bis zur Gegenwart. Freiburg i. Br. 1987
G. Weßler (hg), Leben und Glauben nach dem Holocaust. Einsichten und Versuche. Stuttgart 1980
M.L. West, Textual Criticism and Editorial Technique. Stuttgart 1973
F. Wetter, Die Erkenntnis der Freiheit Gottes nach Johannes Duns Scotus. In: StSc II, 477-517
A. Whitehead, Process and Reality. NY 1969
- Wie entsteht Religion? FfM 1985
R. Wiggershaus (hg), Sprachanalyse und Soziologie. FfM 1975
L. Wittgenstein, Tractatus logico-philosophicus (TLP). Zitiert nach Textnumerierung. Suhrkamp TB-Werkausgabe. Bd. 1. FfM ^{6}1989
- Philosophische Untersuchungen (PU). Zitiert nach Nummern. Oxford 21958
- Über Gewißheit (ÜG). Zitiert nach Nummern. Oxford 1969
- Zettel (Z). Zitiert nach Nummern. Oxford 1967
- Wittgenstein und der Wiener Kreis (WWK). Suhrkamp Werkausgabe Bd. 3. FfM 1967
- Culture and Value (CV). Oxford 1984
- Vermischte Bemerkungen (VB). Hg. Alois Pichler. FfM 1994
H.U. Wöhler, Geschichte der mittelalterlichen Philosophie. Berlin 1990
A.B. Wolter, Native Freedom of the will as a key to the ethics of Scotus. In: StSc V, 359-370
- The Philosophical Theology of John Duns Scotus (Marilyn McCord Adams, editor). Cornell University, Ithaca 1990
- Reflections on the Life and Works of Scotus. In: The American Catholic Philosophical Quarterly 67 (1993), n.1, 1-36
A.B. Wolter / M. McCord Adams, Duns Scotusþ Parisian Proof for the Existence of God. In: Franciscam Studies 42 (1982) <erschienen 1986>, 248-321
G. Wolters, Art. 'Modell'. In: PhWth, 911f
G.H.v. Wright, Wittgenstein. FfM 1990

J.C. Yates, The Timelessness of God. NY 1990

R. Zerfaß. Praktische Theologie als Handlungswissenschaft. In: Klostermann/Zerfaß (hg) 1974, 164-177

P.M. Zulehner, Inhaltliche und methodische Horizonte für eine gegenwärtige Fundamentalpastoral. In: Fuchs (1984), 13-37